北齊 魏收 撰

魏書

第五册

卷六九至卷八八（傳）

中華書局

魏書卷六十九

列傳第五十七

崔休　裴延儁　袁翻

崔休，字惠盛，清河人，御史中丞逞之玄孫也。祖靈和，仕劉義隆爲員外散騎侍郎。父宗伯，世宗初，追贈清河太守。休少孤貧，矯然自立。舉秀才，入京師，與中書郎宋弁、通直郎邢巒雅相知友。尚書王嶷欽其人望，爲長子娉休姊，贍以貨財，由是少振。高祖納休妹爲嬪，以爲尚書主客郎。轉通直正員郎，兼給事黄門侍郎。休好學，涉歷書史，公事軍旅之隙，手不釋卷，崇尚先達，愛接後來，常參高祖侍席，禮遇次于宋、郭之輩。

高祖南伐，以北海王爲尚書僕射，統留臺事，以休爲尚書左丞。高祖詔休曰：「北海年少，未閑政績，百揆之務，便以相委。」轉長史，兼給事黄門侍郎。後從駕南行。及車駕還，幸彭城，汎舟泗水，詔在侍筵，觀者榮之。

世宗初，休以弟亡，祖父未葬，固求勃海，於是除之。性嚴明，雅長治體，下車先戮豪猾數人，廣布耳目，所在姦盜，莫不擒翦，百姓畏之，寇盜止息，清身率下，勃海大治。時大儒張吾貴有盛名於山東，四方學士咸相宗慕，弟子自遠而至者恒千餘人。生徒既衆，所在多不見容。休乃爲設俎豆，招延禮接，使肄業而還，儒者稱爲口實。

入爲吏部郎中，遷散騎常侍，權兼選任。休愛才好士，多所拔擢。廣平王懷數引談宴，世宗責其與諸王交遊，免官。後除龍驤將軍、洛州刺史。在州數年，以母老辭州，許之。尋行幽州事，徵拜司徒右長史。休聰明强濟，雅善斷決，幕府多事，辭訟盈几，剖判若流，殊無疑滯，加之公平清潔，甚得時談。復除吏部郎中，加征虜將軍、冀州大中正。遷光祿大夫，行河南尹。肅宗初，卽眞，加平東將軍。尋除平北將軍、幽州刺史，進號安北將軍。遷安東將軍、青州刺史。青州九郡民單𢿘、李伯徽、劉通等一千人，上書訟休德政，靈太后善之。休在幽青州五六年，皆清白愛民，甚著聲績，二州懷其德澤，百姓追思之。

徵爲安南將軍、度支尙書，尋進號撫軍將軍、七兵尙書，又轉殿中尙書。休久在臺閣，明習典禮，每朝廷疑議，咸取正焉。諸公咸相謂曰：「崔尙書下意處，我不能異也。」正光四年卒，年五十二。賵帛五百匹，贈車騎將軍、尙書僕射、冀州刺史，謚文貞侯。

休少而謙退，事母孝謹。及爲尙書，子仲文納丞相雍第二女，女妻領軍元叉長庶子祕書郎稚舒，挾恃二家，志氣微改，內有自得之心，外則陵藉同列。尙書令李崇、左僕射蕭寶夤、右僕射元欽，皆以廱、叉之故，每憚下之。始休母房氏欲以休女妻其外孫邢氏，休不欲，乃違其母情，以妻叉子，議者非之。休有九子。

長子悛，字長儒。武定中，七兵尙書、武城縣開國公。

悛弟仲文，散騎常侍。

仲文弟叔仁，性輕俠，重衿期。歷通直散騎侍郎、司徒司馬、散騎常侍，出爲驃騎將軍、潁州刺史。以貪汙爲御史所劾。興和中，賜死於宅。臨刑，賦詩與諸弟訣別而不及其兄，以其不甚營救故也。

叔仁弟叔義，孝莊時爲尙書庫部郎。坐兄悛鑄錢事發，合家逃逸，數日，叔義遂見執獲。時城陽王徽爲司州牧，臨淮王彧以非其身罪，驟爲致言，徽不從，乃殺之。

叔義弟子侃，以竊級爲中書郎，爲尙書左丞和子岳彈糾，失官。後兼通直常侍，使於蕭衍，還，路病卒。

子侃弟子聿，武定末，東莞太守。卒。

子聿弟子約，開府祭酒。

休弟僉，字敬禮。太子舍人，早卒。贈樂安太守。妻，安樂王長樂女晉寧主也，貞烈有德行。

子長謙，好學修立，少有令名。仕歷給事中，仍還鄉里。久之，刺史尉景取爲開府諮議參軍事。晚頗以酒爲損。天平中，被徵兼主客郎，接蕭衍使張皐等。後兼散騎常侍，使蕭衍。還，卒於宿豫，時人歎惜之。以死王事，贈驃騎將軍、南青州刺史。

裴延儁，字平子，河東聞喜人，魏冀州刺史徽之八世孫。曾祖天明，諮議參軍、幷州別駕。祖雙虎，河東太守。卒，贈平遠將軍、雍州刺史，謚曰順。父崧，州主簿，行平陽郡事。以平蜀賊丁虫功，贈東雍州刺史。

延儁少偏孤，事後母以孝聞。涉獵墳史，頗有才筆。舉秀才，射策高第，除著作佐郎。遷尚書儀曹郎，轉殿中郎、太子洗馬，又領本邑中正及太子友。太子恂廢，以宮官例免。頃之，除太尉掾，兼太子中舍人。世宗初，爲散騎侍郎，尋除雍州平西府長史，加建威將軍，入爲中書侍郎。

時世宗專心釋典，不事墳籍，延儁上疏諫曰：「臣聞有堯文思，欽明稽古；嬀舜體道，愼典作聖。漢光神叡，軍中讀書；魏武英規，馬上玩籍。先帝天縱多能，克文克武，營遷謀伐，手不釋卷。良以經史義深，補益處廣，雖則劬勞，不可暫輟。斯乃前王之美實，後王之水鏡，善足以遵，惡足以誡也。陛下道悟自深，淵鑒獨得，昇法座於宸闈，釋覺善於日宇，凡在聽矚，塵蔽俱開。然五經治世之模，六籍軌俗之本，蓋以訓物有漸，應時匪妙，必須先粗後精，乘近卽遠。伏願經書玄覽，孔釋兼存，則內外俱周，眞俗斯暢。」

後除司州別駕，加鎭遠將軍。及詔立明堂，羣官博議，延儁獨著一堂之論。太傅、清河王懌時典衆議，讀而笑曰：「子故欲遠符僕射也。」兼太子中庶子，尋卽正，別駕如故，加冠軍將軍。肅宗初，遷散騎常侍，監起居注，加前將軍，又加平西將軍，除廷尉卿。轉平北將軍、幽州刺史。

范陽郡有舊督亢渠，徑五十里；漁陽燕郡有故戾陵諸堰，廣袤三十里。皆廢毀多時，莫能修復。時水旱不調，民多飢餒，延儁謂疏通舊跡，勢必可成，乃表求營造。遂躬自履行，相度水形，隨力分督，未幾而就，漑田百萬餘畝，爲利十倍，百姓至今賴之。又命主簿酈惲修起學校，禮教大行，民歌謠之。在州五年，考績爲天下最。

延儁繼母隨延儁在薊，時遇重患，延儁啓求侍母還京療治。至都未幾，拜太常卿。時汾州山胡恃險寇竊，正平、平陽二郡尤被其害，以延儁兼尚書，爲西北道行臺，節度討胡諸軍。尋遇疾，敕還。三鵶羣蠻寇掠不已，車駕欲親征之，延儁乃於病中上疏諫諍。尋除七兵尚書、安南將軍，徙殿中尚書，加中軍將軍，轉散騎常侍、中書令、御史中尉。又以本官兼侍中、吏部尚書。延儁在臺閣，守職而已，不能有所裁斷直繩也。莊帝初，於河陰遇害。贈都督雍岐豳三州諸軍事、儀同三司、本將軍、雍州刺史。

子元直，尚書郎中。元直弟敬猷，員外常侍。兄弟並有學尚，與父同時遇害。元直贈光州刺史。敬猷妻，丞相、高陽王雍外孫，超贈尚書僕射。

延儁從叔桃弓，亦見稱於鄉里。

子夙，字買興，沉雅有器識。儀望甚偉，高祖見而異之。自司空主簿，轉尚書左主客郎中。時吏部尚書、任城王澄有知人鑒，每歎美夙，以遠大許之。高祖南伐，爲行臺吏部郎，仍除征北大將軍穆亮從事中郎。轉爲河北太守，以忠恕接下，百姓感之。卒於郡，年四十三。

長子範，字宗模。早卒。

範子凝，字長儒。卒於武平鎮將。

範弟昇之、鑒。武定末，昇之，太尉掾；鑒，司徒右長史。

延儁從祖弟良，字元賓。起家奉朝請，〔一〕轉北中府功曹參軍。世宗初，南絳縣令，稍遷幷州安北府長史，入爲中散大夫，領尚書考功郎中。

時汾州吐京羣胡薛羽等作逆，以良兼尚書左丞，爲西北道行臺。值別將李德龍爲羽所破，良入汾州，與刺史、汝陰王景和及德龍率兵數千，憑城自守。賊併力攻逼，詔遣行臺裴延儁，大都督、章武王融，都督宗正珍孫等赴援。時有五城郡山胡馮宜都、賀悅回成等以妖妄惑衆，假稱帝號，服素衣，持白傘白幡，率諸逆衆，於雲臺郊抗拒王師。融等與戰敗績，賊乘勝圍城。良率將士出戰，大破之，於陣斬回成，復誘導諸胡令斬送宜都首。又山胡劉蠡升自云聖術，胡人信之，咸相影附，旬日之間，逆徒還振。德龍議欲拔城，良不許，德龍等乃止。景和薨，以良爲汾州刺史，加輔國將軍，行臺如故。都督高防來援，復敗於百里候。先是官粟貸民，未及收聚，仍值寇亂。至是城民大飢，人相食。賊知倉庫空虛，攻圍日甚，死者十三四。良以飢窘，因與城人奔赴西河。汾州之治西河，自良始也。時南絳蜀陳雙熾等聚衆反，自號建始王，與大都督長孫稚、〔二〕宗正珍孫等相持不下。詔良解州，爲慰勞使。轉太中大夫、本郡中正。

孝莊末，除光祿大夫。尒朱榮死，榮從子天光擁衆關西，乃詔良持節、假安西將軍、潼關都督，又兼尚書，爲河東、恒農、河北、宜陽行臺以備之。前廢帝時，除征東將軍、金紫光祿大夫。尋轉衞將軍，又加散騎常侍、車騎將軍、右光祿大夫，轉驃騎將軍、左光祿大夫。出帝末，除汲郡太守。孝靜初，衞大將軍、太府卿。天平二年秋卒，時年六十一。贈使持節、都督雍華二州諸軍事、吏部尚書、本將軍、雍州刺史，謚曰貞。又重贈侍中、驃騎大將軍、尚書僕射，餘如故。

子叔祉，武定末，太子洗馬。

良從父兄子慶孫，字紹遠。少孤，性倜儻，重然諾。釋褐員外散騎侍郎。正光末，汾州吐京羣胡薛悉公、馬牒騰並自立爲王，聚黨作逆，衆至數萬。詔慶孫爲募人別將，招率鄉豪，得戰士數千人以討之。胡賊屢來逆戰，慶孫身先士卒，每摧其鋒，遂深入至雲臺郊。諸賊更相連結，大戰郊西，自旦及夕，慶孫身自突陳，斬賊王郭康兒。〔三〕賊衆大潰。敕徵赴都，除直後。

於後賊復鳩集，北連蠡升，南通絳蜀，兇徒轉盛，復以慶孫爲別將，從軹關入討。至齊子嶺東，賊帥范多、范安族等率衆來拒，慶孫與戰，復斬多首。乃深入二百餘里，至陽胡城。朝廷以此地被山帶河，衿要之所，肅宗末，遂立邵郡，因以慶孫爲太守、假節、輔國將軍、當郡都督。民經賊亂之後，率多逃竄，慶孫務安緝之，咸來歸業。永安中，還朝，除太中大夫。

尒朱榮之死也，世隆擁衆北渡，詔慶孫爲大都督，與行臺源子恭率衆追擊。軍次太行，而慶孫與世隆密通，事泄，追還河内而斬之，時年三十六。

慶孫任俠有氣，鄉曲壯士及好事者，多相依附，撫養咸有恩紀。在郡之日，值歲飢凶，四方遊客常有百餘，慶孫自以家糧贍之。性雖粗武，愛好文流，與諸才學之士咸相交結，輕財重義，座客常滿，是以爲時所稱。

子子瑩，永安中，太尉行參軍。

延儁從祖弟仲規，少好經史，頗有志節。起家奉朝請，領侍御。咸陽王禧爲司州牧，辟爲主簿，仍表行建興郡事。車駕自代還洛，次於郡境，仲規備供帳朝於路側。高祖詔仲規曰："朕開置神畿，畿郡望重，〔四〕卿既首應司隸美舉，復督我名邦，何能自致也？"仲規對曰："陛下窮神盡聖，應天順民，棄彼玄壤，來宅紫縣。臣方罄心力，躍馬吳會，冀功銘帝籍，勳書王府，豈一郡而已。"高祖笑曰："冀卿必副此言。"車駕達河梁，見咸陽王，謂曰："昨得汝主簿爲南道主人，六軍豐贍，元弟之寄，殊副所望。"尋除司徒主簿。仲規父在鄉疾病，棄官奔赴，以違制免。久之，中山王英征義陽，引爲統軍，奏復本資。於陳戰歿，時年四十八。贈河東太守，謚曰貞。無子，弟叔義以第二子伯茂爲之後，伯茂在文苑傳。

叔義，亦有學行。高祖末，除兗州安東府外兵參軍，累遷太山太守，爲政清靜，吏民安之。遷司空從事中郎。正光五年夏卒，時年五十七。贈征虜將軍、東秦州刺史，謚曰宣。

子景融，字孔明，篤學好屬文。正光初，舉秀才，射策高第，除太學博士。永安中，祕書監李凱以景融才學，啓除著作佐郎，稍遷輔國將軍、諫議大夫，仍領著作。出帝時，議孝莊謚，事遂施行。時詔撰四部要略，令景融專典，竟無所成。元象中，儀同高岳以爲錄事參軍。弟景顏被劾廷尉獄。景融入選，吏部擬郡，爲御史中丞崔暹所彈，云其貪昧苟進，遂坐免官。武定四年冬，病卒，年五十二。景融卑退廉謹，無競於時。雖才不稱學，而緝綴無倦，文詞汎濫，理會處寡。所作文章，別有集錄。又造鄴都、晉都賦云。

景顏，頗有學尚。起家汝南王開府行參軍。孝莊初，爲廣州防蠻別將，行漢廣郡事。〔五〕元顥入洛，與刺史鄭先護據州起義，事寧，賜爵保城子。以軍功稍遷太尉從事中郎，轉諮議參軍。孝靜初，徙司空長史，在官貪穢。武定二年，爲中尉崔暹所劾，事下廷尉，遇疾死於獄，年四十五。

仲規弟子伯珍，歷襄威將軍、員外散騎郎、河西太守。孝靜初，爲平東將軍、滎陽太守，卒官，時年三十二。贈本將軍、雍州刺史。

延儁族子禮和，解褐員外散騎侍郎，遷謁者僕射。身長九尺，腰帶十圍，於羣衆之中，魁然有異。出爲陳留太守。卒於金紫光祿大夫。

延儁族兄聿，字外興。以操尙貞立，爲高祖所知。自著作佐郎出爲北中府長史。時高祖以聿與中書侍郎崔亮並清貧，欲以幹祿優之，乃以亮帶野王縣，聿帶溫縣，時人榮之。轉尙書郎，遷太尉諮議參軍，出爲平秦太守。卒，贈冠軍將軍、洛州刺史。子子袖，歿關西。

延儁族人瑗，字珍寶。太和中，析屬河北郡。少孤貧，而清苦自立，太守司馬悅召爲中正。悅爲別將，軍征義陽，引爲中兵參軍。瑗夙夜恭勤，爲悅所知。軍還，除奉朝請，轉給事中，汝南王悅郎中令。悅散費無常，每國俸初入，一日之中分賜極意。瑗每隨例，恒辭多受少，伺悅虛竭，還來奉貢。悅雖性理不恒，然亦相賞愛。悅還太尉，請爲從事中郎，轉驍騎將軍。肅宗末，出爲汝南太守，不行，轉太原太守。屬肅宗崩，尒朱榮初謀赴洛，瑗豫其事，封五原縣開國子，邑三百戶。尋行幷州事，轉平北將軍、殷州刺史。孝靜初，除衞將軍、東雍州刺史。興和元年卒，年七十三。

子夷吾，武定末，徐州驃騎府長流參軍。

袁翻，字景翔，陳郡項人也。父宣，有才筆，爲劉彧青州刺史沈文秀府主簿。皇興中，東陽平，〔六〕隨文秀入國。而大將軍劉昶每提引之，言是其外祖淑之近親，令與其府諮議參軍袁濟爲宗。宣時孤寒，甚相依附。及翻兄弟官顯，與濟子洸、演遂各凌競，洸等乃經公府以相排斥。

翻少以才學擅美一時。初爲奉朝請。景明初，李彪在東觀，翻爲徐紇所薦，彪引兼著作佐郎，以參史事。及紇被徙，尋解。後遷司徒祭酒、揚烈將軍、尚書殿中郎。正始初，詔尚書門下於金墉中書外省考論律令，翻與門下錄事常景、孫紹，廷尉監張虎，律博士侯堅固，治書侍御史高綽，前軍將軍邢苗，奉車都尉程靈虯，羽林監王元龜，尚書郎祖瑩、宋世景，員外郎李琰之，太樂令公孫崇等並在議限。又詔太師、彭城王勰，司州牧、高陽王雍，中書監、京兆王愉，前青州刺史劉芳，左衞將軍元麗，兼將作大匠李韶，國子祭酒鄭道昭，廷尉少卿王顯等入預其事。後除豫州中正。

是時修明堂辟雍，翻議曰：

謹案明堂之義，今古諸儒論之備矣，異端競構，莫適所歸，故不復遠引經傳、傍採紀籍以爲之證，且論意之所同，以訓詔旨耳。〔七〕蓋唐虞已上，事難該悉；夏殷已降，校可知之。謂典章之極，莫如三代，郁郁之盛，從周斯美。制禮作樂，典刑在焉，遺風餘烈，垂之不朽。

案周官考工所記，皆記其時事，具論夏殷名制，豈其紕謬？是知明堂五室，三代同焉，配帝象行，義則明矣。及淮南、呂氏與月令同文，雖布政班時，有堂、个之別，然推其體例，則無九室之證。既而世衰禮壞，法度淆弛，正義殘隱，妄說斐然。明堂九室，著自戴禮，探緒求源，罔知所出，而漢氏因之，自欲爲一代之法。故鄭玄云：「周人明堂五室，是帝一室也，合於五行之數。周禮依數以爲之室。德行於今，〔八〕雖有不同，時說昞然，本制著存，而言無明文，欲復何責。」本制著存，是周五室也；於今不同，是漢異周也。漢爲九室，略可知矣。但就其此制，猶竊有懵焉。何者？張衡東京賦云：「乃營三宮，布教班常，複廟重屋，八達九房。」此乃明堂之文也。而薛綜注云：「房，室也，謂堂後有九室。」堂後九室之制，非巨異乎？裴頠又云：「漢氏作四維之个，不能令各處其辰，就使其像可圖，莫能通其居用之禮，此爲設虛器也。」甚知漢世徒欲削滅周典，捐棄舊章，改物創制，故不復拘於載籍。且鄭玄之詁訓三禮，及釋五經異義，並盡思窮神，故得之遠矣。覽其明堂圖義，皆有悟人意，察察著明，確乎難奪，諒足以扶微闡幽，不墜周公之舊法也。伯喈損益漢制，章句繁雜，既違古背新，又不能易玄之妙矣。魏晉書紀，亦有明堂祀五帝之文，而不記其經始之制，又無坦然可準。觀夫今之基址，猶或髣髴，高卑廣狹，頗與戴禮不同，何得以意抑必，便謂九室可明？且三雍異所，復乖盧、蔡之義，進退亡據，何用經通？晉朝亦以穿鑿難明，故有一屋之論，並非經典正義，皆以意妄作，茲爲曲學家常談，不足以範時軌世。皇代既乘乾統曆，得一馭宸，自宜稽古則天，憲章文武，追蹤周孔，述而不作，四彼三代，使百世可知。豈容虛追子氏放篇之浮說，徒損經紀雅誥之遺訓，而欲以支離橫議，指畫妄圖，儀刑宇宙而貽來葉者也。

又北京制置，未皆允帖，繕修草創，以意良多。事移禮變，所存者無幾，理苟宜革，何必仍舊。且遷都之始，日不遑給，先朝規度，每事循古，是以數年之中，悛換非一，良以永法爲難，數改爲易。何爲宮室府庫多因故迹，而明堂辟雍獨遵此制，建立之辰，復未可知矣。旣猥班訪逮，輒輕率瞽言。明堂五室，請同周制；郊建三雍，求依故所。庶有會經誥，無失典刑。識偏學疏，退慚謬浪。

後議選邊戍事，翻議曰：

臣聞兩漢警於西北，魏晉備在東南。是以鎭邊守塞，必寄威重；伐叛柔服，實賴溫良。故田叔、魏尙聲高於沙漠，當陽、鉅平績流於江漢，紀籍用爲美談，今古以爲盛德。自皇上以叡明纂御，風凝化遠，威厲秋霜，惠霑春露，故能使淮海輸誠，華陽即序，連城請面，〔九〕比屋歸仁。懸車劍閣，豈伊曩載；鼓譟金陵，復在茲日。然荆揚之牧，宜盡一時才望；梁郢之君尤須當今秀異。

自比緣邊州郡，官至便登；疆埸統戍，階當即用。或值穢德凡人，或遇貪家惡子，不識字民温恤之方，唯知重役殘忍之法。廣開戍邏，多置帥領，或用其左右姻親，或受人貨財請屬，皆無防寇禦賊之心，唯有通商聚斂之意。其勇力之兵，驅令抄掠。若值强敵，即爲奴虜；如有執獲，奪爲己富。其羸弱老小之輩，微解金鐵之工，少閑草木之作，無不搜營窮壘，苦役百端。自餘或伐木深山，或耘草平陸，販貿往還，相望道路。此等禄既不多，資亦有限，皆收其實絹，給其虛粟，窮其力，薄其衣，用其工，節其食，綿冬歷夏，加之疾苦，死於溝瀆者常十七八焉。是以吴楚間伺，審此虛實，皆云糧匱兵疲，易可乘擾，故驅率犬羊，屢犯疆埸。頻年已來，甲胄生蟣，十萬在郊，千金日費，爲弊之深，一至於此，皆由邊任不得其人，故延若斯之患。賈生所以痛哭，良有以也。

夫潔其流者清其源，理其末者正其本，既失之在始，庸可止乎？愚謂自今已後，荆、揚、徐、豫、梁、益諸蕃，及所統郡縣、府佐、統軍至于戍主，皆令朝臣王公已下各舉所知，必選其才，不拘階級。若能統御有方，清高獨著，威足臨戎，信能懷遠，撫循將士，得其忻心，不營私潤，專修公利者，則就加爵賞，使久於其任，以時褒賚，厲其忠款。所舉之人亦垂優異，奬其得士，嘉其誠節。若不能一心奉公，才非捍禦，貪惏日富，經略無聞，人不見德，兵厭其勞者，卽加顯戮，用彰其罪。所舉之人隨事免降，責其謬薦，罰其僞薄。如此，則舉人不得挾其私，受任不得孤其舉，善惡旣審，沮勸亦明，庶邊患永消，譏議攸息矣。

遭母憂，去職。熙平初，除冠軍將軍、廷尉少卿，尋加征虜將軍，後出爲平陽太守。翻爲廷尉，頗有不平之論，及之郡，甚不自得，遂作思歸賦曰：

日色黯兮，高山之岑。月逢霞而未晈，霞値月而成陰。望他鄉之阡陌，非舊國之池林。山有木而蔽月，川無梁而復深。悵浮雲之弗限，何此恨之難禁。於是雜石爲峯，諸煙共色。秀出無窮，煙起不極。錯翻花而似繡，網遊絲其如織。蝶兩戲以相追，燕雙飛而鼓翼。怨驅馬之悠悠，歎征夫之未息！

爾乃臨峻壑，坐層阿。北眺羊腸詰屈，南望龍門嵯峨。疊千重以聳翠，橫萬里而揚波。遠彈鼯與鼫鼯，走鰩鼈及龜鼉。彼曖然兮鞏洛，此邈矣兮關河。心鬱鬱兮徒傷，思摇摇兮空滿。思故人兮不見，神翻覆兮魂斷。斷魂兮如亂，憂來兮不散。俯鏡兮白水，水流兮漫漫。異色兮縱横，奇光兮爛爛。下對兮碧沙，上覩兮青岸。岸上兮氤氳，駁霞兮絳氛。風摇枝而爲弄，日照水以成文。行復行兮川之畔，望復望兮望夫君。

君之門兮九重門。余之别兮千里分。願一見兮導我意，我不見兮君不聞。魄惝怳兮知何語，氣繚戾兮獨縈緼。

彼鳥馬之無知，尙有情於南北。雖吾人之固鄙，豈忘懷於上國？去上國之美人，對下邦之鬼蜮。形旣同於魍魎，心匪殊於蝥賊。欲修之而難化，何不殘之云克。知進退之非可，徒終朝以默默。願生還於洛濱，荷天地之厚德。

神龜末，遷冠軍將軍、涼州刺史。時蠕蠕主阿那瓌、後主婆羅門，並以國亂來降，朝廷問翻安置之所。翻表曰：

謬以非才，忝荷邊任，猥垂訪逮，安置蠕蠕主阿那瓌、婆羅門等處所遠近利害之宜。竊惟匈奴爲患，其來久矣，雖隆周、盛漢莫能障服，衰弱則降，富强則叛。是以方叔、召虎不遑自息，衞青、去病勤亦勞止。或修文德以來之，或興干戈以伐之，而一得一失，利害相侔。故呼韓來朝，左賢入侍，史籍謂之盛事，千載以爲美談。至于皇代勃興，威馭四海，爰在北京，仍梗疆埸。自卜惟洛食，定鼎伊瀍，高車、蠕蠕迭相呑噬。始則蠕蠕衰微，高車强盛，蠕蠕則自救靡暇，高車則僻遠西北。及蠕蠕復振，反破高車，主喪民離，不絕如綫。而高車今能終雪其耻，復摧蠕蠕者，正由種類繁多，不可頓滅故也。然闚此兩敵，卽卞莊之算，得使境上無塵數十年中者，抑此之由也。

今蠕蠕爲高車所討滅，外憑大國之威靈，兩主投身，一期而至，百姓歸誠，萬里相屬。進希朝廷哀矜，克復宗社；退望庇身有道，保其妻兒。雖乃遠夷荒桀，不識信順，終無純固之節，必有孤負之心。然興亡繼絕，列聖同規；撫降卹附，綿經共軌。若棄而不受，則虧我大德；若納而禮待，則損我資儲。來者既多，全徙內地，非直其情不顧，迎送艱難。然夷不亂華，殷鑒無遠，覆車在於劉石，毀轍固不可尋。且蠕蠕尙存，則高車猶有內顧之憂，未暇窺窬上國。若蠕蠕全滅，則高車跋扈之計，豈易可知。今蠕蠕雖主奔於上，民散於下，而餘黨實繁，部落猶衆，處處碁布，以望今主耳。高車亦未能一時幷兼，盡令率附。

又高車士馬雖衆，主甚愚弱，上不制下，下不奉上，唯以掠盜爲資，陵奪爲業。河西捍禦强敵，唯涼州、敦煌而已。涼州土廣民希，糧仗素闕，燉煌、酒泉空虛尤甚，若蠕蠕無復豎立，令高車獨擅北垂，則西顧之憂，匪旦伊夕。愚謂蠕蠕二主，皆宜存之，居阿那瓌於東偏，處婆羅門於西裔，分其降民，各有攸屬。那瓌住所，非所經見，其中事勢，不敢輒陳。其婆羅門請修西海故城以安處之。西海郡本屬涼州，今在酒泉直北、張掖西北千二百里，去高車所住金山一千餘里，正是北虜往來之衝要，漢家行軍之舊道，土地沃衍，大宜耕殖。非但今處婆羅門，於事爲便，卽可永爲重戍，鎭防西北。宜遣一良將，加以配衣，〔一〇〕仍令監護婆羅門。凡諸州鎭應徙之兵，隨宜割配，且田且戍。雖外爲置蠕蠕之擧，內實防高車之策。一二年後，足食足兵，斯固安邊保塞之長計也。若婆羅門能自克厲，使餘燼歸心，收離聚散，復興其國者，乃漸令北轉，徙渡流沙，卽是我之外蕃，高車勁敵。西北之虞，可無過慮。如其姦回返覆，孤恩背德者，此不過爲逋逃之寇，於我何損。今不早圖，戎心一啓，脫先據西海，奪我險要，則酒泉、張掖自然孤危，長河以西終非國有。不圖厥始，而憂其終，噬臍之恨，悔將何及。

愚見如允，乞遣大使往涼州、燉煌及於西海，躬行山谷要害之所，親閱亭障遠近之宜，商量士馬，校練糧仗，部分見定，處置得所。入春，西海之間卽令播種，至秋，收一年之食，使不復勞轉輸之功也。且西海北垂，卽是大磧，野獸所聚，千百爲羣，正是蠕蠕射獵之處。殖田以自供，籍獸以自給，彼此相資，足以自固。今之豫度，微似小損，歲終大計，其利實多。高車豺狼之心，何可專信？假令稱臣致款，正可外加優納，而復內備彌深，所謂先人有奪人之心者也。管窺所陳，懼多孟浪。

時朝議是之。

還，拜吏部郎中，加平南將軍、光祿大夫。以本將軍出爲齊州刺史，無多政績。孝昌中，除**安南將軍**、中書令，領給事黃門侍郎，與徐紇俱在門下，並掌文翰。翻旣才學名重，又善附會，亦爲靈太后所信待。是時蠻賊充斥，六軍將親討之，翻乃上表諫止。後蕭寶夤大敗於關西，翻上表請爲西軍死亡將士舉哀，存而還者并加賑賚。後拜度支尚書，尋轉都官。翻表曰：「臣往忝門下，翼侍帳幄。同時流輩皆以出離左右，蒙數階之陟。唯臣奉辭，非但直去黃門，今爲尚書後，更在中書令下。於臣庸朽，誠爲叨濫；準之倫匹，或有未盡。竊惟安南之與金紫，雖是異品之隔，實有半階之校；加以尚書清要，位遇通顯，準秩論資，似加少進。語望比官，人不願易。臣自揆自顧，力極求此，伏願天地成造，有始有終，矜臣疲病，乞臣骸骨，願以安南、尚書換一金紫。」時天下多事，翻雖外請閑秩，而內有求進之心，識者怪之。於是，加撫軍將軍。

肅宗、靈太后曾讌於華林園，舉觴謂羣臣曰：「袁尚書朕之杜預，欲以此杯敬屬元凱，今爲盡之。」侍座者莫不羨仰。翻名位俱重，當時賢達咸推與之，然獨善其身，無所獎拔，排抑後進，懼其淩己，論者鄙之。建義初，遇害於河陰，年五十三。所著文筆百餘篇，行於世。贈使持節、侍中、車騎將軍、儀同三司、青州刺史。

嫡子寶首，武定中，司徒記室參軍。

寶首兄叔德，武定末，太子中舍人。

翻弟躍，語在文苑傳。

躍弟颺，本州治中、別駕，豫州冠軍府司馬而卒。〔二〕

颺弟昇，太學博士、司徒記室、尙書儀曹郎中、正員郎、通直常侍。颺死後，昇通其妻。翻慚恚，爲之發病，昇終不止，時人鄙穢之。亦於河陰見害。贈左將軍、齊州刺史。

史臣曰：崔休立身有本，當官著聞，朝之良也。裴儁器業位望，有可稱乎？袁翻文高價重，其當時之才秀歟？

校勘記

〔一〕起家奉朝請　諸本「奉」作「今」，獨局本作「奉」。按奉朝請是起家官，屢見諸傳，「今」字顯誤，今從局本。

〔二〕與大都督長孫稚　諸本「稚」作「雅」。按長孫稚卷二五有傳，他鎭壓這次起義見本傳和卷九肅宗紀孝昌二年六月。「雅」是「稚」的形訛，今改正。

〔三〕斬賊王郭康兒　諸本脫「斬」字，今據册府卷三九五上四六八六頁補。又諸本「王」下旁注「闕」字，其實「闕」在句首，今删旁注。

〔四〕朕開置神畿畿郡望重　諸本「畿」字不重，「望」字下百衲本空格，他本旁注「闕」字。冊府卷六七二八〇三五頁重「畿」字，北史卷三八裴延儁附裴仲規傳節去「朕開置神畿」句，下也作「畿郡望重」。按上云「咸陽王禧爲司州牧，辟爲主簿，仍表行建興郡事」，則建興郡屬司州。故元宏稱之爲「畿郡」。這裏闕的是一「畿」字，諸本又誤空或誤注「闕」於「望」字下，今據補。

〔五〕爲廣州防蠻別將行漢廣郡事　諸本「漢廣」作「廣漢」。錢氏考異卷二八云：『「廣漢」當作「漢廣」。』按卷一〇六中地形志中廣州屬郡有「漢廣」，無「廣漢」，錢說是，今乙正。

〔六〕東陽平　諸本「東陽」下有「州」字。錢氏考異卷二八云：「青州治東陽城，東陽非州郡之名，當云『青州平』或『東陽平』，詞意乃通」。按錢說是，這裏衍「州」字，今刪。

〔七〕以訓詔旨耳　諸本「旨」字缺，今據冊府卷五八一六九九六二頁補。

〔八〕德行於今　諸本「行」下旁注「疑」字。冊府卷五八一六九六三頁「德」作「禮」。李慈銘云：「賈思伯傳本書卷七二亦引鄭君語，作『施行於今』，南按當作「北」史卷四七思伯傳作『思行於今』。」按北史百衲本、殿本思伯傳也作「施行於今」，李所見北史「施」作「思」，當誤。這裏「德」字疑誤，「禮」「施」不知孰是。旁注「疑」字刪。

〔九〕連城請面　北史卷四七袁翻傳「請」作「革」。按「請面」意不明，疑作「革」是。

〔一〇〕加以配衣　諸本「衣」下旁注「疑」字。按卷九肅宗紀孝昌元年十二月詔有云：「其配衣六軍，分隸熊虎」，卷七四尒朱榮傳，榮上書稱「惟願廣其配衣」。「配衣」是當時專詞，似指禁軍。這裏是說以禁軍出戍，並無可疑，今删「疑」字。

〔一二〕豫州冠軍府司馬而卒　李慈銘云：「『而』當作『早』。」

魏書卷七十

列傳第五十八

劉藻　傅永　傅豎眼　李神

劉藻，字彥先，廣平易陽人也。六世祖遐，從司馬叡南渡。父宗之，劉裕廬江太守。藻涉獵羣籍，美談笑，善與人交，飲酒至一石不亂。永安中，與姊夫李嶷俱來歸國，賜爵易陽子。擢拜南部主書，號爲稱職。

時北地諸羌數萬家，恃險作亂，前後牧守不能制，姦暴之徒，並無名實，朝廷患之，以藻爲北地太守。藻推誠布信，諸羌咸來歸附。藻書其名籍，收其賦稅，朝廷嘉之。遷龍驤將軍、雍城鎮將。先是氐豪徐成、楊黑等驅逐鎮將，故以藻代之。至鎮，擒獲成、黑等，斬之以徇，羣氐震慴。雍州人王叔保等三百人表乞藻爲駮奴戍主。詔曰：「選曹已用人，藻有惠政，自宜他敘。」在任八年，遷離城鎮將。〔一〕

太和中，改鎭爲岐州，以藻爲岐州刺史。轉秦州刺史。秦人恃嶮，率多粗暴，或拒課輸，或害長吏，自前守宰，率皆依州遙領，不入郡縣。藻開示恩信，誅戮豪橫，羌氐憚之，守宰於是始得居其舊所。遇車駕南伐，以藻爲東道都督。秦人紛擾，詔藻還州，人情乃定。仍與安南將軍元英征漢中，頻破賊軍，長驅至南鄭，垂平梁州，奉詔還軍，乃不果克。

後車駕南伐，以藻爲征虜將軍，督統軍高聰等四軍爲東道別將。辭於洛水之南，高祖曰：「與卿石頭相見。」藻對曰：「臣雖才非古人，庶亦不留賊虜而遺陛下，輒當釃曲阿之酒以待百官。」高祖大笑曰：「今未至曲阿，且以河東數石賜卿。」後與高聰等戰敗，俱徙平州。景明初，世宗追錄舊功，以藻爲太尉司馬。是年六月卒，年六十七，贈錢六萬。

子紹珍，無他才用，善附會，好飲酒。結託劉騰，騰啓爲其國郎中令。襲子爵。稍遷本州別駕、司空屬，以事免官。建義初，詔復，尋除太中大夫。永安二年，除安西將軍、河北太守。還朝，久之，拜車騎將軍、左光祿大夫，出爲黎陽太守。所在無政績。天平中，坐子尙書郎洪業入於關中，率衆侵擾，伏法。

傅永，字脩期，淸河人也。幼隨叔父洪仲與張幸自青州入國，尋復南奔。有氣幹，拳勇過人，能手執鞍橋，倒立馳騁。年二十餘，有友人與之書而不能答，請於洪仲，洪仲深讓之而不爲報。永乃發憤讀書，涉獵經史，兼有才筆。自東陽禁防爲崔道固城局參軍，與道固俱降，入爲平齊民。父母並老，飢寒十數年，賴其强於人事，勠力傭丐，得以存立。晚乃被召，兼治禮郎，詣長安，拜文明太后父燕宣王廟，〔三〕賜爵貝丘男，加伏波將軍。未幾，除中書博士，又改爲議郎。轉尚書考功郎中，爲大司馬從事中郎。尋轉都督、任城王澄長史，兼尚書左丞。

王肅之爲豫州，以永爲建武將軍、平南長史。咸陽王禧慮肅難信，言於高祖。高祖曰：「已選傅脩期爲其長史，雖威儀不足，而文武有餘矣。」肅以永宿士，禮之甚厚。永亦以肅爲高祖眷遇，盡心事之，情義至穆。蕭鸞遣將魯康祚、趙公政衆號一萬，侵豫州之太倉口。肅令永勒甲士三千擊之。時康祚等軍於淮南，永舍淮北十有餘里。永量吳楚之兵，好以斫營爲事，卽夜分兵二部，出於營外。又以賊若夜來，必應於渡淮之所，以火記其淺處。永旣設伏，乃密令人以瓠盛火，渡淮南岸，當深處置之，敎之云：「若有火起，卽亦然之。」其夜，康祚、公政等果親率領，來斫永營。東西二伏夾擊之，康祚等奔趨淮水。火旣競起，不能記其本濟，遂望永所置之火而爭渡焉。水深，溺死、斬首者數千級，生擒公政。康祚人馬墜淮，曉而獲其屍，斬首，幷公政送京師。公政，岐州刺史超宗之從兄也。

時裴叔業率王茂先、李定等來侵楚王戍。永適還州，肅復令永討之。〔三〕永將心腹一人馳詣楚王戍，至卽令填塞外塹，夜伏戰士一千人於城外。曉而叔業等至，頓於城東，〔四〕列陳，將置長圍。永所伏兵於左道擊其後軍，破之。叔業乃令將佐守所列之陳，自率精甲數千救之。永上門樓，觀叔業南行五六里許，便開門奮擊，遂摧破之。叔業進退失圖，於是奔走。左右欲追之，永曰：「弱卒不滿三千，彼精甲猶盛，非力屈而敗，自墮吾計中耳。既不測我之虛實，足喪其膽。俘此足矣，何假逐之。」獲叔業傘扇鼓幕甲仗萬餘。兩月之中，遂獻再捷，高祖嘉之，遣謁者就豫州策拜永安遠將軍、鎭南府長史、汝南太守、貝丘縣開國男，食邑二百戶。高祖每歎曰：「上馬能擊賊，下馬作露布，唯傅脩期耳。」

裴叔業又圍渦陽，時高祖在豫州，遣永爲統軍，與高聰、劉藻、成道益、任莫問等往救之。軍將逼賊，永曰：「先深溝固壘，然後圖之。」聰等不從，裁營輜重，便擊之，一戰而敗。聰等棄甲，徑奔懸瓠。永獨收散卒徐還，賊追至，又設伏擊之，挫其鋒銳。四軍之兵，多賴之以免。永至懸瓠，高祖俱鎖之。聰、藻徙爲邊民，永免官爵而已。不經旬日，詔曰：「脩期在後少有擒殺，可揚武將軍、汝陰鎭將，帶汝陰太守。」

景明初，裴叔業將以壽春歸國，密通於永，永具表聞。及將迎納，詔永爲統軍，與楊大眼、奚康生等諸軍俱入壽春。同日而永在後，故康生、大眼二人並賞列土，永唯淸河男。

蕭寶卷將陳伯之侵逼壽春，沿淮爲寇。時司徒、彭城王勰，廣陵侯元衍同鎮壽春，以九江初附，人情未洽，兼臺援不至，深以爲憂。詔遣永爲統軍，領汝陰之兵三千人先援之。永總勒士卒，水陸俱下，而淮水口伯之防之甚固。永去二十餘里，牽船上汝南岸，以水牛挽之，直南趣淮，下船便渡。適上南岸，賊軍亦及。會時已夜，永乃潛進，曉達壽春城下。勰、衍聞外有軍，共上門樓觀望，然不意永至，永免胄，乃信之，遂引永上。勰謂永曰：「北望以久，恐洛陽難復可見，不意卿能至也。」勰令永引軍入城。永曰：「執兵被甲，固敵是求，若如敎旨，便共殿下同被圍守，豈是救援之意？」遂孤軍城外，與勰并勢以擊伯之，頻有克捷。

中山王英之征義陽，永爲寧朔將軍、統軍，當長圍遏其南門。蕭衍將馬仙琕連營稍進，規解城圍。永謂英曰：「凶竪豕突，意在決戰。雅山形要，宜早據之。」英沉吟未決，永曰：「機者如神，難遇易失，今日不往，明朝必爲賊有，雖悔無及。」英乃分兵，通夜築城於山上；遣統軍張懷等列陳於山下以防之。至曉，仙琕果至，懷等戰敗，築城者悉皆奔退，仙琕乘勝直趣長圍，義陽城人復出挑戰。永乃分兵付長史賈思祖，令守營壘，自將馬步千人南逆仙琕。擐甲揮戈，單騎先入，唯有軍主蔡三虎副之，餘人無有及者。突陳橫過，賊射永洞其左股，永拔箭復入，遂大破之，斬仙琕子。仙琕燒營席卷而遁。英於陳謂永曰：「公傷矣，且還營。」永曰：「昔漢祖捫足，不欲人知。下官雖微，國家一帥，奈何使虜有傷將之名！」遂與諸軍追之，極夜而返，時年七十餘矣。三軍莫不壯之。義陽既平，英使司馬陸希道爲露板，意謂不可，令永改之。永亦不增文彩，直與之改陳列軍儀，處置形要而已。而英深賞之，歎曰：「觀此經算，雖有金城湯池亦不能守矣。」還京復封，永先有男爵，至是以品不累加，賜帛二千匹。除太中大夫，行秦梁二州事，代邢巒鎮漢中。

後還京師，於路除恒農太守，非心所樂。時英東征鍾離，連表請永，求以爲將，朝廷不聽。永每言曰：「文淵、充國竟何人哉！吾獨白首見拘此郡。」深用扼腕。然於治民非其所長，故在任無多聲稱。未幾，解郡，還爲太中大夫，行南青州事，遷左將軍、南兗州刺史。猶能馳射，盤馬奮矟。時年踰八十，常諱言老，每自稱六十九。還京，拜平東將軍、光祿大夫。熙平元年卒，年八十三。贈安東將軍、齊州刺史。

永嘗登北邙，於平坦處奮矟躍馬，盤旋瞻望，有終焉之志。遠慕杜預，近好李沖、王肅，欲葬附其墓，遂買左右地數頃，遺敕子叔偉曰：「此吾之永宅也。」永妻賈氏留於本鄉，永至代都，娶妾馮氏，生叔偉及數女。賈後歸平城，無男，唯一女。馮恃子事賈無禮，叔偉亦奉賈不順，賈常忿之。馮先永亡，及永之卒，叔偉稱父命欲葬北邙。賈疑叔偉將以馮合葬，賈遂求歸葬永於所封貝丘縣。事經司徒，司徒胡國珍本與永同經征役，感其所慕，許叔偉葬焉。賈乃邀訴靈太后，靈太后遂從賈意。事經朝堂，國珍理不能得，乃葬於東清河。又永昔營宅兆，葬父母於舊鄉，賈於此強徙之，與永同處，永宗親不能抑。葬已數十年矣，棺爲桑棗根所遶束，去地尺餘，甚爲周固，以斧斬斫，出之於坎，時人咸怪。未三年而叔偉亡。叔偉，九歲爲州主簿。及長，膂力過人，彎弓三百斤，左右馳射，又能立馬上與人角騁。見者以爲得永之武而不得永文也。正光中，叔偉子豐生襲封。

傅豎眼，本清河人。七世祖伷。伷子遘，石虎太常。祖父融南徙渡河，家于磐陽，爲鄉閭所重。性豪爽。有三子，靈慶、靈根、靈越，並有才力。融以此自負，謂足爲一時之雄。嘗謂人曰：「吾昨夜夢：有一駿馬，無堪乘者，人曰：『何由得人乘之？』有一人對曰：『唯有傅靈慶堪乘此馬。』又有弓一張，亦無人堪引，人曰：『唯有傅靈根可以彎此弓。』又有數紙文書，人皆讀不能解，人曰：『唯傅靈越可解此文。』」融意謂其三子文武才幹堪以駕馭當世。常密謂鄉人曰：「汝聞之不？鬲虫之子有三靈，此圖讖之文也。」好事者然之，故豪勇之士多相歸附。

劉駿將蕭斌、王玄謨寇碻磝，時融始死，玄謨強引靈慶爲軍主。將攻城，攻車爲城內所燒，靈慶懼軍法，詐云傷重，令左右輿之還營，遂與壯士數十騎遁還。斌、玄謨命追之。左右諫曰：「靈慶兄弟並有雄才，兼其部曲多是壯勇，如彭超、尸生之徒，皆一當數十人，援不虛發，不可逼也。不如緩之。」玄謨乃止。靈慶至家，遂與二弟匿於山澤之間。時靈慶從叔乾愛爲斌法曹參軍，斌遣乾愛誘呼之，以腰刀爲信，密令壯健者隨之，而乾愛不知斌之欲圖靈慶也。既至靈慶間，對坐未久，斌所遣壯士執靈慶殺之。靈慶將死，與母崔訣，言「法曹殺人，不可忘也」。

靈根、靈越奔河北。靈越至京師，高宗見而奇之。靈越因說齊民慕化，青州可平，高宗大悅。拜靈越鎭遠將軍、青州刺史、貝丘子，鎭羊蘭城；靈根爲臨齊副將，鎭明潛壘。靈越北入之後，母崔氏遇赦免。劉駿恐靈越在邊，擾動三齊，乃以靈越叔父琰爲冀州治中，乾愛爲樂陵太守。樂陵與羊蘭隔河相對，命琰遣其門生與靈越婢詐爲夫婦投化以招之。靈越與母分離思積，遂與靈根相要南走。靈越與羊蘭奮兵相擊，乾愛遣船迎之，得免。靈根差期，不得俱渡，臨齊人覺知，剉斬殺之。乾愛出郡迎靈越，問靈根愆期之狀，而靈越殊不應答，但言不知而已。乾愛不以爲惡，敕左右出匣中烏皮袴褶，令靈越代所常服。靈越言不須。乾愛云：「汝豈可著體上衣服見垣公也？」時垣護之爲刺史。靈越奮聲言：「垣公！垣公！著此當見南方國主，豈垣公也。」竟不肯著。及至丹陽，劉駿見而禮之，拜員外郎、兗州司馬，帶魯郡，而乾愛亦遷青、冀司馬，帶魏郡。後二人俱還建康。靈越意恒欲爲兄復讎，而乾愛初不疑防，知乾愛嗜雞肉葵菜食，乃爲作之，下以毒藥，乾愛飯還而卒。

後數年而靈越爲太原太守，戍升城。後舉兵同劉駿子子勛，子勛以靈越爲前軍將軍。子勛敗，靈越軍衆散亡，爲劉彧將王廣之軍人所擒，厲聲曰：「我傅靈越也，汝得賊何不卽殺！」廣之生送詣彧輔國府司馬劉勔。勔躬自慰勞，詰其叛逆，對曰：「九州唱義，豈獨在我？」勔又問：「四方阻逆，無戰不擒，主上皆加以大恩，卽其才用，卿何不早歸天闕，乃逃命草間乎？」靈越答曰：「薛公舉兵淮北，威震天下，不能專任智勇，委付子姪，致敗之由，實在於此。然事之始末，備皆參預，人生歸於一死，實無面求活。」勔壯其意，送詣建康。劉彧欲加原宥，靈越辭對如一，終不回改，乃殺之。

豎眼，卽靈越子也。沉毅壯烈，少有父風。入國，鎭南王肅見而異之，且奇其父節，傾心禮敬，表爲參軍。從肅征伐，累有戰功，稍遷給事中、步兵校尉、左中郎將，常爲統軍，東西征伐。世宗時爲建武將軍，討揚州賊破之，仍鎭於合肥，蕭衍民歸之者數千戶。

後武興氐楊集義反叛，推其兄子紹先爲主，攻圍關城。梁州刺史邢巒遣豎眼討之。集義衆逆戰，頻破走之，乘勝追北，仍克武興。還洛，詔假節，行南兗州事。豎眼善於綏撫，南人多歸之。

轉昭武將軍、益州刺史。以州初置，境逼巴獠，給羽林虎賁三百人，進號冠軍將軍。及高肇伐蜀，假豎眼征虜將軍、持節，領步兵三萬先討北巴。蕭衍聞大軍西伐，遣其寧州刺史任太洪從陰平偷路入益州北境，欲擾動氐蜀，以絕運路。乘國諱班師，遂扇誘土民，奄破東洛、除口二戍，因此詐言南軍繼至，氐蜀信之，翕然從逆。太洪率氐蜀數千圍逼關城，豎眼遣寧朔將軍成興孫討之。軍次白護，太洪遣其輔國將軍任碩北等率衆一千，邀險拒戰，在虎徑南山連置三營。興孫分遣諸統，隨便掩擊，皆破之。太洪又遣軍主邊昭等率氐蜀三千，攻逼興孫栅，興孫力戰，爲流矢所中，死。豎眼又遣統軍姜喜、季元度從東嵠潛入，回出西崗，邀賊之後，表裏合擊，大破之，斬邊昭及太洪前部王隆護首。於是太洪及關城五栅一時逃散。

豎眼性既清素，不營產業，衣食之外，俸祿粟帛皆以饗賜夷首，賑恤士卒。撫蜀人以恩信爲本，保境安民，不以小利侵竊。有掠蜀民入境者，皆移送還本土。撿勒部下，守宰肅然。遠近雜夷相率款謁，仰其德化，思爲魏民矣。是以蜀民請軍者旬月相繼。世宗甚嘉之。肅宗初，屢請解州，乃以元法僧代之。益州民追隨戀泣者數百里。至洛，拜征虜將軍、太中大夫。蕭衍遣將趙祖悅入屯硤石，以逼壽春。鎭南將軍崔亮討之，以豎眼爲持節、鎭南軍司。

法僧既至，大失民和。蕭衍遣其信武將軍、衡州刺史張齊因民心之怨，〔五〕入寇晉壽，頻陷葭萌、小劍諸戍，進圍州城。朝廷以西南爲憂，乃驛徵豎眼於淮南。既至，以爲右將軍、益州刺史，尋加散騎常侍、平西將軍、假安西將軍、西征都督，率步騎三千以討張齊。給銅印千餘，須有假職者，聽六品已下板之。豎眼既出梁州，衍冠軍將軍勾道侍、梁州刺史王太洪等十餘將所在拒塞，〔六〕豎眼三日之中，轉戰二百餘里，甲不去身，頻致九捷。士民統軍席廣度等處處邀擊，斬太洪及衍征虜將軍楊伏錫等首。張齊引兵西退，遂奔葭萌。蜀民聞豎眼復爲刺史，人人喜悅，迎於路者日有百數。豎眼至州，白水已東，民皆寧業。

先是，蕭衍信義將軍、都統白水諸軍事楊興起，征虜將軍李光宗襲據白水舊城。豎眼遣虎威將軍强虬與陰平王楊太赤率衆千餘，夜渡白水，旦而交戰，大敗賊軍，斬興起首，克復舊城。又遣統軍傅曇表等大破衍寧朔將軍王光昭於陰平。張齊仍阻白水，屯寇葭萌。豎眼分遣諸將水陸討之。齊遣其寧朔將軍費忻督步騎二千逆來拒戰，軍主陳洪起力戰破之，乘勝追奔，遂臨夾谷三栅。統軍胡小虎四面攻之，三栅俱潰。張齊親率驍勇二萬餘人與諸軍交戰，豎眼命諸統帥同時奮擊。軍主許暢斬衍雄信將軍牟興祖，軍主孔領周射齊中足，於是大破賊軍，斬獲甚衆。齊乃栅於虎頭山下，賊帥任令崇屯據西郡。豎眼復遣討之，令崇棄衆夜遁。乃進討齊，破其二栅，斬首萬餘，齊被重創，奔竄而退。小劍、大劍賊亦捐城西走，益州平。靈太后璽書慰勞，賜驊騮馬一匹，寶劍一口。

豎眼表求解州，不許，復轉安西將軍、岐州刺史，常侍如故。仍轉梁州刺史，常侍、將軍如故。梁州之人既得豎眼爲牧，人咸自賀。而豎眼至州，遇患不堪綜理，其子敬紹險暴不仁，聚貨耽色，甚爲民害，遠近怨望焉。尋假鎭軍將軍、都督梁西益巴三州諸軍事。蕭衍遣其北梁州長史錫休儒、司馬魚和、上庸太守姜平洛等十軍，率衆三萬，入寇直城。豎眼遣敬紹總衆赴之，倍道而進，至直城，而賊襲據直口。敬紹以賊斷歸路，督兼統軍高徹、吳和等與賊決戰，大破之，擒斬三千餘人，休儒等走還魏興。

敬紹頗覽書傳，微有膽力，而奢淫倜儻，輕爲殘害。又見天下多事，陰懷異圖，欲杜絕四方，擅據南鄭，令其妾兄唐崐崘扇擾於外，聚衆圍城，敬紹謀爲內應。賊圍既合，其事泄露，在城兵武執敬紹，白豎眼而殺之。豎眼恥恚發疾，遂卒。永安中，贈征東將軍、吏部尚書、齊州刺史。出帝初，重贈散騎常侍、車騎將軍、司空公、相州刺史，開國如故。

長子敬和，敬和弟敬仲，並好酒薄行，傾側勢家。敬和，歷靑州鎭遠府長史。孝莊時，復爲益州刺史，朝廷以其父有遺惠故也。至州，聚斂無已，好酒嗜色，遠近失望。仍爲蕭衍將樊文熾攻圍，敬和以城降，送於江南。後衍以齊獻武王威德日廣，令敬和還國，以申和通之意。久之，除北徐州刺史，復以耽酒爲土賊掩襲，棄城走。徵詣廷尉，遇恩免，遂廢棄卒於家。

乾愛子三寶，與房法壽等同劾盤陽，〔七〕賜爵貝丘子。三寶弟法獻，高祖初南叛，爲蕭鸞右中郎將、直閤將軍。從崔慧景至鄧城，爲官軍所殺。

琰曾孫文驥，勇果有將領之才。隨暨眼征伐，累有軍功，自强弩將軍出爲琅邪戍主。朐山內附，徐州刺史盧昶遣文驥守朐山，樵米旣竭，而昶軍不進。文驥遂棄母妻，以城降蕭衍。後大以南貨賂光州刺史羅衡，衡爲渡其母妻。

李神，恒農人。父洪之，秦益二州刺史。神少有膽略，以氣尙爲名。早從征役，其從兄崇深所知賞。累遷威遠將軍、新蔡太守，領建安戍主。轉寧遠將軍、陳留太守，領狄丘戍主。頻有軍功，封長樂縣開國男，食邑二百戶。遷征虜將軍、驍騎將軍、直閤將軍。蕭衍將趙祖悅率衆據硤石，神爲別將，率揚州水軍受刺史李崇節度，與都督崔亮、行臺僕射李平等攻硤石克之。進平北將軍、太中大夫。

孝昌中，行相州事，尋正，加撫軍將軍，假鎭東將軍大都督。建義初，除衞將軍。時葛榮充斥，民多逃散。先是，州將元鑒反叛引賊，後都督源子邕、裴衍戰敗被害，朝野憂惶，人不自保。而神志氣自若，撫勞兵民，小大用命。旣而葛榮盡銳攻之，久不能克。會尒朱榮擒葛榮於鄴西，事平。除車騎將軍，以功進爵爲公，增邑八百，通前一千戶。元顥入洛，莊帝北巡，以神爲侍中，又除殿中尙書，仍行相州事。車駕還宮，改封安康郡開國公，加封五百戶。普泰元年，進驃騎大將軍、儀同三司、相州大中正。永熙中薨。天平元年，賜使持節、侍中、驃騎大將軍、司徒公、冀州刺史。

子士約，襲。齊受禪，爵例降。

史臣曰：劉藻、傅永、豎眼文武器幹，知名於時。豎眼加以撫邊導俗，風化尤美，方之二子，固以優乎？抑又魏世之良牧。李神據危城，當大難，其氣槪亦足稱焉。

校勘記

〔一〕在任八年遷離城鎭將　按下文云「太和中，改鎭爲岐州」。查卷一〇六下地形志下岐州條注云：「治雍城鎭。」自漢以來，卽置雍縣，地由雍水得名，別無所謂「離城」。這裏「離」字顯爲「雍」

之訛。但上文已稱他「遷龍驤將軍、雍城鎮將」，所謂「在任八年」，即指在雍城鎮將之任，怎麽能以雍城鎮將遷雍城鎮將呢？而且疑問尚不止鎮名之異。上文於劉藻遷雍城鎮將後，說「雍州人王叔保等三百人表乞藻爲駮奴戍主。詔曰：『選曹已用人，藻有惠政，自宜他敍。』」戍主品級比鎮將低，王叔保等是表示對他好感才乞求任他爲戍主的，怎麽會要他降級調任呢？細觀此段，實是文字錯簡，又有衍文。上文「遷龍驤將軍、雍城鎮將」至「羣氐震慴」四十二字當在「在任八年」下。這裏「遷離城鎮將」五字則是衍文。原文當作：

……朝廷嘉之。雍州人王叔保等三百人表乞藻爲駮奴戍主。詔曰：「選曹已用人，藻有惠政，自宜他敍。」在任八年，遷龍驤將軍、雍城鎮將。先是氐豪徐成、楊黑等驅逐鎮將，故以藻代之。至鎮，擒獲成、黑等，斬之以徇，羣氐震慴。太和中，改鎮爲岐州，以藻爲岐州刺史。

〔二〕詣長安拜文明太后父燕宣王廟　諸本「廟」下有「令」字，北史卷四五傅永傳無。按拜燕宣王廟加官賜爵屢見卷五六鄭羲傳，卷七二陽尼附陽藻傳、李叔虎附李述傳、卷八九酷吏高遵傳。若授廟令，則廟本在長安，不必贅言「詣長安」，且廟令卑官，史例也不稱「拜」。「令」字衍，今據删。

〔三〕肅復令永討之　諸本「永」訛「大」，今據北史卷四五、册府卷三六四四三二七頁改。

〔四〕曉而叔業等至頓於城東　諸本「頓」作「江」。册府同上卷頁、通典卷一五三示無備設伏取之條作「頓」，通鑑卷一四一四四一七頁無「江」字。按戰事在豫州今河南汝南一帶，楚王戍不得旁長江，

「江」字乃「頓」之訛，今據改。

〔五〕蕭衍遣其信武將軍衡州刺史張齊因民心之怨　按張齊，梁書卷一七有傳，從未爲衡州刺史，梁之衡州也不在此，疑有誤。參卷九校記〔一〕。

〔六〕梁州刺史王太洪等十餘將所在拒塞　按下文說「斬太洪」，自即此「王太洪」。然卷九肅宗紀熙平元年五月及卷九八蕭衍傳都作「斬其將任太洪」。紀於上年（景明四年）二月稱「蕭衍寧州刺史任太洪率衆寇關城」，卷九八同，應卽此被斬之梁將。這裏「王」字乃「任」字之訛。

〔七〕乾愛子三寶與房法壽等同効盤陽　諸本「効」下旁注「疑」字。按房法壽襲取盤陽以降魏，事見卷四三本傳，「同効盤陽」意謂同在盤陽立功。並無可疑，今刪旁注。

魏書卷七十一

列傳第五十九

裴叔業　夏侯道遷　李元護　席法友　王世弼　江悅之

淳于誕　李苗

裴叔業，河東聞喜人也。魏冀州刺史徽之後也。五代祖苞，晉秦州刺史。祖邕，自河東居于襄陽。父順宗、兄叔寶仕蕭道成，並有名位。

叔業少有氣幹，頗以將略自許。仕蕭賾，歷右軍將軍、東中郎將諮議參軍。蕭鸞見叔業而奇之，謂之曰：「卿有如是志相，何慮不大富貴。深宜勉之。」鸞爲豫州，引爲司馬，帶陳留太守。鸞輔政，叔業常伏壯士數百人於建業。及鸞廢昭文，叔業率衆赴之。鸞之自立也，以叔業爲給事黃門侍郎，封武昌縣開國伯，食邑五百戶。高祖南巡，車駕次鍾離。鸞拜叔業持節、冠軍將軍、徐州刺史，以水軍入淮。去王師數十里，高祖令尚書郎中裴聿往與之語。

叔業盛飾左右服玩以夸聿曰：「我在南富貴正如此，豈若卿彼之儉陋也。」聿云：「伯父儀服誠爲美麗，但恨不晝遊耳。」徙輔國將軍、豫州刺史，屯壽陽。鸞死，子寶卷自立，遷叔業本將軍、南兗州刺史。會陳顯達圍建鄴，叔業遣司馬李元護率軍赴寶卷，其實應顯達也。顯達敗而還。叔業慮內難未已，不願爲南兗，以其去建鄴近，受制於人。寶卷嬖人茹法珍、王咺之等疑其有異，去來者並云叔業北入。叔業兄子植、颺、粲等，棄母奔壽陽。法珍等以其既在疆場，急則引魏，力不能制，且欲羈縻之，白寶卷遣中書舍人裴長穆慰誘之，許不復回換。

叔業雖云得停，而憂懼不已，遣親人馬文範以自安之計訪之於寶卷雍州刺史蕭衍曰：「天下之事，大勢可知，恐無復自立理。雍州若能堅據襄陽，輒當勠力自保；若不爾，回面向北，不失作河南公。」衍遣文範報曰：「羣小用事，豈能及遠。多遣人相代，力所不辦；少遣人，又於事不足。意計回惑，自無所成。唯應送家還都以安慰之，自然無患。若意外相逼，當勒馬步二萬直出橫江，以斷其後，則天下之事一舉可定也。若欲北向，彼必遣人相代，以河北一地相處，河南公寧復可得？如此，則南歸之望絕矣。」叔業沉疑未決，遣信詣豫州刺史薛眞度，具訪入國可否之宜。眞度答書，盛陳朝廷風化惟新之美，知卿非無款心，自不能早決捨南耳。但恐臨迫而來，便不獲多賞。

叔業遲遲數反，眞度亦遣使與相報復。乃遣子芬之及兄女夫韋伯昕奉表內附。景明元年正月，世宗詔曰：「叔業明敏秀發，英款早悟，馳表送誠，忠高振古，宜加褒授，以彰先覺。可使持節、散騎常侍、都督豫雍兗徐司五州諸軍事、征南將軍、豫州刺史，封蘭陵郡開國公，食邑三千戶。」又賜叔業璽書曰：「前後使返，有敕，想卿具一二。寶卷昏狂，日月滋甚，虐遍宰輔，暴加戚屬，淫刑既逞，朝無孑遺，國有瓦解之形，家無自安之計。卿秉茲智勇，深具禍萌，翻然高舉，去彼危亂。朕興居在念，深嘉乃勳。前卽敕豫州緣邊諸鎭兵馬，行往赴援。楊大眼、奚康生鐵騎五千，星言卽路；彭城王勰、尙書令肅精卒十萬，絡繹繼發。將以長驅淮海，電擊衡巫。卿其幷心勠力，同斯大舉。殊勳茂績，職爾之由，崇名厚秩，非卿孰賞？幷有敕與州佐吏及彼土人士，其有微功片效，必加褒異。」

軍未渡淮，叔業病卒，年六十三。李元護、席法友等推叔業兄子植監州事。乃贈開府儀同三司，餘如故。謚忠武公，給東園溫明祕器、朝服一襲、錢三十萬、絹一千匹、布五百匹、蠟三百斤。

子蒨之，字文聰。仕蕭鸞爲隨郡王左常侍，先卒。子譚紹封。

譚，粗險好殺，所乘牛馬爲小驚逸，手自殺之。然孝事諸叔，盡於子道，國祿歲入，每以分贍，世以此稱之。世宗以譚及高皇后弟貞、王肅子紹俱爲太子洗馬。肅宗踐祚，轉員外常侍。遷輔國將軍、中散大夫。卒，贈平南將軍、豫州刺史，謚曰敬。

子測，字伯源，襲。歷通直散騎侍郎。天平中，走於關西。

蒨之弟芬之，字文馥。長者，好施，篤愛諸弟。仕蕭鸞，歷位羽林監。入國，以父勳授通直散騎常侍，上蔡縣開國伯，食邑七百戶。除廣平內史，固辭不拜。轉輔國將軍、東秦州刺史，在州有清靜之稱。入爲征虜將軍、太中大夫。徙封山茌縣。出爲後將軍、岐州刺史。正光末，元志西討隴賊，軍敗退守岐州，爲賊所圍。城陷，志與芬之並爲賊擒送於上邽，爲莫折念生所害。贈平東將軍、青州刺史。

子涉，字仲昇，襲。卒。

子僑尼，襲。武定中，員外羽林監。齊受禪，爵例降。

芬之弟簡之、英之，並早卒。

英之弟藹之，字幼重。性輕率，好琴書。其內弟柳諧善鼓琴，藹之師諧而微不及也。歷通直散騎侍郎，平東將軍，安廣、汝陽二郡太守。卒。

叔業長兄子彥先，少有志尚。叔業以壽春入國，彥先景明二年逃遁歸魏。朝廷嘉之，除通直散騎常侍，封雍丘縣開國子，食邑三百戶。出爲趙郡太守，爲政舉大綱而已。正始中，轉勃海相。屬元愉作逆，徵兵郡縣，彥先不從，爲愉拘執，踰獄得免。仍爲沙門，潛行至洛。愉平，赦還郡。延昌中卒，時年六十一。熙平中，贈持節、左將軍、南青州刺史，謚曰惠恭。

子約，字元儉，性頗剛鯁。起家員外郎，轉給事中。永平中，丹陽太守。後襲爵。冀州大乘賊起，敕爲別將，行勃海郡事。後州軍爲賊所敗，遂圍郡城，城陷見害，年三十六。神龜中，贈平原太守。出帝時，復贈前將軍、揚州刺史。

長子英起，武定末，洛州刺史。

英起弟威起，卒於齊王開府中兵參軍，年三十二。贈鴻臚少卿。

彥先弟絢，揚州治中。時揚州霖雨，水入州城，刺史李崇居於城上，繫船憑焉。絢率城南民數千家汎舟南走，避水高原。謂崇還北，遂與別駕鄭祖起等送子十四人於蕭衍，自號豫州刺史。衍將馬仙琕遣軍赴之。崇聞絢反，未測虛實，乃遣國侍郎韓方興單舸召之。絢聞崇在，悵然驚恨。報崇曰：「比因大水，顚跙不免，羣情所逼，推爲盟首。今大計已爾，勢不可追。恐民非公民，吏非公吏。願早行，無犯將士。」崇遣從弟寧朔將軍神、丹陽太守謝靈寶勒水軍討絢。絢率衆逆戰，神等大破之，斬其將帥十餘人。絢衆奔營，神乘勝克柵，衆皆潰散。絢西馬單逃，爲村民所獲。至尉升湖，絢曰：「吾爲人吏，反而見擒，有何面目得視公也。」投水而死。并鄭祖起等皆斬之。

植，字文遠，叔業兄叔寶子也。少而好學，覽綜經史，尤長釋典，善談理義。仕蕭寶卷，以軍勳至長水校尉，隨叔業在壽春。叔業卒，僚佐同謀者多推司馬李元護監州，一二日謀不決定，唯席法友、柳玄達、楊令寶等數人慮元護非其鄉曲，恐有異志，共舉植監州。祕叔業喪問，敎命處分皆出於植。於是開門納國軍，城庫管籥悉付康生。詔以植爲征虜將軍、兗州刺史、崇義縣開國侯，食邑千戶。

尋進號平東將軍，入爲大鴻臚卿。後以長子昕南叛，有司處之大辟。詔曰：「植闔門歸款，子昕愚昧，爲人誘陷，雖刑書有常，理宜矜恤，可特恕其罪，以表勳誠。」尋除揚州大中正，出爲安東將軍、瀛州刺史。罷州，復除大鴻臚卿。遷度支尚書，加金紫光祿大夫。

植性非柱石，所爲無恒。兗州還也，表請解官，隱於嵩山，世宗不許，深以爲怪。然公私集論，自言人門不後王肅，怏怏朝廷處之不高。及爲尚書，志意頗滿，欲以政事爲己任，謂人曰：「非我須尚書，尚書亦須我。」辭氣激揚，見於言色。入參議論，時對衆官面有譏毁。又表毁征南將軍田益宗，言華夷異類，不應在百世衣冠之上。率多侵侮，皆此類也。侍中于忠、黃門元昭覽之切齒，寢而不奏。會韋伯昕告植欲謀廢黜，尚書又奏：「羊祉告植姑子皇甫仲達，云受植旨，詐稱被詔，率合部曲，欲圖領軍于忠。臣等窮治，辭不伏引。然衆證明眄。案律，在邊合率部衆不滿百人以下，身猶尙斬，況仲達公然在京稱詔聚衆，諠惑都邑，駭動人情。量其本意，不可測度。按詐僞律：詐稱制者死。今依衆證，處仲達入死。金紫光祿大夫、尙書、崇義縣開國侯裴植，身居納言之任，爲禁司大臣，仲達又稱其姓名，募集人衆，雖名仲達切讓，〔一〕無忿懼之心。衆證雖不見植，皆言仲達爲植所使。召仲達責問而不告列，推論情狀，不同之理不可分明。不得同之常獄，有所降減。計同仲達，處植死刑。又植親率城衆，附從王化，依律上議，唯恩裁處。」詔曰：「凶謀旣爾，罪不合恕。雖有歸化之誠，無容上議，亦不須待秋分也。」時于忠專擅朝權，旣構成其禍，又矯爲此詔，朝野怨之。臨終，神志自若，遺令子弟命盡之後，翦落鬚髮，被以法服，以沙門禮葬于嵩高之陰。年五十。

初，植與僕射郭祚、都水使者韋儁等同時見害，於後祚、儁事雪加贈，而植追復封爵而已。植故吏勃海刁沖上疏訟之，於是贈植征南將軍、尙書僕射、揚州刺史。乃改葬。

植母，夏侯道遷之姊也，性甚剛峻，於諸子皆如嚴君。長成之後，非衣帢不見，小有罪過，必束帶伏閤，經五三日乃引見之，督以嚴訓。唯少子衍得以常服見之，旦夕溫凊。植在瀛州也，其母年踰七十，以身爲婢，自施三寶，布衣麻菲，手執箕箒，於沙門寺洒掃。植弟瑜、粲、衍並亦奴僕之服，泣涕而從，有感道俗。諸子各以布帛數百贖免其母。於是出家爲比丘尼，入嵩高，積歲乃還家。植雖自州送祿奉母及贍諸弟，而各別資財，同居異爨，一門數竄，蓋亦染江南之俗也。植母旣老，身又長嫡，其臨州也，妻子隨去，分違數歲。論者譏焉。

子惔，字道則，襲爵。

植弟颺，壯果有謀略。常隨叔業征伐，以軍功爲寶卷驍騎將軍。叔業之歸誠也，遣颺率軍於外，外以討蠻楚爲名，內實備寶卷之衆。景明初，以颺爲輔國將軍、南司州刺史，擬戍義陽，封義安縣開國伯，邑千戶。詔命未至，爲賊所殺。贈冠軍將軍，進爵縣侯，餘如故。世宗以颺勳効未立而卒，其子炯不得襲封。肅宗初，炯行貨於執事，乃封城平縣開國伯，食邑八百戶。

炯，字休光，小字黃頭。頗有文學，善事權門。領軍元叉納其金帛，除鎭遠將軍、散騎侍郎、揚州大中正，進伯爲侯，改封高城縣，增邑一千戶。尋兼尙書右丞。出爲東郡太守。孝昌三年，爲城民所害。贈散騎常侍、鎭東將軍、靑州刺史，開國如故，諡曰簡。

子斌，襲。武定中，廣州長流參軍。齊受禪，爵例降。

颺弟瑜，字文琬。初拜通直散騎常侍，封下密縣開國子，食邑三百戶。尋試守滎陽郡，坐虐暴殺人免官。後徙封灌津子。卒於勃海太守，年四十五。贈平南將軍、豫州刺史，諡曰定。

子堪，字靈淵，襲爵。歷尙書郎。興和中，坐事死，爵除。

瑜弟粲，字文亮。景明初，賜爵舒縣子。沉重，善風儀，頗以驕豪爲失。歷正平、恒農二郡太守。高陽王雍曾以事屬粲，粲不從，雍甚爲恨。後因九日馬射，敕畿內太守皆赴京師。雍時爲州牧，粲往修謁，雍含怒待之，粲神情閑邁，舉止抑揚，雍目之不覺解顏。及坐定，謂粲曰：「相愛舉動，可更爲一行。」粲便下席爲行，從容而出。坐事免官。後世宗聞粲善自標置，欲觀其風度，忽令傳詔就家急召之，須臾之間，使者相屬，合家恇懼，不測所以，粲更恬然，神色不變。世宗歎異之。時僕射高肇以外戚之貴，勢傾一時，朝士見者咸望塵拜謁，粲候肇，惟長揖而已。及還，家人尤責之，粲曰：「何可自同凡俗也。」又曾詣清河王懌，下車始進，便屬暴雨，粲容步舒雅，不以霑濡改節。懌乃令人持蓋覆之，歎謂左右曰：「何代無奇人！」性好釋學，親升講座，雖持義未精，而風韻可重。但不涉經史，終爲知音所輕。

世宗末，除前將軍、太中大夫、揚州大中正，遷安南將軍、中書令。肅宗釋奠，以爲侍講。轉金紫光祿大夫。後元顥入洛，以粲爲西兗州刺史。尋爲濮陽太守崔巨倫所逐，棄州入嵩高山。

前廢帝初，徵爲驃騎將軍、左光祿大夫，復爲中書令。後正月晦，帝出臨洛濱，粲起於御前再拜曰：「今年還節美，聖駕出遊，臣幸參陪從，豫奉醼樂，不勝忻戴，敢上壽酒。」帝曰：

「昔歲北海入朝，暫竊神器，具聞爾日卿戒之以酒，今欲使我飲，何異於往情？」粲曰：「北海志在沉湎，故諫其所失。陛下齊聖溫克，臣敢獻微誠。」帝曰：「實乃寡德，甚愧來譽。」仍爲命酌。

出帝初，出爲驃騎大將軍、膠州刺史。屬時亢旱，士民勸令禱於海神。粲憚違衆心，乃爲祈請，直據胡床，舉杯而言曰：「僕白君。」左右云，前後例皆拜謁。粲曰：「五嶽視三公，四瀆視諸侯，安有方伯而致禮海神也。」卒不肯拜。時青州叛賊耿翔受蕭衍假署，寇亂三齊。粲唯高談虛論，不事防禦之術。翔乘其無備，掩襲州城。左右白言賊至，粲云：「豈有此理！」左右又言已入州門，粲乃徐云：「耿王可引上廳事，自餘部衆且付城外。」其不達時變如此。尋爲翔所害，送首蕭衍，時年六十五。

子舍，字文若。員外散騎侍郎。

粲弟衎，字文舒。學識優於諸兄，才行亦過之。事親以孝聞，兼有將略。仕蕭寶卷，至陰平太守。景明二年，始得歸國，授通直郎。

衎欲辭朝命，請隱嵩高，乃上表曰：「臣幸乘昌運，得奉盛化，沐藉炎風，餐佩唐德，於生於運，已溢已榮。但攝性乖和，恒苦虛弱。比風露增加，精形侵耗。小人愚懷，有願閑養。

伏見嵩岑極天，苞育名草，修生救疾，多遊此岫。臣質無靈分，性乖山水，非敢追踵輕舉，髣髴高蹤，誠希藥此沉痾，全養禀氣耳。若所療微痊，庶偶影風雲，永歌至德。荷衣葛屨，裁營已整；搖策納屣，便陟山途。謹附陳聞，乞垂昭許。」詔曰：「知欲養痾中岳，練石嵩嶺，栖素雲根，餌芝清壑，騰跡之操，深用嘉焉。但治缺古風，有愧山客耳。旣志往難裁，豈容有抑，便從來請。」

世宗之末，衍稍以出山，干祿執事。肅宗除散騎侍郎，行河內郡事。尋除建興太守，轉河內太守，加征虜將軍。遭母憂解任。衍歷二郡，廉貞寡欲，善撫百姓，民吏追思之。

孝昌初，蕭衍遣將曹敬宗寇荆州，山蠻應之，大路斷絕。都督崔暹率數萬之衆，盤桓魯陽，不能前討。荆州危急，朝廷憂之。詔衍爲別將、假前將軍，與恒農太守王羆率軍一萬出武關以救荆州。賊逆戰於淅陽，衍大破之，賊遂退走，荆州圍解。除使持節、散騎常侍、平東將軍、假安東將軍、北道都督，鎭鄴西之武城，封安陽縣開國子，食邑三百戶。

時相州刺史、安樂王鑒潛圖叛逆，衍覺其有異，密表陳之。尋而鑒所部別將嵇宗馳驛告變。乃詔衍與都督源子邕、李神軌等討鑒，平之。除撫軍將軍、相州刺史，假鎭北將軍、北道大都督，進封臨汝縣開國公，增邑千二百戶，常侍如故。仍詔衍與子邕北討葛榮。軍次陽平之東北漳曲，賊來拒戰，衍軍敗見害。朝野人情，莫不駭惋。贈使持節、車騎大將軍、司空、相州刺史。

子嵩，襲。武定中，河內太守。齊受禪，爵例降。

又天水冀人尹挺，仕蕭鸞，以軍勳至陳郡太守。遂與叔業參謀歸誠。景明初，除輔國將軍、南司州刺史，擬戍義陽，亦封宋縣開國伯，食邑八百戶。轉冠軍將軍、東郡太守。未拜而卒。賜布帛一百匹，贈本將軍、涇州刺史。

子循，歷太原太守。循弟彖，饒安令、遼西太守。兄弟皆有政事才。

時河東南解人柳玄達，頗涉經史。仕蕭鸞，歷諸王參軍。與叔業姻婭周旋，叔業之鎮壽春，委以管記。及叔業之被猜疑，將謀獻款，玄達贊成其計，前後表啓皆玄達之詞。景明初，除輔國將軍、司徒諮議參軍，封南頓縣開國子，邑二百戶。二年秋卒，時年四十三。後改封夏陽縣，邑戶如先。玄達曾著大夫論，備陳叔業背逆歸順、契闊危難之旨，又著喪服論，約而易尋。文多不錄。

子絺，襲。武定中，東太原太守。齊受禪，爵例降。

絺弟遠，字季雲。性粗疏無拘撿，時人或謂之「柳癲」。好彈琴，耽酒，時有文詠。爲肅宗挽郎。出帝初，除儀同開府參軍事。放情琴酒之間。每出返，家人或問有何消息，答云：「無所聞，縱聞亦不解。」元象二年，客遊項城，遇患卒，時年四十。

玄達弟玄瑜，景明初，除正員郎，轉鎮南大將軍開府從事中郎，帶汝陰太守。延昌二年卒，年五十五。

子諧，頗有文學。善鼓琴，以新聲手勢，京師士子翕然從學。除著作佐郎。建義初，於河陰遇害，時年二十六。

又武都人楊令寶，有膂力，善射。仕蕭鸞，數爲小將，征戰著效，至譙郡太守，遂參叔業歸誠之謀。景明初，除輔國將軍、南兗州刺史。擬戍淮陰，封寧陵縣開國子，食邑五百戶。在淮南征戰，累著勞捷。徵拜冠軍將軍，試守京兆內史。卒，追封邵陵縣開國子，邑二百戶，賜帛三百匹，贈征虜將軍、華州刺史。

子彪，襲爵。永熙中，征虜將軍、中散大夫。齊受禪，例降。

令寶弟令仁，亦隨令寶立效。前將軍、汝南內史。

又京兆杜陵人韋伯昕，學尙，有壯氣。自以才智優於裴植，常輕之，植疾之如讎。卽彥先之妹壻也。叔業以其有大志，故遣送子芬之爲質。景明初，封雲陵縣開國男，食邑二百戶，拜南陽太守。數歲，坐事免。久之，拜員外散騎常侍，加中壘將軍。延昌末，告尙書裴植謀爲廢黜，植坐死。後百餘日，伯昕亦病卒。臨亡，見植爲祟，口云：「裴尙書死，不獨見由，何以見怒也？」

其叔業爪牙心膂所寄者：裴智淵，左中郎將，封浚儀縣；王昊，左軍將軍，封南汝陰縣；趙革，右中郎將，封西宋縣。並開國男，食邑各二百戶。李道眞，右軍將軍，封睢陽縣開國子，食邑五百戶；胡文盛，右軍將軍，封剛陽縣；魏承祖，右軍將軍，封平春縣。並開國子，食邑各三百戶。

承祖，廣陵寒人也。依隨叔業，爲趨走左右。壯健，善事人，叔業待之甚厚。及出爲州，以爲防閤。善撫士卒，兼有將用，自景明以後，常爲統軍，南北征伐，累有戰功。歷太原太守，至光祿大夫、安南將軍。蕭衍遣將圍義陽，士民應之。三關既陷，州城時甚縣急。以承祖持節，行撫軍將軍，率師討之。大破賊衆，解義陽之圍，還復三關，遂爲名將。終於幷州刺史。

衣冠之士，預叔業勳者：安定皇甫光，北地梁祐，淸河崔高客，天水閻慶胤，河東柳僧習等。

光，美鬚髯，善言笑。仕蕭鸞，以軍勳至右軍將軍。入國，爲輔國將軍，假南兗州刺史。卒於勃海太守。

兄椿齡，薛安都壻也。隨安都於彭城內附，歷位司徒諮議、岐州刺史。光未入朝而椿齡先卒。

椿齡子璋，鄉郡相。

璋弟瑒，爲司徒胡國珍所拔，自太尉記室超遷吏部郎。性貪婪，多所受納，鬻賣吏官，皆有定價。後以丞相、高陽王雍之壻，超拜持節、冠軍將軍、豫州刺史。爲政殘暴，百姓患之。罷州後，仍遇風病。久之，除安南將軍、光祿大夫。太昌初卒，年五十八。贈衞大將軍、尙書左僕射、雍州刺史。子長卿，司州主簿、祕書郎中、太尉司馬。

祐，叔業之從姑子也。好學，便弓馬。隨叔業征伐，身被五十餘創。景明初，拜右軍將軍，賜爵山桑子。出爲北地太守，淸身率下，甚有治稱。歷驍騎將軍、太中大夫、右將軍。從容風雅，好爲詩詠，常與朝廷名賢汎舟洛水，以詩酒自娛。遷光祿大夫，加平北將軍。端然養志，不歷權門。出爲平西將軍、京兆內史，當世歎其抑屈。卒官，贈本將軍、涇州刺史。

高客，博學，善文札，美風流。景明初，拜散騎侍郎。出爲楊州開府掾，帶陳留太守。卒官。

慶胤，父汪，參薛安都平北將軍事。安都入國，聽汪還南。慶胤博識洽聞，善於談論，聽其言說，不覺忘疲。景明初，爲李元談輔國府司馬。卒於敷城太守。

僧習，善隸書，敏於當世。景明初，爲裴植征虜府司馬。稍遷北地太守，爲政寬平，氐羌悅愛。肅宗時，至太中大夫，加前將軍，出爲潁川太守。卒官。

夏侯道遷，譙國人。少有志操。年十七，父母爲結婚韋氏，道遷云：「欲懷四方之志，不願取婦。」家人咸謂戲言。及至婚日，求覓不知所在。於後訪問，乃云逃入益州。仕蕭鸞，以軍勳稍遷至前軍將軍、輔國將軍。隨裴叔業至壽春，爲南譙太守。兩家雖爲姻好，而親情不協，遂單騎歸國。拜驍騎將軍，隨王肅至壽春，遣道遷守合肥。肅薨，道遷棄戍南叛。

會蕭衍以莊丘黑爲征虜將軍、梁秦二州刺史，鎭南鄭，黑請道遷爲長史，帶漢中郡。會黑死，衍以王鎭國爲刺史，未至而道遷陰圖歸順。先是，仇池鎭將楊靈珍阻兵反叛，戰敗南奔。衍以靈珍爲征虜將軍，假武都王，助戍漢中，有部曲六百餘人，道遷憚之。衍時又遣其左右吳公之等十餘人使南鄭。道遷乃僞會使者，請靈珍父子，靈珍疑而不赴。道遷乃殺使者五人，馳擊靈珍，斬其父子，幷送使者五首於京師。

江悅之等推道遷爲持節、冠軍將軍、梁秦二州刺史。道遷表曰：「臣聞知機其神，趣利如響，臣雖不武，敢忘機利。伏惟陛下澤被區宇，德濟蒼生，八表同忻，品物咸賴。臣頃亡蟻賊，西馬歸闕，自斯摶噬，罄竭丹款。但中於壽陽，橫爲韋纘所謗。理之曲直，並是楊集朗、王秉所悉。臣實愚短，豈能自安，便逃竄江吳，苟存視息。蕭衍梁州刺史莊丘黑與臣早舊，申臣爲長史。値黑亡歿專任，天時素願，機會在茲。遇武興私署侍郎鄭洛生來此，臣卽披露誠款，與其共契機要，報武興王楊紹先幷其中叔集起等，請其遣軍以爲腹背。卽遣左天長由寒山路馳啓，復會通直散騎常侍臣集朗還至武興。臣聞其至，知事必克。集朗果遣鄭右留使至臣間，密參機舉。會有蕭衍使人吳公之至，知臣懷誠，將歸大化，遂與府司馬嚴思、臧恭，典籤吳宗肅、王勝等共楊靈珍父子密相構結，期當取臣。臣幸先覺，悉得戮思、恭等。臣卽遣鄭猥馳告集朗，急求軍援。而武興軍未到之間，蕭衍白馬戍主尹天寶不識天命，固執愚迷，乃率部曲驅掠民丁，敢爲不逞。臣卽遣軍主江悅之率諸軍主席靈坦、龐樹等領義勇應時討撲。而樹銳氣難裁，違悅之節度，輕進失脫，天寶因此直到南鄭，重圍州城。梁秦士庶，僉云危棘，以義逼臣，勸爲刺史，須藉此威，鎭靖內外。臣赤誠奉國，苟取濟事，輒捐小跡，且從權宜，假當州位。重遣皇甫選由斜谷道以事啓聞。臣卽親率士卒，四日三夜，交鋒苦戰。武興之軍，乘虛躡後。天寶兇徒，因宵鳥散，進旣摧破，退失巢穴，潛捨軍衆，依山傍險，突入白馬。集朗與二弟躬擐甲胄，率其所領，登卽擒斬。戍內戶口，卽放還民。斯由皇威遐振，罪人授首，凶狡時殄，公私慶快，非但梁秦竭力，實關集朗赴接之機。臣前已遣軍主杜法先還洵陽，構合徒黨，誘結鄉落；令晉壽土豪王僧承、王文粲等還至西關，共興大義。當今庸蜀虛弱，楚鄧懸危，開拓九區，掃清六合，形要之利，在於此時，進趣之略，願速處分。臣以愚陋，猥當推舉，事定之後，便卽東身馳歸天闕。但物情草創，猶有參差。蕭衍魏興太守范珣、安康太守范泌共前巴西太守姜脩，屯聚川東，尙規舉斧，登遣討襲，具於別啓。集朗兄弟並議留臣權相綏獎，〔三〕須得撲滅珣等，便卽首路。伏願聖慈特垂鑒照。謹遣兼長史臣張天亮奉表略聞。」

詔曰：「得表，聞之。將軍前識機運，已投誠款，而中逢猜間，致有播越，復翻然風返，建茲殊效，忠貫古烈，義動遐邇。漢鄭旣開，勢翦庸蜀，混同之略，方自斯始。擒凶掃惡，何快如之。想餘黨悉平，西南清盪，經算淹朔，當有劬勞。所請軍宜，別敕一二。」又賜道遷璽書曰：「得表，具誠節之懷。卿忠義夙挺，期委自昔。中有事因，以致乖舛。知能乘機豹變，翻然改圖，獎率同心，萬里投順，遠舉漢中，爲開蜀之始。洪規茂略，深有嘉焉。今授卿持節、散騎常侍、平南將軍、豫州刺史、豐縣開國侯，食邑一千戶。并同義諸人，尋有別授。王師數道，絡繹電邁，遣使持節、散騎常侍、都督征梁漢諸軍事、鎮西將軍、尙書邢巒，指授節度。卿其善建殊效，稱朕意焉。」道遷表受平南、常侍，而辭豫州、豐縣侯，引裴叔業公爵爲例。世宗不許。

道遷自南鄭來朝京師，引見於太極東堂，免冠徒跣謝曰：「臣往日歸誠，誓盡心力，超蒙榮獎，灰殞匪報。但比在壽春，遭韋纘之酷，申控無所，致此猖狂。是段之來，希酬昔遇。勳微恩重，有靦心顏。」世宗曰：「卿建爲山之功，一簣之玷，何足謝也。」道遷以賞報爲微，逡巡不拜。詔曰：「道遷至止旣淹，未恭州封，可敕吏部速令召拜。」道遷拜日，詔給百五十人供。尋改封濮陽縣開國侯，邑戶如先。歲餘，頻表解州，世宗許之。除南兗州大中正，不拜。

道遷雖學不淵洽，而歷覽書史，閑習尺牘，札翰往還，甚有意理。好言宴，務口實，京師珍羞，罔不畢有。於京城之西，水次之地，大起園池，殖列蔬果，延致秀彥，時往遊適，妓妾十餘，常自娛興。國秩歲入三千餘匹，專供酒饌，不營家產。每誦孔融詩曰：「『坐上客恒滿，樽中酒不空』，餘非吾事也。」識者多之。

出爲散騎常侍、平西將軍、華州刺史，轉安東將軍、瀛州刺史，常侍如故。爲政清嚴，善禁盜賊。熙平年，病卒，年六十九。贈撫軍將軍、雍州刺史，贈帛五百匹，謚曰明侯。

初，道遷以拔漢中歸誠，本由王穎興之計，求分邑戶五百封之，世宗不許。靈太后臨朝，道遷重求分封。太后大奇其意，議欲更以三百戶封穎興，會卒，遂寢。道遷不娉正室，唯有庶子數人。

長子夬，字元廷。歷位前軍將軍、鎮遠將軍、南兗州大中正。夬性好酒，居喪不戚，醇醪肥鮮，不離於口。沽買飲噉，多所費用。父時田園，貨賣略盡，人間債負數猶千餘匹，穀食至常不足，弟妹不免飢寒。初，道遷知夬好酒，不欲傳授國封。夬未亡前，忽夢見征虜將軍房世寶來至其家，直上廳事，與其父坐，屏人密言。夬心驚懼，謂人曰：「世寶至官間，必擊我也。」尋有人至，云「官呼郎」。隨召卽去，遣左右杖之二百，不勝楚痛，大叫良久乃寤，流汗徹於寢具。至明，前涼城太守趙卓詣之，見其衣濕，謂夬曰：「卿昨夕當大飲，溺衣如此。」夬乃具陳所夢。先是旬餘，祕書監鄭道昭暴病卒。夬聞，謂卓曰：「人生何常，唯當縱飲耳。」於是昏酣遂甚。夢後二日，不能言，針之，乃得語，而猶虛劣。其從兄奐等並營視之，皆言危而獲振。俄而心悶，旋轉而死。爲洗浴者視其尸體，大有杖處，青赤隱起二百下許。贈鉅鹿太守。初夬與南人辛諶、庾道、江文遙等終日遊聚，酣飲之際，恒相謂曰：「人生局促，何殊朝露，坐上相看，先後之間耳。脫有先亡者，當於良辰美景，靈前飲宴。儻或有知，庶共歆饗。」及夬亡後，三月上巳，諸人相率至夬靈前酌飲。時日晚天陰，室中微闇，咸見夬在坐，衣服形容不異平昔，時執杯酒，似若獻酬，但無語耳。時夬家客雍僧明心有畏恐，披簾欲出，便卽僵仆，狀若被毆。夬從兄欣宗云：「今是節日，諸人憶弟疇昔之言，故來共飮，僧明何罪而被瞋責？」僧明便寤。而欣宗鬼語如夬平生，幷怒家人皆得其罪，又發摘陰私竊盜，咸有次緒。夬妻，裴植女也，與道遷諸妾不穆，訟鬩徹于公庭。

子籍，年十餘歲，襲祖封。已數年，而夬弟脊等言其眇目癎疾，不任承繼，自以與夬同庶，已應紹襲。尙書奏籍承封。元象中，平東將軍、太中大夫。齊受禪，例降。

奐，道遷兄子也。位至咸陽太守。

李元護，遼東襄平人。八世祖胤，晉司徒、廣陸侯。胤子順、璠及孫沉、志，皆有名宦。沉孫根，慕容寶中書監。根子後智等隨慕容德南渡河，居靑州，數世無名位，三齊豪門多輕之。

元護以國家平齊後，隨父懷慶南奔。身長八尺，美鬚髯，少有武力。仕蕭道成，歷官馬頭太守、後軍將軍、龍驤將軍。雖以將用自達，然亦頗覽文史，習於簡牘。高祖至鍾離，元護時在城中，爲蕭鸞徐州刺史蕭惠休奉使詣軍，高祖見而善之。後爲裴叔業司馬，帶汝陰太守。叔業歸順，元護贊同其謀。及叔業疾病，外內阻貳，元護督率上下，以俟援軍。壽春克定，元護頗有力焉。

景明初，以元護爲輔國將軍、齊州刺史、廣饒縣開國伯，食邑一千戶，便道述職。其年入朝。尋以州民柳世明圖爲不軌，元護馳還歷城，至卽擒殄，誅戮所加，微爲濫酷。值州內飢儉，民人困弊，志存隱恤，表請賑貸，蠲其賦役。但多有部曲，時爲侵擾，城邑苦之，故不得爲良刺史也。三年夏卒，年五十一。病前月餘，京師無故傳其凶問。又城外送客亭柱，有人書曰「李齊州死」。綱佐餞別者見而拭之，後復如此。

元護妾妓十餘，聲色自縱。情慾旣甚，支骨消削，鬚長二尺，一時落盡。贈平東將軍、青州刺史。元護爲齊州，經拜舊墓，巡省故宅，饗賜村老，莫不欣暢。及將亡，謂左右曰：「吾嘗以方伯簪伍至青州，士女屬目。若喪過東陽，不可不好設儀衞，哭泣盡哀，令觀者改容也。」家人遵其誡。

子會，襲。正始中，降爵爲子，邑五百戶。延昌中，除宣威將軍、給事中。會頑騃好酒，其妻，南陽太守淸河房伯玉女也，甚有姿色，會不答之。房乃通於其弟機，因會飮醉，殺之。子景宣襲。天平中，除給事中。齊受禪，例降。機與房遂如夫婦。積十餘年，房氏色衰，乃更婚娶。

元護弟靜，景明初，以歸誠勳拜前將軍。性甚貪忍，兄亡未斂，便剝脫諸妓服玩及餘財物。歷齊州內史、天水太守。靜子鉉，羽林監。

元護從叔恤，卒於東代郡太守。子曠之。

席法友，安定人也。祖父南奔。法友仕蕭鸞，以膂力自效軍勳，稍遷至安豐、新蔡二郡太守，建安戍主。〔三〕蕭寶卷遣胡景略代之。法友遂留壽春，與叔業同謀歸國。景明初，拜冠軍將軍、豫州刺史、苞信縣開國伯，食邑千戶。始叔業卒後，法友與裴植追成叔業志，淮南克定，法友有力焉。尋轉冠軍將軍、華州刺史，未拜，改授幷州刺史。歲餘代還。蕭衍遣將楊公則寇揚州，假法友征虜將軍以討之。法友未至而公則敗走。後假法友前將軍、持節，爲別將出淮南，欲解朐山之圍。法友始渡淮而朐山敗沒，遂停散十年。恬靜自處，不競勢利。世宗末，以本將軍除濟州刺史。在州廉和著稱。又徙封乘氏。肅宗初，拜光祿大夫。熙平二年卒。贈平西將軍、秦州刺史，賵帛三百匹，謚襄侯。

子景通，襲。善事元叉，兼以貨賂叉父繼，繼爲司空，引景通爲掾。後加右軍將軍、鎮軍將軍，卒官。贈輔國將軍、衞尉少卿。

子鷗，襲。永安末，尚書郎。走關西。

王世弼，京兆霸城人也。劉裕滅姚泓，其祖父從裕南遷。世弼身長七尺八寸，魁岸有壯氣。善草隸書，好愛墳典。仕蕭鸞，以軍勳至游擊將軍，爲軍主，助戍壽春，遂與叔業同謀歸誠。景明初，除冠軍將軍、南徐州刺史，擬戍鍾離，懸封愼縣開國伯，食邑七百戶。後以本將軍除東徐州刺史，治任於刑，爲民所怨，有受納之響。歲餘，爲御史中尉李平所彈，會赦免。久之，拜太中大夫，加征虜將軍。尋以本將軍出爲河北太守，治有淸稱。轉勃海相，尋遷中山內史，加平北將軍。直閤元羅，領軍叉弟也，曾行過中山，謂世弼曰：「二州刺史，翻復爲郡，亦當恨恨耳。」世弼曰：「儀同之號，起自鄧隲；平北爲郡，始在下官。」正光元年卒官。贈本將軍、豫州刺史，謚曰康。

長子會，汝陽太守。

次子由，字茂道。好學，有文才，尤善草隸。性方厚，有名士之風。又工摹畫，爲時人所服。歷給事中、尚書郎、東萊太守。罷郡後寓居潁川。天平初，元洪威構逆，大軍攻討，爲亂兵所害，時年四十三。名流悼惜之。

江悅之，字彥和，濟陽考城人也。七世祖統，晉散騎常侍。劉淵、石勒之亂，南徙渡江。祖興之，父範之，並爲劉裕所誅。

悅之少孤。仕劉駿，歷諸王參軍。好兵書，有將略，善待士，有部曲數百人。蕭道成初，以悅之爲荊州征西府中兵參軍，領臺軍主。遷屯騎校尉，轉後軍將軍。部曲稍衆，千有餘人。蕭賾遣戍漢中，就遷輔國將軍。蕭衍初，劉季連據蜀反叛，悅之率部曲及梁秦之衆討滅之，以功進號冠軍將軍。武興氐破白馬，進圖南鄭，悅之率軍拒戰，大破氐衆，還復白馬。

衍秦梁二州刺史莊丘黑死，夏侯道遷與悅之及龐樹、軍主李忻榮、張元亮、士孫天與等，謀以梁州內附。旣殺蕭衍使者及楊靈珍，衍華陽太守尹天寶率衆向州城。悅之與樹、忻榮勒衆逆戰，爲天寶所敗，遂圍南鄭。戰經四日，衆心危沮，咸懷離貳。悅之盡以家財散賞士卒，身當矢刃，晝夜督戰。會武興軍至，天寶敗走。道遷之克全勳款，悅之實有力焉。正始二年夏，與道遷俱至洛陽。尋卒，年六十一。贈輔國將軍、梁州刺史，追封安平縣開國子，食邑三百戶，謚曰莊。悅之二子，文遙、文遠。

文遙，少有大度，輕財好士，士多歸之。道遷之圖楊靈珍也，文遙奮劍請行，遂手斬靈珍。正始二年，除步兵校尉。遭父憂解官。永平初，襲封，拜前軍。出爲咸陽太守。勤於禮接，終日坐廳事，至者見之，假以恩顏，屏人密問。於是民所疾苦、大盜姓名、姦猾吏長，無不知悉，郡中震肅，姦劫息止，治爲雍州諸郡之最。徵拜驍騎將軍、輔國將軍，進號征虜將軍。肅宗初，拜平原太守。在郡六年，政理如在咸陽。

遷後將軍、安州刺史。文遙善於綏納，甚得物情。時杜洛周、葛榮等相繼叛逆，自幽燕已南悉皆淪陷，唯文遙介在羣賊之外，孤城獨守。鳩集荒餘，且耕且戰，百姓皆樂爲用。建義元年七月遘疾，卒於州，年五十五。

長史許思祖等以文遙遺愛在民，復推其子果行州事。既攝州任，乃遣使奉表。莊帝嘉之，除果通直散騎侍郎、假節、龍驤將軍、行安州事、當州都督。既而賊勢轉盛，臺援不接，果以阻隔強寇，內徙無由，乃攜諸弟幷率城民東奔高麗。天平中，〔四〕詔高麗送果等。元象中，乃得還朝。

果弟昴，武定三年襲爵。齊受禪，例降。

文遠，善騎射，勇於攻戰。以軍勳致效，自給事中稍遷中散大夫、龍驤將軍。

龐樹，南安人。世宗追錄謀勳，封其子景亮襄邑縣開國男，食邑二百戶。

李忻榮，漢中人。與樹俱擊天寶，同時戰歿。封其子建爲清水縣開國子，食邑二百戶。

張元亮，漢中人。便弓馬，善戰鬭。以勳封撫夷縣開國子，食邑二百戶。拜東萊太守，入爲平遠將軍、左中郎將。遷中散大夫，加龍驤將軍。卒，贈左將軍、巴州刺史。

士孫天與，扶風人。以勳封莫西縣開國男，食邑二百戶。拜武功太守。

又襄陽羅道珍、北海王安世、潁川辛諶、漢中姜永等，皆參其勳末。

道珍，除齊州東平原相，有治稱。卒於鎭遠將軍、屯騎校尉。

安世，苻堅丞相王猛之玄孫也。歷涉書傳，敏於人間。自羽林監稍遷安西將軍、北華州刺史。卒，贈本將軍、梁州刺史。

諶，魏衞尉辛毗之後。有文學。歷步兵校尉，濮陽、上黨二郡太守。卒，贈征虜將軍、梁州刺史。

子儒之，濟州司馬。

永，善彈琴，有文學。員外郎、梁州別駕、漢中太守。

永弟漾，亦善士。性亦至孝，爲漢中所歎服。元羅之陷也，永入於建鄴，遂死焉。

時有潁川庾道者，〔五〕亦與道遷俱入國，雖不參謀，亦爲奇士。歷覽史傳，善草隸書，輕財重義。仕蕭衍，右中郎將，助戍漢中。及至洛陽，環堵弊廬。多與儁秀交舊，積二十餘歲，殊無宦情。正光中，乃除幽州左將軍府主簿，饒安令。罷縣後，仍客遊齊魯之間。天平中，卒於青州。

時有皇甫徽，字子玄，安定朝那人。仕蕭衍，歷諸王參軍、郡守。及道遷之入國也，徽亦因地內屬。徽妻卽道遷之兄女，道遷列上勳書，欲以徽爲元謀。徽曰：「創謀之始，本不關預，雖貪榮賞，實內愧於心。」遂拒而不許。後刺史羊祉表授征虜府司馬，卒官。

子和，武定末，司空司馬。

和弟亮，儀曹郎中。

淳于誕，字靈遠。其先太山博人，後世居於蜀漢，或家安固之桓陵縣。〔六〕父興宗，蕭賾南安太守。誕年十二，隨父向揚州。父於路爲羣盜所害。誕雖童稚，而哀感奮發，傾資結客，旬朔之內，遂得復讎，由是州里歎異之。賾益州刺史劉悛召爲主簿。蕭衍除步兵校尉。景明中，自漢中歸國。旣達京師，陳伐蜀之計，世宗嘉納之。延昌末，王師大舉，除驍騎將軍，假冠軍將軍，都督別部司馬，領鄉導統軍。誕不願先受榮爵，乃固讓實官，止參戎號。及奉辭之日，詔遣主書趙桃弓宣旨勞勉，若克成都，即以益州許之。師次晉壽，蜀人大震。屬世宗晏駕，不果而還。後以客例，起家除羽林監。蕭衍遣將張齊攻圍益州，詔誕爲統軍，與刺史傅豎眼赴援。事寧還朝。

正光中，秦隴反叛，詔誕爲西南道軍司、假冠軍將軍、別將，從子午南出斜谷趣建安，與行臺魏子建共參經略。時衍益州刺史蕭淵猷遣將樊文熾、蕭世澄等率衆數萬圍小劍戍，益州刺史邴虬令子達拒之。〔七〕因轉營，爲文熾所掩，統軍胡小虎、崔珍寶並見俘執。子建遣誕助討之。誕勒兵馳赴，相對月餘，未能摧殄。文熾軍行之谷，東峯名龍鬚山，置柵其上以防歸路。誕以賊衆難可角力，乃密募壯士二百餘人，令夜登山攻其柵。及時火起，〔八〕煙焰漲天。賊以還途不守，連營震怖。誕率諸軍鳴鼓攻擊，文熾大敗，俘斬萬計，擒世澄等十一人。文熾爲元帥，先走獲免。

孝昌初，子建以誕行華陽郡，帶白馬戍。二年，復以誕行巴州刺史。三年，朝議以梁州安康郡阻帶江山，要害之所，分置東梁州，仍以誕爲鎮遠將軍、梁州刺史。永安二年四月卒，時年六十。贈安西將軍、益州刺史，謚曰莊。

長子亢。

亢弟胤，字□館。武定末，梁州驃騎府司馬。

李苗，字子宣，梓潼涪人。父膺，蕭衍尚書郎、太僕卿。苗出後叔父略。〔九〕略爲蕭衍寧州刺史，大著威名。王足伐蜀也，衍命略拒足於涪，許其益州。及足還退，衍遂改授。略怒，將有異圖，衍使人害之。苗年十五，有報雪之心，延昌中遂歸闕。仍陳圖蜀之計。於是大將軍高肇西伐，詔假苗龍驤將軍、鄉導統軍。師次晉壽，世宗晏駕，班師。後以客例，除員外散騎侍郎，加襄威將軍。

苗有文武才幹，以大功不就，家耻未雪，常懷慷慨。乃上書曰：「昔晉室數否，華戎鼎沸，三燕兩秦，咆勃中夏，九服分崩，五方圮裂。皇祚承歷，自北而南，誅滅姦雄，定鼎河洛，唯獨荆揚，尙阻聲敎。今令德廣被於江漢，威風遠振於吳楚，國富兵强，家給人足。以九居八之形，有兼弱攻昧之勢，而欲逸豫，遺疾子孫，違高祖之本圖，非社稷之深慮。誠宜商度東西戍防輕重之要，計量疆埸險易安危之理，探測南人攻守窺覦之情，籌算卒乘器械征討之備，然後去我所短，避彼所長，釋其至難，攻其甚易，奪其險要，割其膏壤，數年之內，荆揚可幷。若捨舟檝，卽平原，斂後疏前，則江淮之所短；棄車馬，游飛浪，乘流馳逐，非中國之所長。彼不敢入平陸而爭衡，猶我不能越巨川而趣利。若俱去其短，各恃其長，則東南未見可滅之機，而淮泗方有相持之勢。且夫滿昃相傾，陰陽恒理；盛衰遞襲，五德常運。今以至强攻至弱，必見吞幷之理；如以至弱禦至强，焉有全濟之術？故明王聖主，皆欲及時立功，爲萬世之業。去高而就下，百川以之常流；取易而避難，兵家以之恒勝。今巴蜀孤懸，去建鄴遼遠，偏兵獨戍，泝流十千，牧守無良，專行劫剝，官由財進，獄以貨成，士民思化，十室而九，延頸北望，日覬王師。若命一偏將弔民伐罪，風塵不接，可傳檄而定。守白帝之阨，據上流之險，循士治之迹，蕩建鄴之逋，然後偃武修文，制禮作樂，天下幸甚，豈不盛哉！」於時肅宗幼沖，無遠略之意，竟不能納。

正光末，二秦反叛，侵及三輔。時承平既久，民不習戰。苗以隴兵强悍，且羣聚無資，乃上書曰：「臣聞食少兵精，利於速戰；糧多卒衆，事宜持久。今隴賊猖狂，非有素蓄，雖據兩城，本無德義。其勢在於疾攻，日有降納，遲則人情離阻，坐受崩潰。夫飈至風起，逆者求萬一之功；高壁深壘，王師有全制之策。但天下久泰，人不曉兵，奔利不相待，逃難不相顧，將無法令，士非敎習。以驕將御惰卒，不思長久之計，務奇正之通，必有莫敖輕敵之志，恐無充國持重之規。如令隴東不守，汧軍敗散，則二秦遂强，三輔危弱，國之右臂，於斯廢矣。今且宜勒大將，深溝高壘，堅守勿戰。別命偏師精兵數千，出麥積崖以襲其後，則汧岐之下，羣妖自散。」於是詔苗爲統軍，與別將淳于誕俱出梁益，隸行臺魏子建。子建以苗爲郎中，仍領軍，深見知待。

孝昌中，還朝，除鎭遠將軍、步兵校尉。俄兼尙書右丞，爲西北道行臺，與大都督宗正珍孫討汾、絳蜀賊，平之。還除司徒司馬，轉太府少卿，加龍驤將軍。

於時蕭衍巴西民何難尉等豪姓，相率請討巴蜀之間，詔苗爲通直散騎常侍、冠軍將軍、西南道慰勞大使。未發，會殺尒朱榮，榮從弟世隆擁榮部曲屯據河橋，還逼都邑。孝莊親幸大夏門，集羣臣博議。百僚恇懼，計無所出。苗獨奮衣而起曰：「今小賊唐突如此，朝廷有不測之危，正是忠臣烈士效節之日。臣雖不武，竊所庶幾。請以一旅之衆，爲陛下徑斷河梁。」城陽王徽、中尉高道穆讚成其計。莊帝壯而許焉。苗乃募人於馬渚上流以舟師夜下，去橋數里便放火船，河流旣駛，倏忽而至。賊於南岸望見火下，相蹙爭橋，俄然橋絕，沒水死者甚衆。苗身率士卒百許人泊於小渚以待南援。旣而官軍不至，賊乃涉水，與苗死鬬。衆寡不敵，左右死盡，苗浮河而歿，時年四十六。帝聞苗死，哀傷久之，曰：「苗若不死，當應更立奇功。」贈使持節、都督梁益巴東梁四州諸軍事、車騎大將軍、儀同三司、梁州刺史，河陽縣開國侯，邑一千戶，賵帛五百匹、粟五百石。謚忠烈侯。

苗少有節操，志尙功名。每讀蜀書，見魏延請出長安，諸葛不許，常歎息謂亮無奇計。

及覽周瑜傳，未曾不咨嗟絕倒。太保、城陽王徽，司徒、臨淮王彧重之，二王頗或不穆，苗每諫之。及徽寵勢隆極，猜忌彌甚。苗謂人曰：「城陽蜂目先見，豺聲今轉彰矣。」解鼓琴，好文詠，尺牘之敏，當世罕及。死之日，朝野悲壯之。及莊帝幽崩，世隆入洛，主者追苗贈封，以白世隆。世隆曰：「吾爾時羣議，更一二日便欲大縱兵士焚燒都邑，任其採掠。賴苗京師獲全。天下之善一也。不宜追之。」

子曇，襲爵。武定末，冀州儀同府刑獄參軍。齊受禪，爵例降。

史臣曰：壽春形勝，南鄭要險，乃建鄴之肩髀，成都之喉嗌。裴叔業、夏侯道遷，體運知機，翻然鵲起，舉地而來，功誠兩茂。其所以大啓茅賦，兼列旐旟，固其宜矣。植不恒其德，器小志大，斯所以顛覆也。衍才行將略，不遂其終，惜哉！李、席、王、江雖復因人成事，亦爲果決之士。淳于誕好立功名，有志者竟能遂也。李苗以文武幹局，沉斷過人，臨難慨然，奮其大節，蹈忠履義，殁而後已。仁必有勇，其斯人之謂乎！

校勘記

〔一〕雖名仲達切讓　按「名」當是「召」字之訛，下文劾裴植「召仲達責問而不告列」，可證。

〔二〕集朗兄弟並議留臣權相綏奬　百衲本、南本、汲本「並議」下錯簡，羼入下文「曰臣往日歸誠至初，道遷以拔漢」共三百二十三字，乃接「留臣權相攝奬」以下文字，顛倒錯亂不可通。北本也在「並議」下錯入「曰臣往日歸誠至灰隕匪報但」十九字，始接「留臣權相綏奬」，似乎勉強可通，故殿、局二本都從北本。今按册府卷四一七（四九七五頁），北本錯入的十九字實非表中語，乃在下文「免冠徒跣謝」下，「比在壽春」句上。由於錯簡，「謝曰」的「曰」字錯到上文去了，故北本又於「謝」下增一「曰」字。今據册府乙正北、殿、局三本十九字的錯簡，並删所增「曰」字。

〔三〕稍遷至安豐新蔡二郡太守建安戍主　按下云「蕭寶卷遣胡景略代之」，則景略之官卽同法友。南齊書卷五七魏虜傳稱「席法友攻北新蔡、安豐二郡太守胡景略於建安城」。「新蔡」上有「北」字。南齊書卷一四州郡志豫州有北新蔡、安豐二郡。這裏「新蔡」上當脫「北」字。

〔四〕天平中　諸本「天」作「太」，北史卷四五江悅之傳作「天」。按魏無「太平」年號，下稱「元象中」，顯爲「天平」之訛，今據改。

〔五〕時有潁川庾道者　諸本「道」作「導」，北史卷四五江悅之傳作「道」。按上夏侯夬傳內也作「道」。北史夬傳作「遵」，當是「導」之訛。「道」「導」本一字，今統一作「道」。

〔六〕或家安固之桓陵縣　諸本及北史卷四五淳于誕傳「固」都作「國」。洪氏考異卷一〇云：「地形志無此郡縣，南齊書州郡志卷一五益州安固郡有桓陵縣，『安國』卽『安固』之訛。」按洪說是，宋書卷三七及卷三八州郡志載秦州、益州並有安固郡、桓陵縣。「國」字訛，今改正。

〔七〕益州刺史邴虬令子達拒之　諸本「達」作「建」，應卽指魏子建。按卷九肅宗紀孝昌元年四月及卷九八蕭衍傳並作「益州刺史邴虬遣子子達，行臺魏子建遣別將淳于誕拒擊之。」則邴虬所遣者其子名子達。魏子建此時已是行臺，卷一〇四自序稱子建爲行臺，「梁、巴、二益，兩秦之事皆所節度」，邴虬身受節度，豈能「令」子建。且觀下文稱魏軍被掩擊，二將被俘，「子建遣誕助討之」。若上文作「子建」，則被掩擊致敗者卽是子建，何云「遣誕助討」？知這裏「建」乃「達」之訛。其人本名「子達」，單稱爲「達」。今據改。

〔八〕及時火起　諸本「起」作「赴」，獨局本作「起」。按册府卷三六八四三八二頁正作「起」，今從局本。

〔九〕苗出後叔父略　北史卷四五李苗傳「略」作「畎」。按卷六五邢巒傳也作「畎」，疑「略」乃「畎」之訛。參卷八校記〔九〕。

魏書卷七十二

列傳第六十

陽尼　賈思伯　李叔虎　路恃慶　房亮

曹世表　潘永基　朱元旭

陽尼，字景文，北平無終人。少好學，博通羣籍，與上谷侯天護、頓丘李彪同志齊名。幽州刺史胡泥以尼學藝文雅，乃表薦之。徵拜祕書著作郎，奏佛道宜在史錄。後改中書學爲國子學，時中書監高閭、侍中李沖等以尼碩學博識，舉爲國子祭酒。高祖嘗親在苑堂講諸經典，詔尼侍聽，賜帛百匹。尼後兼幽州中正。出爲幽州平北府長史，帶漁陽太守，未拜，坐爲中正時受鄉人財貨免官。尼每自傷曰：「吾昔未仕，不曾羨人，今日失官，與本何異？然非吾宿志，命也如何！」既而還鄉，遂卒於冀州，年六十一。有書數千卷。所造字釋數十篇，未就而卒，其從孫太學博士承慶遂撰爲字統二十卷，行於世。

子介，字天佐。奉朝請，冀州默曹參軍。早卒。

尼從子鳴鵠，鳴鵠弟季智，俱有名於時，前後並爲幽州司馬。

季智子璠，通直散騎常侍。

季智從弟荆，范陽太守，有吏能。卒，贈平西將軍、東益州刺史。

季智從子伯慶，汝南太守。

伯慶從父弟藻，字景德。少孤，有雅志，涉獵經史。太和初，舉秀才，射策高第。以母疾還。徵拜中書博士，詔兼禮官，拜燕宣王廟於長安。還，授寧遠將軍，賜爵魏昌男。還爲廷尉正，轉考功郎中。除建德太守。以清貧，賜帛六十匹。尋假寧遠將軍，領統軍，外防內撫，甚得居邊之稱。解任還家，久之，除兗州左將軍府長史，又拜瀛州安東府長史，加揚烈將軍。藻以年老歸家，闔門不關世事。孝昌中，在鄉爲賊帥杜洛周所囚，發病卒。永熙中，贈征虜將軍、幽州刺史。

子貞，字世幹。早卒。

貞弟弼，字世輔。長於吏事。本州別駕，加輕車將軍。屬洛周陷城，弼遂率宗親南渡河，居於青州。值邢杲起逆，青州城民疑河北人爲杲內應，遂害弼，時年四十八。子撝，襲祖爵。

弼弟斐，武定末，尙書右丞。

藻從弟令鮮，京兆王愉郎中令。坐同愉反，逃竄免。會赦，除名。子世和，武定末，齊州驃騎司馬。

藻從弟延興，南豳州刺史。

延興從弟固，字敬安。性俶儻，不拘小節，少任俠，好劍客，弗事生產。年二十六，始折節好學，遂博覽篇籍，有文才。

太和中，從大將軍宋王劉昶征義陽，板府法曹行參軍，假陵江將軍。昶嚴暴，治軍甚急，三軍戰慄無敢言者。固啓諫，幷面陳事宜。昶大怒，欲斬之，使監當攻道。固在軍勇決，志意閑雅，了無懼色。昶甚奇之。軍還，言之高祖。年三十餘，始辟大將軍府參軍事，署城局，仍從昶鎭彭城，板兼長史。俄以憂去任。

裴叔業以淮南內附，世宗詔平南將軍、廣陵侯元衍與司徒、彭城王勰同鎭壽春，敕固爲衍司馬。還，除太尉西閤祭酒，兼廷尉評。上改定律令議。除給事中。出爲試守北平太守，甚有惠政。久之，以公事免。後除給事中，領侍御史。轉治書，劾奏廣平王懷、汝南王悅、南陽長公主。及使懷荒，鎭將萬貳望風逃走。劾恒農太守裴粲免官。

時世宗廣訪得失，固上讜言表曰：「臣聞爲治不在多方，在於力行而已。當今之務，宜早正東儲，立師傅以保護，立官司以防衞，以係蒼生之心；攬權衡，親宗室，强幹弱枝，以立萬世之計；舉賢良，黜不肖，使野無遺才，朝無素餐；孜孜萬幾，躬勤庶務，使民無謗讟之響；省徭役，薄賦斂，修學官，遵舊章，貴農桑，賤工賈，絕談虛窮微之論，簡桑門無用之費。以存元元之民，以救飢寒之苦，上合昊天之心，下悅億兆之望。然後備器械，修甲兵，習水戰，滅吳會，撰封禪之禮，襲軒唐之軌，同彼七十二君之徽號，協定鼎嵩河之心，副高祖殷勤之寄，上與三皇比隆，下與五帝齊美，豈不茂哉！臣位卑識昧，言不及義，屬聖明廣訪，敢獻瞽言。伏願陛下留神，少垂究察。」

初，世宗委任羣下，不甚親覽，好桑門之法。尚書令高肇以外戚權寵，專決朝事；又咸陽王禧等並有釁故，宗室大臣，相見疏薄；而王畿民庶，勞弊益甚。固乃作南、北二都賦，稱恒代田漁聲樂侈靡之事，節以中京禮儀之式，因以諷諫。辭多不載。

世宗末，中尉王顯起宅既成，集僚屬饗宴。酒酣問固曰：「此宅何如？」固對曰：「晏嬰湫隘，流稱于今；豐屋生災，著於周易。此蓋同傳舍耳，唯有德能卒。願公勉之。」顯默然。他日又謂固曰：「吾作太府卿，庫藏充實，卿以爲何如？」固對曰：「公收百官之祿四分之一，州郡贓贖悉入京藏，以此充府，未足爲多。且有聚斂之臣，寧有盜臣，豈不戒哉！」顯大不悅，以此銜固。又有人間固於顯，顯因奏固剩請米麥，免固官。

既無事役，遂闔門自守，著演賾賦，以明幽微通塞之事。其詞曰：

紹有周之遐軌兮，初錫世於河陽。建甸侯而列爵兮，與王室而並昌。遭季葉之紛亂兮，仍矯迹於良鄉。棄侯衞之楨弼兮，乃殖根於幽方。自祖考而輝烈兮，逮余躬而翳微。懼堂構之頽撓兮，恐崩毁其洪基。心惴惴而慄慄兮，若臨深而履薄。登喬木而長吟兮，抗幽谷而靡託。何身輕而任重兮，懼顚墜於峻壑。憑神明之扶助兮，雖幽微而獲存。賴先后之醇德兮，乃保護其遺孫。

伊日月之屢遷兮，何四時之相逼。知年命之有期兮，慨斡流之不息。傷覊躓之相承兮，悲屯蹇而日臻。心惻愴而不懌兮，乃有懷於古人。

或垂綸於渭濱兮，有胥靡於傅巖。既應繇而赴兆兮，作殷周之元鑒。孔栖栖而不息兮，終見黜於庶邦。墨馳騁而不已兮，亦舉世而不容。有鸞孤而爭國兮，有讓位而採薇。有躍馬而赴會兮，有棲遲以俟時。曹納辛而袁亡兮，袁戮田而曹盛。鮑授州而得時兮，韓棄牧而失性。趙堯門而誕聖兮，終夭隱而不繁。衞泯軀於世難兮，啓洪業於宣元。釋皐繇之法憲兮，見蓼六之先亡。練疑枉於怨獄兮，寧于公之獨昌。明禍福之同門兮，知休咎之異塗。尋倚伏之無源兮，或先詘而後舒。賜憑軒而策駟兮，撫清琴而自娛。憲服弊於陋巷兮，藴六藝於蓬廬。勃計行而致位兮，錯謀合而身傾。蕭功成而福集兮，韓勳立而禍拚。紛回平而綿結兮，亮未識其幽情。有積毁而恩昵兮，有積譽而寵衰。或形乖而意合兮，或身密而志離。情與貌而紛競兮，體與識而交馳。

旦流言而見疑，先緣謗而益信。樂食子而中疏兮，巴放麑而日進。或舉世而稱賢兮，偶不合於主心。或居鄉而三黜兮，獨爲時之所欽。或負鼎而干主兮，或杖策於幽林。或望旗而色阻兮，或臨危而撫琴。道有大而由小兮，義有顯而必微。理貴在於得要兮，事終成於會機。每一日而三省兮，亦有念而九思。孰有是而可是兮，孰有非而可非。

石育子而啓夏兮，鳦遺卵而孕殷。鳥藉冰而存棄兮，虎乳孩以字文。發昇舟而魚躍兮，季潛軀而覆雲。或揮戈而爭帝兮，或洗耳而辭君。道曲成而不一兮，神參差而異兆。茲聖達之未明兮，豈前修之克了。迷白日之近遙兮，方有闕於天表。且臨海而觀瀾兮，何津源之杳杳。

文遷繹而身徂兮，景守節而災移。湯改祝而革命兮，靈投策而詬龜。圉據胎而爲巨兮，友發文而自相。風吹鵶而襄墜兮，神壓紐而平王。被嬴縮之由人兮，信吉凶之在己。或勤憂以減齡兮，亦安樂而獲祉。

弟成師而害兄兮，父純臣而烹子。識同命於三君兮，兆先見於喬姒。始樓桑而發輝兮，終龍變於巴庸。繞閶門而結慶兮，鬱蟬蛻於三江。水浩浩而襄陵兮，竊息壤而瘠之。鯀殛死於羽山兮，禹宣力而營之。鑿龍門以通河兮，疏九江而入海。總九州以攸同兮，甄五都之所在。雖父子之同氣兮，乃業行之丕改。

以患蹇爲福兮，痛比干之殘軀。以佞諛爲獲安兮，哂宰嚭之見屠。以舉士而受賞兮，悼史遷之腐刑。以進爲無益兮，見鄂秋之專城。以仁義爲桎梏兮，信揖讓之勞疲。以放曠爲懸解兮，傷六親之乖離。哀越種之被戮兮，嘉范蠡之脫羈。欽四皓之高尚兮，歎伊周之涉危。望仗鉞而先鋒兮，光安車而弗顧。求封賞於寸心兮，夢台袞於遠慮。或忌賢而獨立，或篡君以自樹。既思匿而名揚兮，亦求清而反汙。

見衆兆之紛錯兮，覩變化之無方。心營營而擾擾兮，乃探衷而準常。儼端坐於弊筵兮，始拂龜而整策。冀靈鑒之祐余兮，願告余以忠益。龜發兆以施靈兮，利去華而守約。著布列而成卦兮，保龍潛而勿躍。踵嘉遁之玄蹤兮，追考盤於巖壑。登名山以恬澹兮，辭朝市之紛若。奉貞吉於占繇兮，翻夕警而晨裝。

揖許公於箕嶺兮，諮夷齊於首陽。瞻嵩華之嶕嶢兮，眺恒碣之碤磄。陵江湖之駭浪兮，昇醫閭之尙羊。乘玄虬之弈弈兮，鳴玉鑾之瑲瑲。浮滄波而濯足兮，入三山而解裳。謁伯禹於塗山兮，詰三苗於三危。登蒼梧而遐眺兮，訪二妃於有嬀。追祝融於荆芊兮，問洛宓於馮夷。

陵回飈而上驤兮，窮深谷而下馳。沿扶水而遠矚兮，見虞淵之威微。乘閶風之峻岅兮，覿王母於崦嵫。昇瑤臺而奏歌兮，坐瓊室而賦詩。託赤水以寄命兮，附光風以傳辭。出琨岫之崢嶸兮，入汜林之杳鬱。採鍾山之玉瑛兮，收珠澤之珂珹。

攜羽民而遠遊兮，探長生之妙術。騰雲霧而窈冥兮，變域中之穢質。望玄闕之寂寥兮，過寒門而懷悲。揖若士於霄際兮，求霧塵於海湄。憑帝臺而肆眺兮，歷層冰而風馳。越弱水之渟濴兮，躡不周之嶮巇。屑瓊蘂以爲糧兮，斟玉液以爲漿。結秋蘭以爲珮兮，攬白蜺以爲裳。

聳景雲而上征兮，撫閶闔而啓扉。肅百神而警策兮，奏中皇於紫微。聆鈞天而九變兮，耽廣樂而忘歸。忽心移而志駭兮，戀舊京而依依。握招搖以爲旆兮，巡天漢而下遊。建雲旗之逶迤兮，御回風之瀏瀏。策王良以斂轡兮，命風伯以掞輈。符屏翳以清路兮，告河鼓以具舟。

聊右次於析木兮，遹回駕於青丘。訪古人以首陽兮，亦問道於鶉鳩。覩三韓之累累兮，見卉服之悠悠。瞻雒常之鬱鬱兮，貢楛矢之啾啾。心怊怊而惕惕兮，志憫憫而綿綿。伊五嶽之塠塠兮，何四海之涓涓。瞻九河其如帶兮，覩三江其沉然。夫五都之總總兮，尙何足以遊盤。彼八方之局促兮，殊無可以達觀。方呑霞而棄粒兮，亦屑玉而錬丹。漱醴泉以養氣兮，吸沆瀣以當餐。蔭建木之長柯兮，援木禾之修莖。咀玉髓而充渴兮，嚼正陽以長生。參松喬而撫翰兮，侶浮丘而上征。

嗟域中之默默兮，詎攄寫其深情。情盤桓而猶豫兮，志狐疑而未決。久放蕩而不還兮，心惆悵而不悅。憶慈親於故鄉兮，戀先君於丘墓。回遊駕而改轅兮，縱歸轡而緩御。僕眷眷於短衡兮，馬依依於跬步。還故園而解羈兮，入茅宇而返素。耕東皐之沃壤兮，釣北湖之深潭。養慈顏於婦子兮，競獻壽而薦甘。朝樂酣於濁酒兮，夕寄忻於素琴。誦風雅以導志兮，蘊六籍於胸襟。敦儒墨之大教兮，崇逸民之遠心。播仁聲於終古兮，流不朽之徽音。進不求於聞達兮，退不營於榮利。泛若不繫之舟兮，湛若不用之器。不潔其身兮，不屑於位。不拘小節兮，不求曲備。資靈運以託己兮，任性命之遭隨。旣聽天而委化兮，無形志之兩疲。除紛競而靖默兮，守沖寂以無爲。寄後賢以籍賞兮，寧怨時之弗知。

亂曰：稟元承命，人最靈兮。夭壽否泰，本天成兮。體源究道，歸聖哲兮。隨化委遇，能達節兮。顯親揚名，德之上兮。保家全身，亦厚量兮。趣世浮動，違性命兮。鑒始究終，同水鏡兮。志願不合，思遠遊兮。陵虛騁志，從所求兮。周歷四極，騰八表兮。形勞志沮，未衷道兮。反我遊駕，養慈親兮。躬耕練藝，齊至人兮。

固又作刺讒疾嬖幸詩二首曰：

巧佞！巧佞！〔一〕讒言興兮。營營習習，似青蠅兮。以白爲黑，在汝口兮。汝非蝮蠆，毒何厚兮。巧佞！巧佞！一何工矣。司間司忿，言必從矣。朋黨噂喈，自相同矣。浸潤之譖，傾人墉矣。成人之美，君子貴焉。〔二〕攻人之惡，君子恥焉。汝何人斯？譖毀日繁。予實無罪，騁汝詭言。番番緝緝，讒言側入。君子好讒，如或弗及。天疾讒說，汝其至矣。無妄之禍，行將及矣。泛泛遊鳧，弗制弗拘。行藏之徒，或智或愚。維予小人，未明茲理。毀與行俱，言與釁起。我其懲矣，我其悔矣。豈求人兮，忠恕在己。

彼諂諛兮，人之蠹兮。刺促昔粟，罔顧恥辱，以求媚兮。邪干側入，如恐弗及，以自容兮。志行褊小，好習不道。朝挾其車，夕承其輿。或騎或徒，載奔載趨。或言或笑，曲事親要。正路不由，邪徑是蹈。不識大猷，不知話言。其朋其黨，其徒實繁。有詭其行，有佞其音。蘧蒢戚施，邪媚是欽。旣詭且妬，以逞其心。是信是任，敗其以多。不始不愼，末如之何。習習宰嚭，營營無極。梁丘寡智，王鮒淺識。伊戾、息夫，異世同力。江充、趙高，甘言似直。豎刁、上官，擅生羽翼。乃如之人，僭爽其德。豈徒喪邦，又亦覆國。嗟爾中下，其親其昵。不謂其非，不覺其失。好之有年，寵之有日。我思古人，心焉若疚。凡百君子，宜其愼矣。覆車之鑒，近可信矣。言旣備矣，事旣至矣。反是不思，維塵及矣。

肅宗卽位，除尙書考功郎，奏諸秀孝中第者聽敍，自固始。大軍征硤石，勑爲僕射李平行臺七兵郎。平奇固勇敢，軍中大事悉與謀之。又命固節度水軍，固設奇計先期乘賊，獲其外城。軍罷，太傅、清河王懌擧固，除步兵校尉，領汝南王悅郎中令。尋加寧遠將軍。時悅年少，行多不法，屑近小人。固上疏切諫，幷面陳往代諸王賢愚之分，以感動悅，悅甚敬憚之。懌大悅，以爲擧得其人。熙平二年，除洛陽令，將軍如故。在縣甚有威風。丁母憂，號慕毁病，杖而能起。練禫之後，猶酒肉不進。時固年踰五十，而喪過於哀，鄉黨親族咸歎服焉。

神龜末，清河王懌領太尉，辟固從事中郎。屬懌被害，元叉秉政，朝野震悚。懌諸子及門生吏僚莫不慮禍，隱避不出，素爲懌所厚者彌不自安。固以嘗被辟命，遂獨詣喪所，盡哀慟哭，良久乃還。僕射游肇聞而歎曰：「雖欒布、王脩何以尚也，君子哉若人！」及汝南王悅爲太尉，選舉多非其人，又輕肆撾撻，固以前爲元卿，雖離國，猶上疏切諫。事在悅傳。悅辟固爲從事中郎，不就。

正光二年，京兆王繼爲司徒，高選官僚，辟固從事中郎，加鎮遠將軍。府解，除前軍將軍，鎮遠如故。又典科揚州勳賞。初硤石之役，固有先登之功，而朝賞未及，至是與尚書令李崇訟勳更表。崇雖貴盛，固據理不撓，談者稱焉。四年九月卒，時年五十七。贈輔國將軍、太常少卿，謚曰文。

固剛直雅正，不畏强禦，居官清潔，家無餘財，終歿之日，室徒四壁，無以供喪，親故爲其棺斂焉。初，固著終制一篇，〔三〕務從儉約。臨終，又敕諸子一遵先制。固有三子。〔四〕

長休之，武定末，黄門郎。

休之弟詮之，字子衡。少著才名，辟司徒行參軍。早爲門生所害，時人悼惜之。

賈思伯，字士休，齊郡益都人也。世父元壽，高祖時中書侍郎，有學行，見稱於時。思伯釋褐奉朝請，太子步兵校尉、中書舍人，轉中書侍郎。頗爲高祖所知，常從征伐。

及世宗卽位，以侍從之勤，轉輔國將軍。任城王澄之圍鍾離也，以思伯持節爲其軍司。及澄失利，思伯爲後殿。澄以思伯儒者，謂之必死。及至，大喜，曰：「仁者必有勇，常謂虛談，今於軍司見之矣。」思伯託以失道，不伐其功，時論稱其長者。後爲河內太守，不拜。尋除鴻臚少卿，以母憂免。服闋，徵爲滎陽太守，有政績。遷征虜將軍、南青州刺史。初，思伯與弟思同師事北海陰鳳授業，無資酬之，鳳遂質其衣物。及思伯之部，送縑百匹遺鳳，因具車馬迎之，鳳慚不往。時人稱嘆焉。尋以父憂免。後除征虜將軍、光祿少卿，仍拜左將軍、兗州刺史。

肅宗時，徵爲給事黃門侍郎。因請拜掃，還鄉里。未拜，以風聞免。尋除右將軍、涼州刺史。思伯以州邊遠，不樂外出，辭以男女未婚。靈太后不許，舍人徐紇言之，得改授太尉長史。又除安東將軍、廷尉卿。思伯自以儒素爲業，不好法律，希言事。俄轉衞尉卿。

于時議建明堂，多有同異。思伯上議曰：「按周禮考工記云：夏后氏世室，殿重屋，周明堂，皆五室。鄭注云：『此三者，或舉宗廟，或舉王寢，或舉明堂，互言之，以明其制同也。』若然，則夏殷之世已有明堂矣。唐虞以前，其事未聞。戴德禮記云：明堂凡九室，十二堂。蔡邕云：『明堂者，天子太廟，饗功養老，教學選士，皆於其中，九室十二堂。』按戴德撰記，世所不行。且九室十二堂，其於規制，恐難得厥衷。周禮營國，左祖右社，明堂在國之陽，則非天子太廟明矣。然則禮記月令，四堂及太室皆謂之廟者，當以天子暫配享五帝故耳。又王制云：『周人養國老於東膠。』鄭注云：東膠卽辟雍，在王宮之東。又詩大雅云：『邕邕在宮，肅肅在廟。』鄭注云：『宮，謂辟雍宮也，所以助王。養老則尙和，助祭則尙敬。』又不在明堂之驗矣。按孟子云：『齊宣王謂孟子曰，吾欲毀明堂。』若明堂是廟，則不應有毀之問。且蔡邕論明堂之制云：『堂方一百四十尺，象坤之策；屋圓徑二百一十六尺，象乾之策；方六丈，徑九丈，象陽陰九六之數；九室以象九州；屋高八十一尺，象黃鍾九九之數；二十八柱以象宿；外廣二十四丈以象氣。』按此皆以天地陰陽氣數爲法，而室獨象九州，何也？若立五室以象五行，豈不快也？如此，蔡氏之論非爲通典，九室之言或未可從。竊尋考工記雖是補闕之書，相承已久，諸儒注述無言非者，方之後作，不亦優乎？且孝經援神契、五經要義、舊禮圖，皆作五室，及徐劉之論，同考工者多矣。朝廷若獨絕今古，自爲一代制作者，則所願也。若猶祖述舊章，規摹前事，不應捨殷周成法，襲近代妄作。且損益之極，極於三王，後來疑議，難可準信。鄭玄云：『周人明堂五室，是帝各有一室也，合於五行之數，周禮依數以爲之室。施行于今，雖有不同，時說然耳。』尋鄭此論，非爲無當。按月令亦無九室之文，原其制置，不乖五室。其青陽右个卽明堂左个，明堂右个卽總章左个，總章右个卽玄堂左个，玄堂右个卽青陽左个。如此，則室猶是五，而布政十二。五室之理，謂爲可安。其方圓高廣，自依時量。戴氏九室之言，蔡子廟學之議，子幹靈臺之說，裴逸一屋之論，及諸家紛紜，並無取焉。」學者善其議。

又遷太常卿，兼度支尚書，轉正都官。時太保崔光疾甚，表薦思伯爲侍講，中書舍人馮元興爲侍讀。思伯遂入授肅宗杜氏春秋。思伯少雖明經，從官廢業，至是更延儒生夜講晝授。性謙和，傾身禮士，雖在街途，停車下馬，接誘恂恂，曾無倦色。客有謂思伯曰：「公今貴重，寧能不驕？」思伯曰：「衰至便驕，何常之有？」當世以爲雅談。爲元叉所寵，論者譏其趣勢。孝昌元年卒。贈鎭東將軍、靑州刺史，又贈尙書右僕射，謚曰文貞。

子彥始，武定中，淮陽太守。

思伯弟思同，字士明。少厲志行，雅好經史。釋褐彭城王國侍郎，五遷尙書考功郎，靑州別駕。久之，遷鎭遠將軍、中散大夫、試守滎陽太守。尋卽眞。後除平南將軍、襄州刺史。雖無明察之譽，百姓安之。及元顥之亂也，思同與廣州刺史鄭先護並不降。莊帝還宮，封營陵縣開國男，邑二百戶，除撫軍將軍、給事黃門侍郎、靑州大中正。又爲鎭東、金紫光祿大夫，仍兼黃門。尋加車騎大將軍、左光祿大夫。遷鄴後，除黃門侍郎、兼侍中、河南慰勞大使。仍與國子祭酒韓子熙並爲侍講，授靜帝杜氏春秋。又加散騎常侍，兼七兵尙書。尋拜侍中。興和二年卒。贈使持節、都督青徐光三州諸軍事、驃騎大將軍、尚書右僕射、司徒公、青州刺史，謚曰文獻。

初，思同之爲別駕也，清河崔光韶先爲治中，自恃資地，恥居其下，聞思同還鄉，遂便去職。州里人物爲思同恨之。及光韶之亡，遺誡子姪不聽求贈。思同遂上表訟光韶操業，登時蒙贈謚。論者歎尚焉。

思同之侍講也，國子博士遼西衞冀隆爲服氏之學，上書難杜氏春秋六十三事。思同復駁冀隆乖錯者十一條。互相是非，積成十卷。詔下國學集諸儒考之，事未竟而思同卒。卒後，魏郡姚文安、樂陵秦道靜復述思同意。冀隆亦尋物故，浮陽劉休和又持冀隆說。至今未能裁正焉。

李叔虎，勃海蓨人也。從祖金，世祖神䴥中與高允俱被徵，位至征南從事中郎。叔虎好學博聞，有識度，爲鄉閭所稱。太和中，拜中書博士，與清河崔光、河間邢巒並相親友。轉議郎。久之，遷太尉從事中郎，轉國子博士、本國中正，攝樂陵中正。性清直，甚有公平之稱。後兼散騎侍郎、太極都將。事訖，除高陽太守，固辭不拜。尋除顯武將軍、太尉高陽王雍諮議參軍事，雍以其器操重之。尋除假節、行華州事，爲吏民所稱。永平四年卒，年五十四。贈冠軍將軍、南青州刺史，謚曰穆。

兄叔寶，州舉秀才，拜頓丘公國郎中令。遷太常丞。延昌末，叔寶爲弟臺戶及從弟歸伯同沙門法慶反，陷破郡縣，叔寶當坐，遇病死於洛陽獄。

子伯胄，光祿大夫。

叔寶從弟鳳，歷尚書郎中、國子博士。坐弟同京兆王愉逆，除名。

鳳從子長仁，字景安。頗有學涉。舉秀才，射策高第。拜中書博士，轉中書侍郎。累遷平南將軍、沛郡太守，仍爲彭城太守。又從尉元討定南境，賜爵延陵男。徵拜員外散騎常侍，使於劉準。行還，以疾除北海內史，詔賜醫藥。凡在三郡，吏民安之。尋卒。武定中，贈安南將軍、七兵尚書、冀州刺史，男如故。

長仁從弟遮，字道興，有學識。州舉秀才。拜太常博士，使詣長安，册祭燕宣王廟。還，除尚書儀曹郎，賜爵蓨縣男，稍遷建興太守。卒。

子象，字孟則。淸簡有風概，博涉羣書。初襲爵，爲徐州平東府功曹參軍。遷冀州治中，有勤績。久之，拜散騎侍郎，加寧朔將軍，尋轉中書侍郎。出爲青州太傅開府諮議參軍、行北徐州事、本將軍、光祿大夫。齊文襄王引爲開府諮議參軍，加征東將軍。興和二年，兼散騎常侍，使於蕭衍。三年卒，贈驃騎大將軍、儀同三司、冀州刺史，謚曰文簡，以子子貞預義之勤也。

子貞，歷司空長史、武邑太守、司徒右長史、陽平太守。入爲吏部郎中。出爲驃騎將軍、兗州刺史。坐貪汙賜死。

路恃慶，字伯瑞，陽平清淵人也。祖綽，陽平太守。恃慶有幹用，與廣平宋翻俱知名，爲鄉閭所稱，相州刺史李安世並表薦之。太和中，除奉朝請。恃慶以從兄文舉有才望，因推讓之。高祖遂並拜焉。稍遷尚書儀曹郎，轉左民郎，行潁川郡。出爲華州安定王征虜府長史。尋以母憂去職。仍轉定州河間王琛長史。琛貪暴肆意，恃慶每進苦言。年四十八，卒。贈左將軍、安州刺史，謚曰襄。子祖璧，給事中。

恃慶弟仲信，亦好學。爲太尉參軍，稍遷奉車都尉、開府掾。章武王融之討葛榮也，仲信爲其都督府長史。融敗歿，仲信遂亦免棄。

仲信弟思略，字叔約，有識尙。冀州安東府騎軍參軍。

子祖遺，武定末，太學博士。

思略弟思令，字季儁。初爲廣陽王司空參軍，轉司空城局參軍、司徒記室、威遠將軍、尙書左民郎，轉右民。

時天下多事，思令乃上疏曰：「臣聞國之大事，唯祀與戎。戎之有功，在於將帥。三代不必別民，取治不等；五霸不必異兵，各能克定。有湯武之賢，猶須伊望之佐；堯舜之聖，尙有稷契之輔。得其人也，六合唾掌可淸；失其人也，三河方爲戰地。何者？動之甚易，靖之至難。竊以比年以來，將帥多是寵貴子孫，軍幢統領，亦皆故義託附。貴戚子弟未經戎役，至於銜杯躍馬，志逸氣浮，軒眉攘腕，便以攻戰自許。及臨大敵，怖懼交懷，雄圖銳氣，一朝頓盡。乃令羸弱在前以當銳，强壯居後以安身。兼復器械不精，進止不集，任羊質之將，驅不練之兵，當負險之衆，敵數戰之虜，欲令不敗，豈有得哉！是以兵知必敗，始集而先逃；將又怖敵，遷延而不進。國家便謂官號未滿，重爵屢加，復疑賞賚之輕，金帛日賜。帑藏空虛，民財殫盡。致使賊徒更增，膽氣益盛，生民損耗，荼毒無聊。主歎臣哀，何心寢食。臣雖位微，竊不遑舍。臣聞孝行出於忠貞，節義率多果決。德可感義夫，恩可勸死士。

今若捨上所輕，求下所重。黜陟幽明，賞罰善惡。搜徒簡卒，練兵習武，甲密弩强，弓調矢勁。謀夫既設，辯士先陳，曉以安危，示其禍福。如其不悛，以我義順之師討茲悖逆之豎，豈異厲蕭斧而伐朝菌，鼓洪爐而燎毛髮，雖愚者知其不旋踵矣。敢以愚短，昧死陳誠。」尋拜假節、征虜將軍、陽平太守。又割冀州之淸河、相州之陽平、齊州之平原以爲南冀州，〔五〕仍以思令爲左將軍、南冀州刺史、假平東將軍、都督。時葛榮遣其淸河太守季虎據高唐城以招叛民，〔六〕思令乃命麾下幷率鄉曲潛軍夜往，出其不意，遂大破之，徐乃收衆南還。又詔思令幷領冀州流民。及葛榮滅，還鎭平原。後除征東將軍、金紫光祿大夫，轉衞將軍、右光祿大夫。天平三年三月卒，時年五十一。贈驃騎將軍、定州刺史。

恃慶從叔景略，起家中書博士。太和中，尚書郎、本郡中正。出爲齊州魏郡、平原二郡太守。卒。

景略弟雄，字仲略，容貌偉異。以軍功爲給事中。高祖嘗對羣臣云：「路仲略好尚書郎才。」僕射李沖云：「其人宜爲武職。」遂停。轉太尉咸陽王錄事參軍，遷伏波將軍、奉車都尉。卒，贈頓丘太守。

景略從祖弟法常，幼而修立。爲郡功曹。早卒。儀同李神儁與之有舊，每云：「諸路前輩中有路法常足爲名士，謂必遠至，而竟無年，天下事誠難知也。」

房亮，字景高，淸河人也。父法延，譙郡太守。亮好學，有節操。太和中，舉秀才，爲奉朝請。拜祕書郎，又兼員外散騎侍郎，副中書侍郎宋弁使於蕭賾。還，除尙書二千石郎中、濟州中正。兼員外常侍，使高麗，高麗王託疾不拜。以亮辱命，坐白衣守郎中。後除濟北太守，轉平原太守，以淸嚴稱。時冀州刺史、京兆王愉據州反，平原界在河北，與愉接境。愉乃遣人說亮，啖以榮利。亮卽斬其使人，發兵防捍。愉怒，遣其大將張靈和率衆攻亮。亮督厲兵民，喩以逆順，出城拒擊，大破之。尋遭憂解任。服終，除左將軍、汲郡太守。遷前將軍、東荆州刺史。亮留心撫納，夷夏安之。時邊州刺史例得一子出身，亮不言其子而啓弟子超爲奉朝請。議者稱之。轉平東將軍、滄州刺史，入爲光祿大夫，加安東將軍。永安二年卒，年七十一。贈撫軍將軍、齊州刺史。

子柬，字元約。卒於光祿大夫。

亮弟詮，字鳳舉。尙書郎、本州中正。卒，贈撫軍將軍、齊州刺史。

詮弟悅，字季欣。解褐廣平王懷國常侍，轉青州平東府中兵參軍，加宣威將軍。遷高陽太守，轉廣川太守，加鎮遠將軍。普泰中，濟州刺史張瓊表所部置南清河郡，仍請悅爲太守，朝廷從之。凡歷三郡，民吏安之。遷平東將軍、太中大夫。興和二年卒，年七十。贈征東將軍、濟州刺史。

長子超，字伯穎。武定末，司徒錄事參軍、濟州大中正。

超弟昭，淮州驃騎大將軍府長史。

曹世表，字景昇，東魏郡魏人也。魏大司馬休九世孫。祖謨，父慶，並有學名。世表少喪父，舉止有禮度。性雅正，工尺牘，涉獵羣書。

太和二十三年，尙書僕射、任城王澄奏世表爲國子助教，頗失意。後轉司徒記室。與武威賈思伯、范陽盧同、隴西辛雄等並相友善。侍中崔光，鄉里貴達，每稱美之。遇患歸鄉。永平中，除兗州左將軍府司馬，非其所願，復以病解。延昌中，除清河太守，治官省約，百姓安之。正光中，拜前將軍、通直散騎常侍。大將軍、京兆王繼西征，以爲從事中郎，攝中水兵事，自當煩劇，論者皆稱其能。還都，拜司空長史。孝昌中，青齊頻年反亂，詔世表持節慰喻。還都，轉尚書右丞。

後加征虜將軍，出行豫州刺史。値蕭衍將湛僧珍陷東豫州，州民劉獲、鄭辯反於州界，爲之內應。朝廷以源子恭代世表爲州，以世表爲東南道行臺，率元安平、元顯伯、皇甫鄧林等討之。於時賊衆强斷小殷關，驛使不通。諸將以士馬單少，皆敗散之餘，不敢復戰，咸欲保城自固。世表時患背腫，乃輿病出外，呼統軍是云寶謂之曰：「湛僧珍所以敢深入爲寇者，以獲、辯皆州民之望，爲之內應。向有驛至，知劉獲移軍欲迎僧珍，去此八十里。今出其不意，一戰可破。獲破，則僧珍自走，東南淸服，卿之功也。」乃簡選兵馬，付寶討之。促令發軍，日暮出城，比曉兵合。賊不意官軍卒至，一戰破獲，諸賊悉平，湛僧珍退走。唯鄭辯與子恭親舊，亡匿子恭所。世表召諸將吏，衆責子恭，收辯斬之，傳首京師。敕遣中使宣旨慰喻，賜馬二匹、衣服被褥。復以世表行豫州事，行臺如故。還朝，加左將軍，兼尚書東道行臺，沿河分立鎭戍，以備葛榮。行達靑州，遇患卒，時年五十四。永熙中，贈平東將軍、齊州刺史。

潘永基，字紹業，長樂廣宗人也。父靈虬，中書侍郎。永基性通率，輕財好施。爲冀州鎭東府法曹行參軍，遷威烈將軍、揚州曲陽戍主，轉西硤石戍主，治陳留、南梁二郡事，頗有威惠。轉揚州車騎府主簿。累遷虎賁中郎將、直寢、前將軍。出爲持節、平北將軍、冀州防城都督、長樂太守。于時葛榮攻信都，長圍遏水以灌州城。永基與刺史元孚同心勠力，晝夜防拒。外無軍援，內乏糧儲，從春至冬，力窮乃陷。榮欲害孚，永基請以身代孚死。永安二年，除潁川太守，遷鎭東將軍、東徐州刺史。時蕭衍將曹世宗、馬洪武等率衆來寇，永基出討，破之。永熙中，爲征東將軍、金紫光祿大夫，遷車騎將軍、左光祿大夫。尋加衞大將軍，復除東徐州刺史。前後在州，爲吏民所樂。代還京師，元象初卒，年五十六。贈散騎常侍、都督冀瀛滄三州諸軍事、驃騎大將軍、尚書右僕射、司徒公、冀州刺史。

長子子禮，州主簿。

子禮弟子智，武定中，太尉士曹參軍。

朱元旭，字君昇，本樂陵人也。祖霸，〔七〕眞君末南叛，投劉義隆，遂居青州之樂陵。元旭頗涉子史，開解几案。起家清河王國常侍。太學博士、員外散騎侍郎。頻使高麗。除尚書度支郎中。神龜末，以郎選不精，大加沙汰。元旭與隴西辛雄、范陽祖瑩、泰山羊深、西平源子恭並以才用見留。尋加鎮遠將軍、兼尚書右丞，仍郎中、本州中正。時關西都督蕭寶夤啓云：「所統十萬，食唯一月。」於是肅宗大怒，召問所由。錄、令以下，皆推罪於元旭。元旭入見，於御座前屈指校計寶夤兵糧乃踰一年，事乃得釋。除通直散騎常侍。永安初，加平東將軍、尚書左丞、光祿大夫。後轉司農少卿。遷衞將軍、左光祿大夫。天平中，復拜尚書左丞。既無風操，俛仰隨俗，性多機數，自容而已。於時朝廷分汲郡、河內二界挾河之地以立義州，安置關西歸款之戶，除元旭使持節、驃騎將軍、義州刺史。武定三年夏，卒於州，年六十七。贈本將軍、幽州刺史。

子敬道，武定中，司徒長流參軍。

史臣曰：陽尼學義之迹，世不乏人。固遠氣正情，文學兼致。賈思伯門有舊業，經明行修，唯兄及弟，並標儒素。李、路器尚所及，俱可觀者。象風彩詞涉，亦當年之俊民。房亮、曹世表、潘永基、朱元旭，拔萃從宦，咸享名器，各有由也。

校勘記

〔一〕巧佞巧佞　諸本此句作「巧巧佞佞」，獨南本作「巧佞巧佞」，北史卷四七陽尼附陽固傳同南本。按古時像「巧佞巧佞」這類重疊句常寫作「巧二佞二」，傳抄刻板時就往往成爲「巧巧佞佞」。今從南本。

〔二〕君子貴焉　百衲本、汲本、局本「君子貴焉」作「殺身行焉」，南、北、殿三本及北史卷四七作「君子貴焉」。張森楷云：「『貴』與『耻』韵，若『行』則失諧矣。」按張說是，今從南、北、殿三本。

〔三〕固著終制一篇　諸本「終」作「緒」，北史卷四七、册府卷八九八一〇六三四頁作「終」。按這篇文章是說他死後的喪制，故下云：「臨終，又敕諸子一遵先制。」「緒制」無義，今據改。

〔四〕固有三子　北史卷四七「三子」作「五子」。按此傳三子舉休之、詮之二人，北史五子，舉休之、綝之、俊之三人，加此傳的「詮之」，已有四人，疑作「五子」是。

〔五〕又割冀州之清河相州之陽平齊州之平原以爲南冀州　諸本「平原」的「平」字在「清河」上，獨局本如上摘句。按卷一〇六中地形志中濟州平原郡下云：「武泰初立南冀州，永安中罷州。」洪氏考異據此以爲傳寫脫誤。今乙正。

〔六〕時葛榮遣其清河太守季虎據高唐城以招叛民　諸本「據」字在「季虎」上，獨局本在「季虎」下，册府卷六九四八二七四頁同局本，但「季」作「李」。按「據」字依文義當在「季虎」下，今從局本。「季」

也當是「李」之訛。但無他證，今不改。

〔七〕祖霸　墓誌集釋有朱岱林墓誌圖版二三八，乃元旭弟，誌稱「曾祖霸」，云霸宋元嘉時降宋，「仍居青州之樂陵郡」，敍事與此傳合。霸乃元旭曾祖，這裏「祖」上當脫「曾」字。

魏書卷七十三

列傳第六十一

奚康生　楊大眼　崔延伯

奚康生，河南洛陽人。其先代人也，世爲部落大人。祖直，平遠將軍、柔玄鎭將。入爲鎭北大將軍，內外三都大官，賜爵長進侯。卒，贈幽州刺史，謚曰簡。父普憐，不仕而卒。

太和十一年，蠕蠕頻來寇邊，柔玄鎭都將李兜討擊之。康生性驍勇，有武藝，弓力十石，矢異常箭，爲當時所服。從兜爲前驅軍主，頻戰陷陳，壯氣有聞，由是爲宗子隊主。

從駕征鍾離，駕旋濟淮，五將未渡，蕭鸞遣將率衆據渚，邀斷津路。高祖敕曰：「能破中渚賊者，以爲直閤將軍。」康生時爲軍主，謂友人曰：「如其克也，得暢名績，脫若不捷，命也在天。丈夫今日何爲不決！」遂便應募，縛筏積柴，因風放火，燒其船艦，依烟直進，飛刀亂斫，投河溺死者甚衆。乃假康生直閤將軍。後以勳除中堅將軍、太子三校、西臺直後。

吐京胡反，自號辛支王。康生爲軍主，從章武王彬討之。胡遣精騎一千邀路斷截，康生率五百人拒戰，破之，追至石羊城，斬首三十級。彬甲卒七千，與胡對戰，分爲五軍，四軍俱敗，康生軍獨全。遷爲統軍。率精騎一千追胡至車突谷，詐爲墜馬，胡皆謂死，爭欲取之。康生騰騎奮矛，殺傷數十人，胡遂奔北。辛支輕騎退走，去康生百餘步，彎弓射之，應弦而死。因俘其牛羊駝馬以萬數。

蕭鸞置義陽□，招誘邊民。康生復爲統軍，從王肅討之，進圍其城。鸞將張伏護自昇城樓，言辭不遜，肅令康生射之。以强弓大箭望樓射窗，扉開卽入，應箭而斃。彼民見箭，皆云狂弩。以殺伏護，賞帛一千匹。又頻戰再退其軍，賞三階，帛五百匹。蕭寶卷將裴叔業率衆圍渦陽，欲解義陽之急。詔遣高聰等四軍往援之，後遣都督、廣陵侯元衍，並皆敗退。時刺史孟表頻啓告，高祖敕肅遣康生馳往赴援。一戰大破之，賞二階，帛一千匹。及壽春來降也，遣康生領羽林一千人，給龍廐馬兩匹，馳赴壽春。旣入其城，命集城內舊老，宣詔撫賚。俄而，蕭寶卷將桓和頓軍梁城，陳伯之據峽石，民心駭動，頗有異謀。康生乃防禦內外，音信不通。固城一月，援軍乃至。康生出擊桓和、伯之等二軍，並破走之，拔梁城、合肥、洛口三戍。以功遷征虜將軍，封安武縣開國男，食邑二百戶。

出爲南青州刺史。後蕭衍郁洲遣軍主徐濟寇邊，康生率將出討，破之，生擒濟。賞帛千匹。時蕭衍聞康生能引强弓，力至十餘石，故特作大弓兩張，送與康生。康生得弓，便會集文武，乃用平射，猶有餘力。其弓長八尺，把中圍尺二寸，箭粗殆如今之長笛，觀者以爲希世絕倫。弓卽表送，置之武庫。

又蕭衍遣將宋黑率衆寇擾彭城，時康生遭母憂，詔起爲別將、持節、假平南將軍，領南青州諸軍擊走之。後衍復遣都督、臨川王蕭宏，〔一〕副將張惠紹勒甲十萬規寇徐州，又假宋黑徐州刺史，領衆二萬，水陸俱進，徑圍高塚戍。詔授康生武衞將軍、持節、假平南將軍，爲別將，領羽林三千人，騎、步甲士隨便割配。康生一戰敗之。還京，召見宴會，賞帛千匹，賜驊騮御胡馬一匹。

出爲平西將軍、華州刺史，頗有聲績。轉涇州刺史，仍本將軍。以輒用官炭瓦爲御史所劾，削除官爵。尋旨復之。蕭衍直閤將軍徐玄明戍於郁洲，殺其刺史張稷，以城內附。詔遣康生迎接，賜細御銀纏槊一張幷棗柰果。面勅曰：「果者，果如朕心；棗者，早遂朕意。」未發之間，郁洲復叛。時揚州別駕裴絢謀反，除康生平東將軍，爲別將，領羽林四千討之，會事平不行。

遭父憂，起爲平西將軍、西中郎將。是歲，大舉征蜀，假康生安西將軍，領步騎三萬邪趣緜竹。至隴右，世宗崩，班師。除衞尉卿。出爲撫軍將軍、相州刺史。在州，以天旱令人鞭石虎畫像；復就西門豹祠祈雨，不獲，令吏取豹舌。未幾，二兒暴喪，身亦遇疾，巫以爲虎、豹之祟。

徽拜光祿卿，領右衞將軍。與元叉同謀廢靈太后。遷撫軍大將軍、河南尹，仍右衞，領左右。與子難娶左衞將軍侯剛女，即元叉妹夫也。叉以其通姻，深相委託，三人率多俱宿禁內，時或迭出。叉以康生子難爲千牛備身。

康生性粗武，言氣高下，叉稍憚之，見于顏色，康生亦微懼不安。正光二年三月，肅宗朝靈太后于西林園，文武侍坐，酒酣迭舞。次至康生，康生乃爲力士舞，及於折旋，每顧視太后，舉手、蹈足、瞋目、頷首爲殺縛之勢。太后解其意而不敢言。日暮，太后欲攜肅宗宿宣光殿。侯剛曰：「至尊已朝訖，嬪御在南，何勞留宿？」康生曰：「至尊，陛下兒，隨陛下將東西，更復訪問誰？」羣臣莫敢應。靈太后自起援肅宗臂下堂而去。康生大呼唱萬歲於後，近侍皆唱萬歲。肅宗引前入閤，左右競相排，閤不得閉。康生奪其子難千牛刀，斫直後元思輔，乃得定。肅宗既上殿，康生時有酒勢，將出處分，遂爲叉所執，鎖於門下。至曉，叉不出，令侍中、黃門、僕射、尚書等十餘人就康生所訊其事，處康生斬刑，難處絞刑。叉與剛並在內矯詔決之。康生如奏，難恕死從流。難哭拜辭父，康生忻子免死，又亦慷慨，了不悲泣。語其子云：「我不反死，汝何爲哭也？」有司驅逼，奔走赴市。時已昏闇，行刑人注刀數下不死，於地刻截。咸言稟叉意旨，過至苦痛。嘗食典御奚混與康生同執刀入內，亦就市絞刑。

康生久爲將，及臨州尹，多所殺戮。而乃信向佛道，數捨其居宅以立寺塔。凡歷四州，皆有建置。死時年五十四。

子難，年十八。以侯剛子壻得停百日，竟徙安州。後尚書盧同爲行臺，又令殺之。〔三〕康生於南山立佛圖三層，先死忽夢崩壞。沙門有爲解云：「檀越當不吉利，無人供養佛圖，故崩耳。」康生稱然。竟及禍。靈太后反政，贈都督冀瀛滄三州諸軍事、驃騎大將軍、司空公、冀州刺史，又追封壽張縣開國侯，食邑一千戶。

子剛，襲。武定中，青州開府主簿。齊受禪，爵例降。

剛弟定國，襲康生安武縣開國男。

楊大眼，武都氐難當之孫也。少有膽氣，跳走如飛。然側出，不爲其宗親顧待，頗有飢寒之切。太和中，起家奉朝請。時高祖自代將南伐，令尚書李沖典選征官，大眼往求焉。沖弗許，大眼曰：「尚書不見知，聽下官出一技。」便出長繩三丈許繫髻而走，繩直如矢，馬馳不及，見者莫不驚歎。沖曰：「自千載以來，未有逸材若此者也。」遂用爲軍主。大眼顧謂同僚曰：「吾之今日，所謂蛟龍得水之秋，自此一舉終不復與諸君齊列矣。」未幾，遷爲統軍。從高祖征宛、葉、穰、鄧、九江、鍾離之間，所經戰陳，莫不勇冠六軍。世宗初，裴叔業以壽春內附，大眼與奚康生等率衆先入，以功封安成縣開國子，食邑三百戶。除直閤將軍，尋加輔國將軍、游擊將軍。

出爲征虜將軍、東荆州刺史。時蠻酋樊秀安等反，詔大眼爲別將，隸都督李崇，討平之。大眼妻潘氏，善騎射，自詣軍省大眼。至於攻陳遊獵之際，大眼令妻潘戎裝，或齊鑣戰場，或並驅林壑。及至還營，同坐幕下，對諸僚佐，言笑自得，時指之謂人曰：「此潘將軍也。」

蕭衍遣其前江州刺史王茂先率衆數萬次于樊雍，招誘蠻夏，規立宛州，又令其所署宛州刺史雷豹狼、軍主曹仲宗等領衆二萬偷據河南城。世宗以大眼爲武衞將軍、假平南將軍、持節，都督統軍曹敬、邴虬、樊魯等諸軍討茂先等，大破之，斬衍輔國將軍王花、龍驤將軍申天化，俘馘七千有餘。衍又遣其舅張惠紹總率衆軍，〔三〕竊據宿豫。又假大眼平東將軍爲別將，與都督邢巒討破之。遂乘勝長驅，與中山王英同圍鍾離。大眼軍城東，守淮橋東西二道。屬水汎長，大眼所綰統軍劉神符、公孫祉兩軍夜中爭橋奔退，大眼不能禁，相尋而走，坐徙爲營州兵。

永平中，世宗追其前勳，起爲試守中山內史。時高肇征蜀，世宗慮蕭衍侵軼徐揚，乃徵大眼爲太尉長史、持節、假平南將軍、東征別將，隸都督元遙，遏禦淮肥。大眼至京師，時人思其雄勇，喜其更用，臺省閭巷，觀者如市。大眼次譙南，世宗崩。時蕭衍遣將康絢於浮山遏淮，規浸壽春，詔加大眼光祿大夫，率諸軍鎮荆山，復其封邑。後與蕭寶夤俱征淮堰，不能克。遂於堰上流鑿渠決水而還，加平東將軍。

大眼善騎乘，裝束雄竦，擐甲折旋，見稱當世。撫巡士卒，呼爲兒子，及見傷痍，爲之流泣。自爲將帥，恒身先兵士，衝突堅陳，出入不疑，當其鋒者，莫不摧拉。南賊前後所遣督將，軍未渡江，預皆畏懾。傳言淮泗、荆沔之間有童兒啼者，恐之云「楊大眼至」，無不卽止。王肅弟子秉之初歸國也，謂大眼曰：「在南聞君之名，以爲眼如車輪。及見，乃不異人。」大眼曰：「旗鼓相望，瞋眸奮發，足使君目不能視，何必大如車輪。」當世推其驍果，皆以爲關張弗之過也。然征淮堰之役，喜怒無常，捶撻過度，軍士頗憾焉。識者以爲性移所致。

又以本將軍出爲荆州刺史。常縛蒿爲人，衣以青布而射之。召諸蠻渠指示之曰：「卿等若作賊，吾政如此相殺也。」又北淯郡嘗有虎害，大眼搏而獲之，斬其頭懸於穰市。自是荆蠻相謂曰：「楊公惡人，常作我蠻形以射之。又深山之虎尚所不免。」遂不敢復爲寇盜。

在州二年而卒。大眼雖不學，恒遣人讀書，坐而聽之，悉皆記識。令作露布，皆口授之，而竟不多識字也。有三子，長甑生，次領軍，次征南，皆潘氏所生，氣幹咸有父風。

初，大眼徙營州，潘在洛陽，頗有失行。及爲中山，大眼側生女夫趙延寶言之於大眼，大眼怒，幽潘而殺之。後娶繼室元氏。大眼之死也，甑生等問印綬所在。時元始懷孕，自指其腹謂甑生等曰：「開國當我兒襲之，汝等婢子，勿有所望！」甑生深以爲恨。及大眼喪將還京，出城東七里，營車而宿。夜二更，甑生等開大眼棺，延寶怪而問之，征南射殺之。元怖，走入水，征南又彎弓射之。甑生曰：「天下豈有害母之人。」乃止。遂取大眼屍，令人馬上抱之，左右扶挾以叛。荆人畏甑生等驍勇，不敢苦追。奔於襄陽，遂歸蕭衍。

崔延伯，博陵人也。祖壽，於彭城陷入江南。延伯有氣力，少以勇壯聞。仕蕭賾，爲緣淮遊軍，帶濠口戍主。太和中入國，高祖深嘉之，常爲統帥。膽氣絕人，兼有謀略，所在征討，咸立戰功。積勞稍進，除征虜將軍、荆州刺史，賜爵定陵男。荆州土險，蠻左爲寇，每有聚結，延伯輒自討之，莫不摧殄，由是穰土帖然，無敢爲患。

永平中，轉後將軍、幽州刺史。蕭衍遣其左遊擊將軍趙祖悅率衆偷據峽石，詔延伯爲別將，與都督崔亮討之。亮令延伯守下蔡。延伯與別將伊瓮生挾淮爲營。延伯遂取車輪去輞，削銳其輻，兩兩接對，揉竹爲絙，貫連相屬，並十餘道，橫水爲橋，兩頭施大轆轤，出沒任情，不可燒斫。既斷祖悅等走路，又令舟舸不通，由是衍軍不能赴救，祖悅合軍咸見俘虜。於軍拜平南將軍、光祿大夫。

延伯與楊大眼等至自淮陽，靈太后幸西林園引見延伯等。太后曰：「卿等志尙雄猛，皆國之名將，比平峽石，公私慶快，此乃卿等之功也。但淮堰仍在，宜須豫謀，故引卿等親共量算，各出一圖以爲後計。」大眼對曰：「臣輒謂水陸二道，一時俱下，往無不克。」延伯曰：「臣今輒難大眼，旣對聖顏，答旨宜實，水南水北各有溝瀆，陸地之計如何可前？愚臣短見，願聖心愍水兵之勤苦，給復一年，專習水戰，脫有不虞，召便可用，往無不獲。」靈太后曰：「卿之所言，深是宜要，當敕如請。」

二年，除安北將軍、幷州刺史。在州貪汙，聞於遠近。還爲金紫光祿大夫。出爲鎭南將軍、行岐州刺史，假征西將軍，賜驊騮馬一匹。正光五年秋，以往在揚州，建淮橋之勳，封當利縣開國男，食邑二百戶，尋增邑一百戶，改封新豐，進爵爲子。

時莫折念生兄天生下隴東寇，征西將軍元志爲天生所擒，賊衆甚盛，進屯黑水。詔延伯爲使持節、征西將軍、西道都督，與行臺蕭寶夤討之。寶夤與延伯結壘馬嵬，南北相去百餘步。寶夤日集督將論討賊方略，延伯每云「賊新制勝，難與爭鋒」。寶夤正色責之曰：「君荷國寵靈，總戎出討，便是安危所繫，每云賊不可討，以示怯懦，損威挫氣，乃君之罪。」延伯明晨詣寶夤自謝，仍云：「今當仰爲明公參賊勇怯。」延伯選精兵數千，下渡黑水，列陳西進以向賊營，寶夤率衆於水東尋原西北，以示後繼。於時賊衆大盛，水西一里營營連接。延伯徑至賊壘，揚威脅之，徐而還退。賊以延伯衆少，開營競追，衆過十倍，臨水逼蹙。寶夤親觀之，懼有虧損。延伯不與其戰，身自殿後，抽衆東渡，轉運如神，須臾濟盡，徐乃自渡。賊徒奪氣，相率還營。寶夤大悅，謂官屬曰：「崔公，古之關張也。今年何患不制賊。」延伯馳見寶夤曰：「此賊非老奴敵，公但坐看。」後日，延伯勒衆而出，寶夤爲後拒。天生悉衆來戰，延伯申令將士，身先士卒，陷其前鋒。於是勇銳競進，大破之，俘斬十餘萬，追奔及於小隴。秦賊勁强，諸將所憚，朝廷初議遣將，咸云非延伯無以定之，果能克敵。授右衞將軍。

於時万俟醜奴、宿勤明達等寇掠涇州。先是，盧祖遷、伊瓮生數將等皆以元志前行之始，同時發雍，從六陌道將取高平。志敗，仍停涇部。延伯既破秦賊，乃與寶夤率衆會於安定，甲卒十二萬，鐵馬八千匹，軍威甚盛。醜奴置營涇州西北七十里當原城，時或輕騎暫來挑戰，大兵未交，便示奔北。延伯矜功負勝，遂唱議先驅。伐木別造大排，內爲鎖柱，教習强兵，負而趨走，號爲排城，戰士在外，輜重居中，自涇州緣原北上。衆軍將出討賊，未戰之間，有賊數百騎，詐持文書，云是降簿，乞且緩師。寶夤、延伯謂其事實，逡巡未閱。俄而宿勤明達率衆自東北而至，乞降之賊從西競下，諸軍前後受敵。延伯上馬突陳，賊勢摧挫，便爾逐北，徑造其營。賊本輕騎，延伯軍兼步卒，兵力疲怠，賊乃乘間得入排城。延伯軍遂大敗，死傷者將有二萬。寶夤斂軍退保涇州。延伯修繕器械，購募驍勇，復從涇州西進，去賊彭抗谷栅七里結營。延伯耻前挫辱，不報寶夤，獨出襲賊，大破之，俄頃間平其數栅。賊皆逃遁，見兵人採掠，散亂不整，還來衝突，遂大奔敗。延伯中流矢，爲賊所害，士卒死者萬餘人。

延伯善將撫，能得衆心，與康生、大眼爲諸將之冠，延伯末路功名尤重。時大寇未平而延伯死，朝野歎懼焉。贈使持節、車騎大將軍、儀同三司、定州刺史，謚曰武烈。

又有王足者，驍果多策略。隸邢巒伐蜀，所在克捷。詔行益州刺史。遂圍涪城，蜀人大震。世宗復以羊祉爲益州，足聞而引退，後遂奔蕭衍。次有王神念，足之流也。後自潁川太守奔江南。

又冀州人李叔仁，叔仁弟龍壤，以勇壯爲將統。叔仁位至車騎大將軍、儀同三司、陳郡開國公。後爲梁州刺史，歿於關西。龍驤、正光中北征，戰死白道。其平州刺史王買奴、南秦州刺史曹敬、南兗州刺史樊魯、益州刺史邴虬、玄州刺史邢豹及屈祖、嚴思達、呂叵、崔襲、柴慶宗、宗正珍孫、盧祖遷、高智方，俱爲將帥，並有攻討之名，而事迹不存，無以編錄。然未若康生、大眼、延伯尤著也。

史臣曰：人主聞鞞鼓之響，則思將帥之臣。何則？夷難平暴，折衝禦侮，爲國之所繫也。康生等俱以熊虎之姿，奮征伐之氣，亦一時之驍猛，壯士之功名也。

校勘記

〔一〕後衍復遣都督臨川王蕭宏　册府卷三五三四一九二頁「宏」作「密」。按蕭宏，梁書卷二二有傳，本傳及同書卷二武帝紀天監五年記載這次戰事。本書卷九八蕭衍傳稱之爲「臨川王蕭密」，卷六五邢巒傳也有「蕭密餘軍，猶自在彼」的話。當是魏書避元宏諱改「宏」爲「密」，非字訛。他處如卷八世宗紀正始三年四月條作「蕭容」，也是諱改，九月條作「蕭宏」，乃後人所改。這裏舊本當作「蕭密」，但其人本名宏，今不回改。

〔二〕又令殺之　北史卷三七奚康生傳「又」作「叉」。按作「又」像是盧同令殺之，語意不明，疑當作「叉」。

〔三〕衍又遣其舅張惠紹總率衆軍　按卷九八蕭衍傳説「惠紹，衍舅子也」，不知是此脱或彼衍。然梁書卷一一張弘策傳，弘策乃蕭衍從舅，范陽方城人。同書卷一八張惠紹傳，義陽人，不言和蕭衍有親，且不載其父名位。魏書以惠紹爲蕭衍舅或舅子，實誤。

魏書卷七十四

列傳第六十二

尒朱榮

尒朱榮，字天寶，北秀容人也。其先居於尒朱川，因爲氏焉。常領部落，世爲酋帥。高祖羽健，登國初爲領民酋長，率契胡武士千七百人從駕平晉陽，定中山。論功拜散騎常侍。以居秀容川，詔割方三百里封之，長爲世業。太祖初以南秀容川原沃衍，欲令居之，羽健曰：「臣家世奉國，給侍左右。北秀容既在剗內，差近京師，豈以沃壤更遷遠地。」太祖許之。所居之處，曾有狗舐地，因而穿之，得甘泉焉，至今名狗舐泉。羽健，世祖時卒。曾祖鬱德，祖代勤，繼爲領民酋長。代勤，世祖敬哀皇后之舅。以外親兼數征伐有功，給復百年，除立義將軍。曾圍山而獵，部民射虎，誤中其髀，代勤仍令拔箭，竟不推問，曰：「此既過誤，何忍加罪。」部內聞之，咸感其意。高宗末，假寧南將軍，除肆州刺史。高祖賜爵梁郡公。以老致仕，歲賜帛百匹以爲常。年九十一，卒。賜帛五百匹、布二百匹，贈鎮南將軍、并州刺史，諡曰莊。孝莊初，榮有翼戴之勳，追贈太師、司徒公、錄尚書事。

父新興，太和中，繼爲酋長。家世豪擅，財貨豐贏。曾行馬羣，見一白蛇，頭有兩角，遊於馬前。新興異之，謂曰：「爾若有神，令我畜牧蕃息。」自是之後，日覺滋盛，牛羊駝馬，色別爲羣，谷量而已。朝廷每有征討，輒獻私馬，兼備資糧，助裨軍用。高祖嘉之，除右將軍、光祿大夫。及遷洛後，特聽冬朝京師，夏歸部落。每入朝，諸王公朝貴競以珍玩遺之，新興亦報以名馬。轉散騎常侍、平北將軍、秀容第一領民酋長。新興每春秋二時，恒與妻子閱畜牧於川澤，射獵自娛。肅宗世，以年老啓求傳爵於榮，朝廷許之。正光中卒，年七十四。贈散騎常侍、平北將軍、恒州刺史，諡曰簡。孝莊初，贈假黃鉞、侍中、太師、相國、西河郡王。

榮潔白，美容貌，幼而神機明決。及長，好射獵，每設圍誓衆，便爲軍陳之法，號令嚴肅，衆莫敢犯。秀容界有池三所，在高山之上，清深不測，相傳曰祁連池，魏言天池也。父新興，曾與榮遊池上，忽聞簫鼓之音。新興謂榮曰：「古老相傳，凡聞此聲皆至公輔。吾今年已衰暮，當爲汝耳。汝其勉之。」榮襲爵後，除直寢、游擊將軍。正光中，四方兵起，遂散畜牧，招合義勇，給其衣馬。蠕蠕主阿那瓌寇掠北鄙，詔假榮節，冠軍將軍、別將，隸都督李崇北征。榮率其所部四千人追擊，度磧，不及而還。秀容內附胡民乞扶莫于破郡，殺太守；南秀容牧子萬子乞眞反叛，〔一〕殺太僕卿陸延；并州牧子素和婆崘嶮作逆。榮並前後討平之。遷直閤將軍、冠軍將軍，仍別將。內附叛胡乞、步落堅胡劉阿如等作亂瓜肆，〔二〕敕勒北列步若反於沃陽，〔三〕榮並滅之。以功封安平縣開國侯，食邑一千戶。尋加通直散騎常侍。敕勒斛律洛陽作逆桑乾西，〔四〕與費也頭牧子迭相掎角，榮率騎破洛陽於深井，逐牧子於河西。進號平北將軍、光祿大夫，假安北將軍，爲北道都督。尋除武衞將軍，俄加使持節、安北將軍、都督恒朔討虜諸軍、假撫軍將軍，進封博陵郡公，增邑五百戶。其梁郡前爵，聽賜第二子。時榮率衆至肆州，刺史尉慶賓畏惡之，閉城不納。榮怒，攻拔之，乃署其從叔羽生爲刺史，執慶賓於秀容。自是榮兵威漸盛，朝廷亦不能罪責也。尋除鎭北將軍。

鮮于脩禮之反也，榮表東討，復進號征東將軍、右衞將軍、假車騎將軍、都督并肆汾廣恒雲六州諸軍事，進爲大都督，加金紫光祿大夫。時杜洛周陷中山，於時車駕聲將北討，以榮爲左軍，不行。及葛榮吞洛周，凶勢轉盛。榮恐其南逼鄴城，表求遣騎三千東援相州，肅宗不許。又遷車騎將軍、右光祿大夫，尋進位儀同三司。

榮以山東賊盛，慮其西逸，乃遣兵固守滏口以防之。復上書曰：「臣前以二州頻反，大軍喪敗，河北無援，實慮南侵，故令精騎三千出援相州，京師影響，斷其南望，賊聞此來，當亦息圖。使還，奉敕云：『念生梟戮，寶夤受擒，醜奴、明達並送誠款，三輔告謐，關隴載寧。費穆虎旅，大翦妖蠻；兩絳狂蜀，漸已稽顙。』又承北海王顥率衆二萬出鎮相州。北海皇孫，名位崇重，鎮撫鄴城，實副羣望。惟願廣其配衣，及機早遣。今關西雖平，兵未可役，山南隣賊，理無發召，王師雖衆，頻被摧北，人情危怯，實謂難用，若不更思方略，無以萬全。如臣愚量，蠕蠕主阿那瓌荷國厚恩，未應忘報，求乞一使慰喻那瓌。即遣發兵東引，直趣下口，揚威振武，以躡其背；北海之軍，鎮撫相部，嚴加警備，以當其前；臣麾下雖少，輒盡力命，自井陘以北，隘口以西，分防險要，攻其肘腋。葛榮雖幷洛周，威恩未著，人類差異，形勢可分。」於是榮遂嚴勒部曲，廣召義勇，北捍馬邑，東塞井陘。

尋屬肅宗崩，事出倉卒，榮聞之大怒，謂鄭儼、徐紇爲之，與元天穆等密議稱兵入匡朝廷，討定之。乃抗表曰：「伏承大行皇帝背棄萬方，奉諱號踴，五內摧剝。仰尋詔旨，實用驚惋。今海內草草，異口一言，皆云大行皇帝，鴆毒致禍。臣等外聽訟言，內自追測。去月二十五日聖體康悆，至於二十六日奄忽昇遐。即事觀望，實有所惑。且天子寢疾，侍臣不離左右，親貴名醫，瞻仰患狀，面奉音旨，親承顧託。豈容不豫初不召醫，崩棄曾無親奉，欲使天下不爲怪愕，四海不爲喪氣，豈可得乎？復皇后女生，稱爲儲兩，疑惑朝野，虛行慶宥，宗廟之靈見欺，兆民之望已失，使七百危於累卵，社稷墜於一朝，方選君嬰孩之中，寄治乳抱之日，使姦豎專朝，賊臣亂紀，惟欲指影以行權，假形而弄詔，此則掩眼捕雀，塞耳盜鍾。今秦隴塵飛，趙魏霧合，寶夤、醜奴勢逼豳雍，葛榮、就德憑陵河海，楚兵吳卒密邇在郊。古人有言：邦之不臧，隣之福也。一旦聞此，誰不闚閵？竊惟大行皇帝聖德馭宇，繼體正君，猶邊烽迭舉，妖寇不滅，況今從佞臣之計，隨親戚之談，舉潘嬪之女以誑百姓，奉未言之兒而臨四海，欲使海內安乂，愚臣所未聞也。伏願留聖善之慈，回須臾之慮，照臣忠誠，錄臣至款，聽臣赴闕，預參大議，問侍臣帝崩之由，訪禁旅不知之狀，以徐、鄭之徒付之司敗，雪同天之耻，謝遠近之怨。然後更召宗親，推其年德，聲副遐邇，改承寶祚，則四海更蘇，百姓幸甚。」於是遂勒所統將赴京師。靈太后甚懼，詔以李神軌爲大都督，將於大行杜防。

榮抗表之始，遣從子天光、親信奚毅及倉頭王相入洛，與從弟世隆密議廢立。天光乃見莊帝，具論榮心，帝許之。天光等還北，榮發晉陽。猶疑所立，乃以銅鑄高祖及咸陽王禧等六王子孫像，成者當奉爲主，惟莊帝獨就。師次河內，重遣王相密來奉迎，帝與兄彭城王劭、弟始平王子正於高渚潛渡以赴之。榮軍將士咸稱萬歲。於時武泰元年四月九日也。

十一日，榮奉帝爲主，詔以榮爲使持節、侍中、都督中外諸軍事、大將軍、開府、兼尚書令、領軍將軍、領左右，太原王，食邑二萬戶。十二日，百官皆朝於行宮。十三日，榮惑武衛將軍費穆之說，乃引迎駕百官於行宮西北，云欲祭天。朝士既集，列騎圍遶，責天下喪亂，明帝卒崩之由，云皆緣此等貪虐，不相匡弼所致。因縱兵亂害，王公卿士皆斂手就戮，死者千三百餘人，皇弟、皇兄並亦見害，靈太后、少主其日暴崩。榮遂有大志，令御史趙元則造禪文，遣數十人遷帝於河橋。至夜四更中，復奉帝南還營幕。帝憂憤無計，乃令人喻旨於榮曰：「帝王迭襲，盛衰無常，既屬屯運，四方瓦解。將軍杖義而起，前無橫陳，此乃天意，非人力也。我本相投，規存性命，帝王重位，豈敢妄希，直是將軍見逼，權順所請耳。今璽運已移，天命有在，宜時卽尊號。將軍必若推而不居，存魏社稷，亦任更擇親賢，共相輔戴。」榮旣有異圖，遂鑄金爲己像，數四不成。時幽州人劉靈助善卜占，爲榮所信，言天時人事必不可爾。榮亦精神恍惚，不自支持，久而方悟，遂便愧悔。於是獻武王、榮外兵參軍司馬子如等切諫，陳不可之理。榮曰：「愆誤若是，惟當以死謝朝廷，今日安危之機，計將何出？」獻武王等曰：「未若還奉長樂，以安天下。」於是還奉莊帝。十四日，輿駕入宮。于時或云榮欲遷都晉陽，或云欲肆兵大掠，迭相驚恐，人情駭震，京邑士子不一存，率皆逃竄，無敢出者。直衞空虛，官守廢曠。榮聞之，上書曰：「臣世荷蕃寄，征討累年，奉忠王室，志存效死。直以太后淫亂，孝明暴崩，遂率義兵，扶立社稷。陛下登祚之始，人情未安，大兵交際，難可齊一，諸王朝貴橫死者衆，臣今粉軀不足塞往責以謝亡者。然追榮褒德，謂之不朽，乞降天慈，微申私責。無上王請追尊帝號，諸王、刺史乞贈三司，其位班三品請贈令僕，五品之官各贈方伯，六品已下及白民贈以鎮郡。諸死者無後聽繼，即授封爵。均其高下節級別科，使恩洽存亡，有慰生死。」詔曰：「覽表不勝鯁塞。朕德行無感，致茲酷濫，尋繹往事，貫切於懷。可如所表。」自茲已後，贈終叨濫，庸人賤品，動至大官，爲識者所不貴。武定中，齊文襄王始革其失，追褒有典焉。榮啓帝遣使循城勞問，於是人情遂安，朝士逃亡者亦稍來歸闕。榮又奏請番直，朔望之日引見三公、令僕、尚書、九卿及司州牧、河南尹、洛陽河陰執事之官，參論國治，經綸王道，以爲常式。

五月，榮還晉陽。七月，詔曰：「乾坤統物，星象贊其功；皇王御運，股肱匡其業。是以周道中缺，齊晉立濟世之忠；殷祚或虧，彭韋振救時之節。自前朝失御，厄運荐臻。太原王榮爰戴朕躬，推臨萬國，勳踰伊霍，功格二儀，王室不壞，伊人是賴。可柱國大將軍、兼錄尚書事，餘如故。」

時葛榮將向京師，衆號百萬。相州刺史李神軌閉門自守。〔五〕賊鋒已過汲郡，所在村塢悉被殘略。榮啓求討之。九月，乃率精騎七千，馬皆有副，倍道兼行，東出滏口。葛榮爲賊既久，橫行河北，時衆寡非敵，議者謂無制賊之理。葛榮聞之，喜見於色，乃令其衆曰：「此易與耳。諸人俱辦長繩，至便縛取。」葛榮自鄴以北列陳數十里，箕張而進。榮潛軍山谷爲奇兵，分督將已上三人爲一處，處有數百騎，令所在揚塵鼓譟，使賊不測多少。又以人馬逼戰，刀不如棒，密勒軍士馬上各齎袖棒一枚，〔六〕置於馬側。至於戰時，不聽斬級，以棒棒之而已，慮廢騰逐也。乃分命壯勇所當衝突，號令嚴明，戰士同奮。榮身自陷陳，出於賊後，表裏合擊，大破之。於陳擒葛榮，餘衆悉降。榮以賊徒旣衆，若卽分割，恐其疑懼，或更結聚，乃普告勒各從所樂，親屬相隨，任所居止。於是羣情喜悅，登卽四散，數十萬衆一朝散盡。待出百里之外，乃始分道押領，隨便安置，咸得其宜。擢其渠帥，量力授用，新附者咸安。時人服其處分機速。乃檻車送葛榮赴闕。詔曰：「功格天地，錫命之位必崇；道濟生民，褒賞之名宜大。是以有莘贊亳，不次之號爰歸；渭叟翼周，殊世之班載集。況導源積石，襲構崐山，門踵英猷，弼成鴻業，抗高天之摧柱，振厚地之絕維，德冠五侯，勳高九伯者哉！太原王榮代荷蕃寵，世載忠烈，入匡頹運，出剿元兇，使積年之霧倏焉滌蕩，數載之塵一朝清謐。燕恒旣泰，趙魏還蘇，比績況功，古今莫二，若不式稽舊典，增是禮數，將何以昭德報功，遠明國範？可大丞相、都督河北畿外諸軍事，增邑一萬戶，通前三萬，餘官悉如故。」

初，榮之將討葛榮也，軍次襄垣，遂令軍士列圍大獵。有雙兔起於馬前，榮乃躍馬彎弓而誓之曰：「中之則擒葛榮，不中則否。」旣而並應弦而殪，三軍咸悅。及破賊之後，卽命立碑於其所，號「雙兔碑」。榮將戰之夜，夢一人從葛榮索千牛刀，而葛榮初不肯與。此人自稱我是道武皇帝，汝何敢違。葛榮乃奉刀，此人手持授榮。既寤而喜，自知必勝。

又詔曰：「我皇魏道契神元，德光靈範，源先二象，化穆五才，玉歷與日月惟休，金鼎共乾坤俱永。而正光之末，皇運時屯，百揆咸亂，九宮失敍，朝野撫膺，士女嗟怨，遂使四海土崩，九區瓦解。逆賊杜周，虔劉燕代；妖寇葛榮，假噬魏趙。常山、易水，戎鼓夜驚；冰井、叢臺，胡塵晝合。朔南久已丘墟，河北殆成灰燼。宗廟懷匪安之慮，社稷急不測之憂。大丞相、太原王榮道鏡域中，德光區外，神昭藏往，思實知來，義踵先勳，忠資曩烈。遂能大建義謀，收集忠勇，熊羆競逐，虎豹爭先，軒翥南溟，摶風北極，氣震林原，勢動山岳，弔民伐罪，殲此鯨鯢。戮卒多於長平，積器高於熊耳。秦晉聞聲而喪膽，齊莒側聽而讋息。中興之業是乎再隆，太平之基茲焉更始。雖復伊霍宣翼之功，桓文崇贊之道，何足以髣髴鴻蹤，比勳盛烈。道格普天，仁沾率土，振古以來，未有其比。若不廣錫山河，大開土宇，何以表大義之崇高，標盛德之廣遠？可以冀州之長樂、相州之南趙、定州之博陵、滄州之浮陽、平州之遼西、燕州之上谷、幽州之漁陽等七郡，各萬戶通前滿十萬戶爲太原國邑。」又進位太師，餘如故。

建義初，北海王元顥南奔蕭衍，衍乃立爲魏主，資以兵將。時邢杲寇亂三齊，與顥應接。朝廷以顥孤弱，不以爲慮。永安二年春，〔七〕詔大將軍元穆先平齊地，然後回師征顥。顥以大軍未還，乘虛徑進，既陷梁國，鼓行而西，滎陽、虎牢並皆不守。五月，車駕出幸河北。事出不虞，天下改望。榮聞之，卽時馳傳朝行宮於上黨之長子，行其部分。輿駕於是南轅，榮爲前驅，旬日之間，兵馬大集，資糧器仗，繼踵而至。天穆既平邢杲，亦渡河以會車駕。顥都督宗正珍孫、河內太守元襲固守不降，榮攻而克之，斬珍孫、元襲以徇。帝幸河內城。榮與顥相持於河上，顥令都督安豐王延明緣河據守。榮既未有舟船，不得卽渡，議欲還北，更圖後舉。黃門郎楊侃、高道穆等並謂大軍若還，失天下之望，固執以爲不可。語在侃等傳。屬馬渚諸楊云有小船數艘，求爲鄉導，榮乃令都督尒朱兆等率精騎夜濟，登岸奮擊。顥子領軍將軍冠受率馬步五千拒戰，兆大破之，臨陳擒冠受。延明聞冠受見擒，遂自逃散，顥便率麾下南奔。事在其傳。

車駕渡河，入居華林園。詔曰：「周武奉時，藉十亂以纂曆；漢祖先天，資三傑以除暴。理民濟治，斯道未爽。使持節、柱國大將軍、大丞相、太原王榮，蘊伏風煙，抱含日月，總奇正以成術，兼文武而爲資。昔處亂朝，韜光戢翼，秣馬冀北，厲兵晉陽，佇龍顏而振腕，想日角以歎息。忠勇奮發，虎士如林，義功始立，所向風靡。故能芟夷羣惡，振此頹綱，俾朕寡昧，獲承鴻緒。雖大位克正，而衆盜未息。葛榮跋扈，仍亂中原，建旗伐罪，授首殲馘。元顯凶頑，構成巨釁，阻弄吳楚，虧汙宗社。朕徙御北徂，劬勞鞍甲。王聞難星奔，一舉大定，下洽民和，上匡王室。鴻勳巨績，書契所未紀；歆至策勳，事絕於比況。非常之功，必有非常之賞，可天柱大將軍。此官雖訪古無聞，今員未有，太祖已前增置此號，式遵典故，用錫殊禮。又宜開土宇，可增封十萬，通前二十萬，加前後部羽葆鼓吹。餘如故。」榮尋還晉陽。

先是，葛榮枝黨韓婁仍據幽平二州，榮遣都督侯淵討斬之。時賊帥万俟醜奴、蕭寶夤擁衆豳涇，兇勢日盛。榮遣其從子天光爲雍州刺史，令率都督賀拔岳、侯莫陳悅等總衆入關討之。天光既至雍州，以衆少不敵，逡巡未集。榮大怒，遣其騎兵參軍劉貴馳驛詣軍，加天光杖罰。天光等大懼，乃進討，連破之，擒醜奴、寶夤，並檻車送闕。天光又擒王慶雲、万俟道樂，關西悉平。於是天下大難，便以盡矣。

榮性好獵，不舍寒暑，至於列圍而進，必須齊一，雖遇阻險，不得回避，虎豹逸圍者坐死。其下甚苦之。太宰元天穆從容謂榮曰：「大王勳濟天下，四方無事，惟宜調政養民，順時蒐狩，何必盛夏馳逐，傷犯和氣。」榮便攘肘謂天穆曰：「太后女主，不能自正，推奉天子者，此是人臣常節。葛榮之徒，本是奴才，乘時作亂，妄自署假，譬如奴走，擒獲便休。頃來受國大寵，未能開拓境土，混一海內，何宜今日便言勳也！如聞朝士猶自寬縱，今秋欲共兄戒勒士馬，校獵嵩原，令貪汙朝貴入圍搏虎。仍出魯陽，歷三荆，悉擁生蠻北填六鎮。回軍之際，因平汾胡。明年簡練精騎，分出江淮，蕭衍若降，乞萬戶侯。如其不降，徑渡數千騎，便往縛取。待六合寧一，八表無塵，然後共兄奉天子，巡四方，觀風俗，布政教，如此乃可稱勳耳。今若止獵，兵士懈怠，安可復用也。」

榮身雖居外，恒遙制朝廷，廣布親戚，列爲左右，伺察動靜，小大必知。或有僥倖求官者，皆詣榮承候，得其啓請，無不遂之。曾關補定州曲陽縣令，吏部尚書李神儁以階懸不奉，別更擬人。榮聞大怒，卽遣其所補者往奪其任。榮使入京，雖復微蔑，朝貴見之莫不傾靡；及至闕下，未得通奏，恃榮威勢，至乃忿怒。榮曾啓北人爲河南諸州，莊帝未許，天穆入見，面啓曰：「天柱既有大功，若請普代天下官屬，恐陛下亦不得違之，如何啓數人爲州，便停不用！」帝正色曰：「天柱若不爲人臣，朕亦須代；如其猶存臣節，無代天下百官理。此事復何足論。」榮聞所啓不允，大爲恚恨，曰：「天子由誰得立？今乃不用我語。」莊帝外迫於榮，恒怏怏不悅，兼懲榮河陰之事，恐終難保。又城陽王徽、侍中李彧等欲擅威權，懼榮害之，復相間構，日月滋甚，於是莊帝密有圖榮之意。

三年九月，榮啓將入朝。朝士慮其有變，莊帝又畏惡之。榮從弟世隆與榮書，勸其不來，榮妻北鄉郡長公主亦勸不行，榮並不從。帝既圖榮，榮至入見，卽欲害之，以天穆在并，恐爲後患，故隱忍未發。榮之入洛，有人告榮，云帝欲圖之。榮卽具奏，帝曰：「外人告云亦言王欲害我，我豈信之？」於是榮不自疑，每入謁帝，從人不過數十，又皆挺身不持兵仗。及天穆至，帝伏兵於明光殿東廊，引榮及榮長子菩提、天穆等俱入。坐定，光祿少卿魯安、典御李侃晞等抽刀而至，榮窘迫，起投御坐。帝先横刀膝下，遂手刃之，安等亂斫，榮與天穆、菩提同時俱死。榮時年三十八。於是內外喜叫，聲滿京城。旣而大赦。

前廢帝初，世隆等得志，乃詔曰：「故使持節、侍中、都督河北諸軍事、天柱大將軍、大丞相、太師、領左右、兼錄尚書、北道大行臺、太原王榮，功濟區夏，誠貫幽明，天不憖遺，奄從物化。追終褒績，列代通謨；紀德銘勳，前王令範。可贈假黃鉞、相國、錄尚書事、司州牧，使持節、侍中、將軍、王如故。」又詔曰：「故假黃鉞、持節、侍中、相國、錄尚書、都督中外諸軍事、天柱大將軍、司州牧、太原王榮，惟岳降靈，應期作輔，功侔伊霍，德契桓文。方籍棟梁，永康國命，道長運短，震悼兼深。前已褒贈，用彰厥美。然禮數弗窮，文物有闕，遠近之望，猶或未盡。宜循舊典，更加殊錫。可追號爲晉王，加九錫，給九旒鑾輅、虎賁、班劍三百人、轀輬車，準晉太宰、安平獻王故事，謚曰武。」詔曰：「武泰之末，乾樞中圮，丕基寶命，有若綴旒。晉王榮固天所縱，世秉忠誠，一匡邦國，再造區夏，俾我頹綱，於斯復振。雖勳銘王府，德被管絃，而從祀之禮，於兹尙闕，非所以酬懋賞於當時，騰殊績於不朽。宜遵舊典，配享高祖廟庭。」

菩提，肅宗末，拜羽林監。尋轉直閤將軍。孝莊初，以榮翼戴之勳，超授散騎常侍、平北將軍、中書令。轉太常卿，遷驃騎大將軍、開府儀同三司，加侍中、特進。死時年十四。前廢帝初，贈侍中、驃騎大將軍、司徒公、冀州刺史，諡曰惠。

菩提弟叉羅，孝莊初，除散騎常侍、武衞將軍。初襲梁郡公，又進爵爲王。尋卒，贈侍中、車騎將軍、司空公、雍州刺史。

叉羅弟文殊，建義初，封平昌郡開國公，進爵爲王。孝靜初，轉襲榮爵太原王。薨於晉陽，時年九歲。

文殊弟文暢，初封昌樂郡開國公，食邑二千戶。以榮破葛賊之勳，進爵爲王，增邑千戶。超授散騎常侍、撫軍將軍。後除肆州刺史，仍本將軍，加開府儀同三司。武定三年春，坐與前東郡太守任冑等謀反，〔八〕伏誅。時年十八。

文暢弟文略，襲爵梁郡王。武定末，撫軍將軍、光祿大夫。

史臣曰：太祖撫運乘時，奄開王業。世祖以武功一海內，高祖以文德革天下。世宗之後，政道頗虧。及明皇幼沖，女主南面。始則于忠專恣，繼以元叉權重，握賞罰之柄，擅生殺之威，榮悴在親疏，貴賤由離合，附會者結之以子女，進趣者要之以金帛。且佞諛用事，功勳不賞，居官肆其聚斂，乘勢極其陵暴。於是四海囂然，已有羣飛之漸矣。逮於靈后反政，宣淫於朝。鄭儼手運天機，口吐王制。李軌、徐紇刺促以求先，元略、元徽喔咿以競入。私利畢舉，公道盡亡，遐邇怨憤，天下鼎沸。傾覆之徵，於此至矣。

尒朱榮緣將帥之列，藉部衆之用，屬肅宗暴崩，民怨神怒，遂有匡頹拯弊之志，援主逐惡之圖，蓋天啓之也。於時，上下離心，文武解體，咸企忠義之聲，俱聽桓文之舉。勞不汗馬，朝野靡然，扶翼懿親，宗祏有主，祀魏配天，不殞舊物。及夫擒葛榮，誅元顥，戮邢杲，翦韓婁，醜奴、寶夤咸梟馬市。此諸魁者，或據象魏，或僭號令，人謂秉皇符，身各謀帝業，非徒鼠竊狗盜，一城一聚而已。苟非榮之致力，克夷大難，則不知幾人稱帝，幾人稱王也。然則榮之功烈，亦已茂乎。而始則希覬非望，睥睨宸極；終乃靈后、少帝沉流不反。河陰之下，衣冠塗地。此其所以得罪人神，而終於夷戮也。向使榮無姦忍之失，修德義之風，則彭、韋、伊、霍夫何足數。至於末迹見猜，地逼貽斃，斯則蒯通致說於韓王也。

校勘記

〔一〕南秀容牧子萬子乞眞反叛　卷九肅宗紀正光五年八月丁酉條「萬子乞眞」作「于乞眞」。按卷一一三官氏志「勿忸于氏後改爲于氏」，廣韵十虞引魏志「勿」作「万」。肅宗紀正光五年七月見「涼州幢帥于菩提」，卷一〇一吐谷渾傳補作「万于菩提」。這裏「萬子」乃「万于」之訛。

〔二〕內附叛胡乞步落堅胡劉阿如等作亂瓜肆　按「乞」字上或下當有脫文，故姓名不全。「瓜」當是「汾」之訛。

〔三〕敕勒北列步若反於沃陽　按本書卷八〇有叱列延慶傳，周書卷二〇有叱列伏龜傳，北齊書卷二〇有叱列平傳，並云代西部人。叱列平字殺鬼，北史卷四八稱他爲「西部高車叱列殺鬼」。高車卽敕勒，叱列是敕勒姓，這裏「北列」乃「叱列」之訛。

〔四〕敕勒斛律洛陽作逆桑乾西　諸本「斛」作「解」，卷九肅宗紀孝昌二年三月甲寅條作「斛」。按斛律是敕勒有名的部落，見卷一〇三高車傳補、北齊書卷一七斛律金傳。「解」乃「斛」字形訛，今據本紀改。

〔五〕相州刺史李神軌閉門自守　北史卷四八「神軌」作「神儁」。張熷讀史舉正云：「按神軌死於河陰之難，贈相州刺史，見本書列傳卷六六，河陰事在此先，傳亦不言其曾爲相州刺史，當由贈相州刺史致誤耳。考神儁傳卷三九，肅宗末，行相州事。時葛榮南逼，神儁憂懼，故墜馬傷脚，仍停汲郡，有詔追還。莊帝纂統，拜散騎常侍。據此，神儁刺相州，在孝莊卽位之先，且身未至相州，安得有『閉門自守』之事。而本書李神軌傳卷七〇云：孝昌中，行相州事。建義初，葛榮盡銳攻之，久不能克。會尒朱榮擒葛榮，事平，以功進爵。然則李神及神軌、神儁姓名略同，事又並在一時前後，必有乖錯。獨神傳有『久不能克』等語，與『閉門自守』之文頗合，疑當是李神也。」按卷六八甄琛傳附見張宣軌，亦記李神守相州事，張說是。魏收是同時人，未必乖誤至此，原文當是「李神」，「軌」「儁」或是後人妄加。

〔六〕馬上各齎神棒一枚　北史卷四八、通鑑卷一五二四七五一頁「神」作「袖」，疑作「袖」是。

〔七〕永安二年春　諸本「二」作「三」，北史卷四八作「二」。按事見卷一〇孝莊紀永安二年三月，「三」字訛，今據改。

〔八〕坐與前東郡太守任冑等謀反　諸本「冑」作「曹」，北史卷四八作「冑」。按北齊書卷二神武紀補武定三年正月、卷一九任延敬傳、卷四八尒朱文暢傳補記此事，並作「任冑」，「曹」乃「冑」字形訛，今據改。

魏書卷七十五

列傳第六十三

尒朱兆　尒朱彥伯　尒朱度律　尒朱天光

尒朱兆，字萬仁，榮從子也。少驍猛，善騎射，手格猛獸，蹻捷過人。數從榮遊獵，至於窮巖絕澗人所不能升降者，兆先之。榮以此特加賞愛，任爲爪牙。榮曾送臺使，見二鹿，乃命兆前，止授二箭，曰：「可取此鹿供今食也。」遂停馬構火以待之。俄然兆獲其一。榮欲矜夸，使人責兆曰：「何不盡取？」杖之五十。

後以軍功除平遠將軍、步兵校尉。榮之入洛，兆兼前鋒都督。及孝莊即阼，特除中軍將軍、金紫光祿大夫，又假驍騎將軍、建興太守。尋除使持節、車騎將軍、武衞將軍、左光祿大夫、都督、潁川郡開國公，食邑千二百戶。後從上黨王天穆討平邢杲。及元顥之屯於河橋，榮遣兆與賀拔勝等自馬渚西夜渡數百騎，襲擊顥子冠受，擒之。又進破安豐王延明，顥於是退走。莊帝還宮，論功除散騎常侍、車騎大將軍、儀同三司，增邑八百戶。爲汾州刺史，復增邑一千戶。尋加侍中、驃騎大將軍，又增邑五百戶。

及尒朱榮死也，兆自汾州率騎據晉陽。元曄立，〔二〕授兆大將軍，爵爲王。兆與世隆等定謀攻洛，兆遂率衆南出。進達太行，大都督源子恭下都督史仵龍開壘降兆，子恭退走。兆輕兵倍道從河梁西涉渡，掩襲京邑。先是，河邊人夢神謂己曰：「尒朱家欲渡河，用爾作灅波津令，爲之縮水脉。」月餘，夢者死。及兆至，有行人自言知水淺處，以草往往表插而導道焉。忽失其所在。兆遂策馬涉渡。是日，暴風鼓怒，黃塵漲天，騎叩宮門，宿衞乃覺。彎弓欲射，袍撥弦，矢不得發，一時散走。帝步出雲龍門外，爲兆騎所縶，幽於永寧佛寺。兆撲殺皇子，汙辱妃嬪，縱兵虜掠。停洛旬餘，先令衞送莊帝於晉陽。兆後於河梁監閱財貨，遂害帝於三級寺。〔三〕

初，兆將向洛也，遣使招齊獻武王，欲與同舉。王時爲晉州刺史，謂長史孫騰曰：「臣而伐君，其逆已甚。我今不往，彼必致恨。卿可往申吾意，但云山蜀未平，今方攻討，不可委之而去，致有後憂。定蜀之日，當隔河爲犄角之勢。如此報之，以觀其趣。」騰乃詣兆，及之於并州大谷，具申王言。兆殊不悅，且曰：「還白高兄，弟有吉夢，今段之行必有克獲。」騰問：「王夢如何？」兆答曰：「吾比夢吾亡父登一高堆，堆旁之地悉皆耕熟，唯有馬藺草株往往猶在。吾父問言何故不拔，左右云堅不可去。吾父顧我令下拔之，吾手所至，無不盡出。以此而言，往必有利。」騰還具報，王曰：「兆等猖狂，舉兵犯上，吾今不同，猜忌成矣，勢不可反事尒朱。今也南行，天子列兵河上，兆進不能渡，退不得還。吾乘山東下，出其不意，此徒可以一舉而擒。」俄而，兆克京師，孝莊幽縶。都督尉景從兆南行，以書報王。王得書大驚，召騰示之曰：「卿可馳驛詣兆，示以謁賀，密覘天子今在何處，爲隨兆軍府，爲別送晉陽。脫其送并，卿宜馳報，吾當於路邀迎，唱大義於天下。」騰晨夜驅馳，已遇帝於中路。王時率騎東轉，聞帝已渡，於是西還。仍與兆書，陳其禍福，不宜害天子，受惡名。兆怒不納，帝遂暴崩。

初，榮既死，莊帝詔河西人紇豆陵步蕃等令襲秀容。兆入洛後，步蕃兵勢甚盛，南逼晉陽，兆所以不暇留洛，回師禦之。兆雖驍果，本無策略，頻爲步蕃所敗，於是部勒士馬，謀出山東。令人頻徵獻武王於晉州，乃分三州六鎮之人，令王統領。既分兵別營，乃引兵南出，以避步蕃之銳。步蕃至於樂平郡，王與兆還討破之，斬步蕃於秀容之石鼓山，其衆退走。兆將數十騎詣王，通夜宴飲。後還營招王，王知兆難信，未能顯示，將欲詣之。臨上馬，長史孫騰牽衣而止。兆乃隔水責罵騰等。於是各去，王還自襄垣東出，兆歸晉陽。

及前廢帝立，授兆使持節、侍中、都督中外諸軍事、柱國大將軍、領軍將軍、領左右、并州刺史、兼錄尚書事、大行臺。又以兆爲天柱大將軍，兆謂人曰：「此是叔父終官，我何敢受。」遂固辭不拜。尋加都督十州諸軍事，世襲并州刺史。

齊獻武王之克殷州也，兆與仲遠、度律約共討之。仲遠、度律次於陽平，兆出井陘，屯於廣阿，衆號十萬。王廣縱反間，或云世隆兄弟謀欲害兆，復言兆與王同圖仲遠等，於是兩不相信，各致猜疑，徘徊不進。仲遠等頻使斛斯椿、賀拔勝往喻之，兆輕騎三百來就仲遠，同坐幕下。兆性粗獷，意色不平，手舞馬鞭，長嘯凝望，深疑仲遠等有變，遂趨出馳還。仲遠遣椿、勝等追而曉譬，兆遂拘縛將還，經日放遣。仲遠等於是奔退。王乃進擊兆，兆軍大敗。

兆與仲遠、度律遂相疑阻，久而不和。世隆請前廢帝納兆女爲后，兆乃大喜。世隆厚禮喻兆赴洛，深示卑下，隨其所爲，無敢違者。兆與天光、度律更自信約，然後大會於韓陵山。戰敗，復奔晉陽，遂大掠并州城內。獻武王自鄴進討之，兆遂走於秀容。王又追擊，度赤洪嶺，破之，衆並降散。兆竄於窮山，殺所乘馬，自縊於樹。王收而葬之。

兆果於戰鬬，每有征伐，常居鋒首，當時諸將伏其材力。而粗脫少智，無將領之能。榮雖奇其膽決，然每云「兆不過將三千騎，多則亂矣」。

兆弟智虎，前廢帝封爲安定王，驃騎大將軍、肆州刺史、開府儀同三司。與兆俱走，獻武王擒之於梁郡岢嵐南山，赦之。後死於晉陽。

尒朱彥伯，榮從弟也。祖侯眞，高祖時并安二州刺史、始昌侯。父買珍，世宗時武衞將軍，出爲華州刺史。

彥伯性和厚，釋褐奉朝請，累遷奉車都尉，爲榮府長史。元曄立，以爲侍中。前廢帝潛默龍花佛寺，彥伯敦喻往來，尤有勤款。廢帝旣立，尒朱兆以己不預謀，大爲忿恚，將攻世隆。詔令華山王鷙兼尚書僕射、北道大使慰喻兆，兆猶不釋。世隆復遣彥伯自往喻之，兆乃止。及還，帝讌彥伯於顯陽殿。時侍中源子恭、黃門郎竇瑗並侍坐，彥伯曰：「源侍中比爲都督，與臣相持於河內，當爾之時，旗鼓相望，眇如天隔，寧期同事陛下今日之歡也。」子恭曰：「蒯通有言，犬吠非其主。他日之事永安，猶今日之事陛下耳。」帝曰：「源侍中可謂有射鉤之心也。」遂令二人極醉而罷。尋除使持節、驃騎大將軍、右光祿大夫、馬場大都督，封博陵郡開國公。後進爵爲王。又遷司徒，于時炎旱，有勸彥伯解司徒者，乃上表遜位，詔許之。俄除儀同三司、侍中。彥伯於兄弟之中，差無過患。

天光等敗於韓陵，彥伯欲領兵屯河橋以爲聲勢，世隆不從。及張勸等掩襲世隆，〔三〕彥伯時在禁直從。長孫稚等於神虎門啓陳齊獻武王義功既振，將除尒朱。廢帝令舍人郭崇報彥伯知。彥伯狼狽出走，爲人所執。尋與世隆同斬於閶闔門外，懸首於斛斯椿門樹，傳首於齊獻武王。先是，洛中謠曰：「三月末，四月初，揚灰簸土覓眞珠。」又曰：「頭去項，脚根齊，驅上樹，不須梯。」至是並驗。

彥伯弟仲遠，頗知書計。肅宗末年，尒朱榮兵威稍盛，諸有啓謁，率多見從。而仲遠摹寫榮書，又刻榮印，與尚書令史通爲姦詐，造榮啓表，請人爲官，大得財貨，以資酒色，落魄無行。

及孝莊卽阼，除直寢、寧遠將軍、步兵校尉。尋特除平北將軍、建興太守，頓丘縣開國侯，邑五百戶。後加散騎常侍。及改郡立州，遷使持節、車騎將軍、建州刺史。加侍中，進爵爲公，增邑五百戶。尋改封淸河郡，又加車騎大將軍、左光祿大夫。轉使持節、本將軍、徐州刺史、兼尚書左僕射、三徐州大行臺。尋進督三徐州諸軍事，餘如故。仲遠上言曰：「將統參佐，人數不足，事須在道更僕以充其員。竊見比來行臺採募者皆得權立中正，在軍定第，斟酌授官。今求兼置，權濟軍要。」詔從之。於是隨情補授，肆意聚斂。尒朱榮死，仲遠勒衆來向京師，攻陷西兗州，將逼東郡。莊帝詔諸督將駱驛進討，並爲仲遠所敗。又詔都督鄭先護及右衞將軍賀拔勝共討之。勝戰不利，仍降仲遠。尋尒朱兆入洛，先護衆散而走。

前廢帝立，除使持節、侍中、都督三徐、二兗諸軍事、驃騎大將軍、開府儀同三司、徐州刺史、東道大都督、大行臺，進爵彭城王。尋加大將軍，又兼尚書令。竟不之州，遂鎮於大梁。仲遠遣使請準朝式，在軍鳴騶。帝覽啓，笑而許之。其肆情如此。復進督東道諸軍、本將軍、兗州刺史，餘如故。

仲遠天性貪暴，大宗富族，誣之以反，殁其家口，簿籍財物，皆以入己，丈夫死者投之河流，如此者不可勝數。諸將婦有美色者，莫不被其淫亂。自滎陽以東，輸稅悉入其軍，不送京師。時天光控關右，仲遠在大梁，兆據并州，世隆居京邑，各自專恣，權强莫比焉。所在並以貪虐爲事，於是四方解體。又加太宰，解大行臺。仲遠專恣尤劇，方之彥伯、世隆最爲無禮，東南牧守下至民俗，比之豺狼，特爲患苦。

後移屯東郡，率衆與度律等拒齊獻武王。尒朱兆領騎數千自晉陽來會，軍次陽平，王縱以間說，仲遠等迭相猜疑，狼狽遁走。後與天光等於韓陵戰敗，南走東郡，仍奔蕭衍。死於江南。

仲遠弟世隆，字榮宗。肅宗末，爲直齋。轉直寢，後兼直閤，加前將軍。尒朱榮表請入朝，靈太后惡之，令世隆詣晉陽慰喻榮，榮因欲留之。世隆曰：「朝廷疑兄，故令世隆來，今若遂住，便有內備，非計之善者。」榮乃遣之。榮舉兵南出，世隆遂遁走，會榮於上黨。建義初，除給事黃門侍郎。莊帝卽位，乃特除侍中、領軍將軍、左衞將軍、領左右、肆州大中正，封樂平郡開國公，食邑一千二百戶。又除車騎將軍、兼領軍，俄授左光祿大夫、兼尙書右僕射，尋卽眞。元顥逼大梁，詔假儀同三司、前軍都督，鎭虎牢。世隆不閑世事，無將帥之略。顥既克滎陽，擒行臺楊昱，〔四〕世隆懼而遁還。莊帝倉卒北巡，世隆之罪也。駕在河內，假驃騎大將軍、行臺右僕射、都督相州諸軍事、相州刺史、當州都督。及車駕還宮，除驃騎大將軍、尙書左僕射，攝選，左右廂出入。又以停年格取士，頗爲猥滯所稱。又請解侍中，詔加散騎常侍。

莊帝之將圖尒朱榮也，或有牓世隆門以陳其狀者，世隆封以呈榮，勸其不入。榮自恃威强，不以爲意，遂手毁密書，唾地曰：「世隆無膽，誰敢生心！」及榮死，世隆奉榮妻，燒西陽門率衆夜走，北攻河橋，殺武衞將軍奚毅，率衆還戰大夏門外。朝野震懼，憂在不測。莊帝遣前華陽太守段育慰喻，世隆斬之以徇。會李苗燒絕河梁，世隆乃北遁。建州刺史陸希質閉城拒守，世隆攻克之，盡殺城人以肆其忿。及至長子，與度律等共推長廣王曄爲主，曄以世隆爲開府儀同三司、尚書令、樂平郡王，加太傅，行司州牧，增邑五千戶。先赴京師，會兆於河陽。兆既平京邑，自以爲功，讓世隆曰：「叔父在朝多時，耳目應廣，如何不知不聞，令天柱受禍！」按劍瞋目，聲色甚厲。世隆遜辭拜謝，然後得已。世隆深恨之。

時仲遠亦自滑臺入京，世隆與兄弟密謀，以元曄疏遠，欲推立前廢帝。而尒朱度律意在寶炬，乃曰：「廣陵不言，何以主天下？」世隆兄彥伯密相敦喻，乃與度律同往龍花佛寺觀之，後知能語，遂行廢立。

初，世隆之爲僕射，自憂不了，乃取尚書文簿在家省閱。性聰解，積十餘日，然後視事。又畏尒朱榮威，深自克勉，留心几案，傍接賓客，遂有解了之名。榮死之後，無所顧憚。及爲尚書令，常使尚書郎宋遊道、邢昕在其宅廳視事，東西別坐，受納訴訟，稱命施行。其專恣如此。既總朝政，生殺自由，公行淫佚，無復畏避，信任羣小，隨其與奪。又欲收軍人之意，加汎除授，皆以將軍而兼散職，督將兵吏無虛號者。自此五等大夫，遂致猥濫，又無員限，天下賤之。武定中，齊文襄奏皆罷，於是始革其弊。

世隆兄弟羣從，各擁强兵，割剝四海，極其暴虐。姦諂蛆酷多見信用，〔五〕溫良名士罕預腹心。於是天下之人莫不厭毒。世隆尋讓太傅，改授太保，又固辭，前廢帝特置儀同三師之官，次上公之下，以世隆爲之。贈其父買珍使持節、侍中、相國、錄尚書事、都督定相靑齊濟五州諸軍事、大司馬、定州刺史。

及齊獻武王起義兵，仲遠、度律等愚戇，恃强不以爲慮，而世隆獨深憂恐。及天光戰敗，世隆請出收兵，前廢帝不許。世隆令其外兵參軍陽叔淵單騎馳赴北中，簡閱敗衆，以次內之。而斛斯椿未得入城，詭說叔淵曰：「天光部下皆是西人，聞其欲掠京邑，遷都長安。宜先內我，以爲其備。」叔淵信而內之。椿既至橋，盡殺世隆黨附，令行臺長孫稚詣闕奏狀，別使都督賈智、張勸率騎掩執世隆與兄彥伯，俱斬之。時年三十三。

初，世隆曾與吏部尚書元世儁握槊，忽聞局上歘然有聲，一局之子盡皆倒立，世隆甚惡之。世隆又曾晝寢，其妻奚氏忽見有一人持世隆首去，奚氏驚怖就視，而世隆寢如故也。既覺，謂妻曰：「向夢人斷我頭去，意殊不適。」又此年正月晦日，令、僕並不上省，西門不開。忽有河內太守田怗家奴告省門亭長云：〔六〕「今且爲令王借車牛一乘，終日於洛濱遊觀。至晚，王還省，將車出東掖門，〔七〕始覺車上無褥，請爲記識。」時世隆封王，故呼爲令王。亭長以令、僕不上，西門不開，無車入省，兼無車跡。此奴固陳不已，公文列訴。尚書都令史謝遠疑謂妄有假借，白世隆付曹推檢。時都官郎穆子容窮究之，奴言：「初來時至司空府西，欲向省，令王嫌遲，遣二防閤捉儀刀催車。車入，到省西門，王嫌牛小，繫於闕下槐樹，更將一青牛駕車。令王著白紗高頂帽，短小黑色，〔八〕儐從皆裙襦袴褶，握板，不似常時服章。遂遣一吏將奴送入省中廳事東閤內東廂第一屋中。」其屋先常閉籥。子容以西門不開，忽言從入；此屋常閉，奴言在中。詰其虛罔。奴云：「此屋若閉，求得開看，屋中有一板牀，牀上無席，大有塵土，兼有一甕米。奴拂牀而坐，兼畫地戲弄，甕中之米亦握看之。定其閉者，應無事驗。」子容與謝遠自入看之，戶閉極久，全無開跡。及入，拂牀畫地，蹤緒歷然，米亦符同，方知不謬。具以此對。世隆悵然，意以爲惡。未幾見誅。

世隆弟世承。莊帝初，爲寧朔將軍、步兵校尉，欒城縣開國伯。又特除撫軍將軍、金紫光祿大夫、左衞將軍。尋加侍中，領御史中尉。世承人才猥劣，備員而已。及元顥內逼，詔世承守轘轅。世隆棄虎牢，不暇追告，尋爲元顥所擒，臠殺之。莊帝還宮，贈使持節、都督冀州諸軍事、驃騎大將軍、司徒、冀州刺史，追封趙郡公。

世承弟弼，字輔伯。前廢帝初，爲散騎常侍、左衞將軍，封朝陽縣開國伯。又除車騎將軍、左光祿大夫、領左右，改封河間郡公。尋爲驃騎大將軍、開府儀同三司、青州刺史。天光等之赴韓陵也，世隆以其府長史房謨兼尚書，爲齊州行臺，召募士馬，以趣四瀆。闕弼總東陽之衆，亦赴亂城，疑揚聲北渡，以爲掎角之勢。及天光等敗，弼乃還州。世隆既擒，弼欲奔蕭衍，數與左右割臂爲約。弼帳下都督馮紹隆爲弼信待，乃說弼曰：「今方同契闊，須更約盟。宜可當心瀝血，示衆以信。」弼乃從之，遂大集部下，弼乃踞胡牀，令紹隆持刀披心。紹隆因推刃殺之，傳首京師。

尒朱度律，榮從父弟也。鄙朴少言。爲統軍，從榮征伐。莊帝初，除安西將軍、光祿大夫，封樂鄉縣開國伯。尋轉安北將軍、朔州刺史，復除軍州刺史。〔九〕後加散騎常侍、右衞將軍。又除衞將軍、左光祿大夫，兼京畿大都督。榮死，與世隆赴晉陽。元曄之立，以度律爲太尉公、四面大都督，封常山王。與尒朱兆入洛，兆還晉陽，留度律鎭京師。前廢帝時，爲使持節、侍中、大將軍、太尉、兼尚書令、東北道大行臺，與仲遠出拒義旗。齊獻武王間之，與尒朱兆遂相疑貳，自敗而還。度律雖在軍戎，聚斂無厭，所至之處，爲百姓患毒。其母山氏聞度律敗，遂恚憒而發病。及度律至，母責之曰：「汝旣荷國恩，無狀反叛，我何忍見他屠戮汝也。」言終而卒，時人怪異之。後解大行臺，總隸長孫稚，戰於韓陵，敗還。斛斯椿先據河梁，度律欲攻之，會大雨，晝夜不止，士馬疲頓，弓矢不得施用，遂西走於灅波津，爲人擒執。椿囚之，送於齊獻武王。王送於洛，斬之都市。

尒朱天光，榮從祖兄子。少勇決，善弓馬，榮親愛之，每有軍戎事要，常預謀策。孝昌末，榮將擁衆南轉，與天光密議。既據幷肆，仍以天光爲都將，總統肆州兵馬。肅宗崩，榮向京師，以天光攝行肆州，委以後事。建義初，特除撫軍將軍、肆州刺史，長安縣開國公，食邑一千戶。榮將討葛榮，留天光在州，鎭其根本。謂之曰：「我身不得至處，非汝無以稱我心。」

永安中，加侍中、金紫光祿大夫、北秀容第一酋長。尋轉衞將軍。大將軍元天穆東征邢杲，詔天光以本官爲使持節、假鎭東將軍、都督，隸天穆，討破之。元顥入洛，天光與天穆會榮於河內。榮發之後，幷肆不安，詔天光以本官兼尙書僕射，爲幷肆雲恒朔燕蔚顯汾九州行臺，仍行幷州，委以安靜之。天光至幷州，部分約勒，所在寧輯。顥破，尋還京師，遷驃騎將軍，加散騎常侍，改封廣宗郡公，增邑一千戶，仍爲左衞將軍。

建義元年夏，万俟醜奴僭大號，朝廷憂之。乃除天光使持節、都督雍岐二州諸軍事、驃騎大將軍、雍州刺史，率大都督、武衞將軍賀拔岳，大都督侯莫陳悅等以討醜奴。天光初行，唯配軍士千人，詔發京城已西路次民馬以給之。時東雍赤水蜀賊斷路，詔侍中楊侃先行曉慰，幷徵其馬。侃雖入慰勞，而蜀持疑不下。天光遂入關擊破之，簡取壯健以充軍士，悉收其馬。至雍，又稅民馬，合得萬餘匹。以軍人寡少，停留未進。榮遣責之，杖天光一百，榮復遣軍士二千人以赴。天光令賀拔岳率千騎先驅，至岐州界長城西與醜奴行臺尉遲菩薩相遇，遂破擒之，獲騎士三千，步卒萬餘。

醜奴棄岐州走還安定，置柵於平亭。天光發雍至岐，與岳合勢於汧渭之間，停軍牧馬，宣言遠近曰：「今時將熱，非可征討，待至秋涼，別量進止。」醜奴每遣窺覘，有執送者，天光寬而問之，仍便放遣。免者傳其待秋之言，醜奴謂以爲實，分遣諸軍散營農稼，在岐州之北百里涇川。使其太尉侯伏侯元進領兵五千，據險立柵，且耕且守。在其左右，千人已下爲一柵者，乃復數處。天光知其勢分，遂密嚴備。晡時，潛遣輕騎先行斷路，以防賊知，於後諸軍盡發。昧旦，攻圍元進大柵，拔之，諸所俘執，並皆放散，須臾之間，左右諸柵悉來歸款。前去涇州百八十里，通夜徑進，後日至城，賊涇州刺史侯幾長貴仍以城降。〔一〇〕醜奴棄平亭而走，欲趣高平。天光遣岳輕騎急追，明日，及醜奴於平涼長平坑，一戰擒之。天光明便共逼高平，城內執送蕭寶夤而降。

賊行臺万俟道洛率衆六千人入山不下。時高平大旱，天光以馬乏草，乃退於城東五十許里，息衆牧馬。於是涇、豳、二夏，北至靈州，賊黨結聚之類，並來歸降。天光遣都督長孫邪利率二百人行原州事以鎮之。道洛招誘城人來掩，襲殺邪利幷其所部。天光與岳、悅等馳赴之，道洛出城拒戰，暫交便退，追殺千餘人，道洛還走入山，城復降附。天光遣慰喻，道洛不從，乃率衆西依牽屯山，據險自守。榮責天光失邪利，不獲道洛，復遣使杖之一百，詔降爲散騎常侍、撫軍將軍、雍州刺史，削爵爲侯。

天光與岳、悅等復向牽屯討之。天光身討道洛，道洛戰敗，率數千騎而走，〔二〕追之不及，遂得入隴，投略陽賊帥王慶雲。慶雲以道洛驍果絕倫，得之甚喜，便謂大事可圖，乃自稱皇帝，以道洛爲大將軍。天光欲討之，而莊帝頻敕，榮復有書，以隴中險遂，兼天盛暑，令待冬月。而天光知其可制，乃率諸軍入隴，至慶雲所居水洛城。〔三〕慶雲、道洛出城拒戰，天光復射中道洛臂，失弓還走。破其東城，賊遂併趨西城，城中無水，衆聚熱渴。有人走降，言慶雲、道洛欲突出死戰。天光恐失賊帥，爐爨未已，乃遣謂慶雲曰：「力屈如此，可以早降，若未敢決，當聽諸人今夜共議，明晨早報。」而慶雲等冀得小緩，待夜突出，報天光云「請待明日」。天光因謂曰：「相知須水，今爲小退，任取河飲。」賊衆安悅，無復走心。天光密使軍人多作木槍，各長七尺，至黃昏時，布立人馬爲防衞之勢，周匝立槍，要路加厚。又伏人槍中，備其衝突，兼令密縛長梯於城北。其夜，慶雲、道洛果便突出，馳馬先進，不覺至槍，馬各傷倒，伏兵便起，同時擒獲。餘衆皆出城南，遇槍而止。城北軍士登梯上城，賊徒路窮乞降，至明盡收其仗。天光、岳、悅等議悉坑之，死者萬七千人，分其家口。於是三秦、河、渭、瓜、涼、鄯善咸來款順。天光頓軍略陽，詔復天光前官爵，尋加侍中、儀同三司，增邑至三千戶。

秦州城民謀殺刺史駱超，超覺，走歸天光。天光復與岳、悅等討平之。南秦滑城人謀害刺史辛琛顯，〔一三〕琛顯走赴天光。天光遣師臨之，往皆克定。初，賊帥夏州人宿勤明達降天光於平涼，後復北走，收聚部類謀爲逆，攻降人叱干麒麟，欲并其衆。麒麟請救於天光，天光遣岳討之，未至，明達走於東夏。岳聞榮死，故不追之，仍還涇州以待天光。天光亦下隴，與岳圖入洛之策。進至雍州北，破叛已疑。

詔遣侍中朱瑞詣天光慰喻。天光與岳謀，欲令帝外奔，別更推立。乃頻啓云：「臣實無異心，惟仰奉天顏，以申宗門之罪。」又其下僚屬啓云：「天光密有異圖，願思勝算以防微意。」既而莊帝進天光爵爲廣宗王，元曄又以爲隴西王。及聞尒朱兆已入京師，天光乃輕騎向都見世隆等，尋便還雍。世隆等議廢元曄，更舉親賢，遣使告天光。天光與定策立前廢帝，又加開府儀同三司、兼尚書令、關西大行臺。天光北出夏州，遣將討宿勤明達，擒之送洛。時費也頭帥紇豆陵伊利、万俟受洛干等據有河西，〔一四〕未有所附。天光以齊獻武王起兵信都，內懷憂恐，不復北事伊利等，但微遣備之而已。又除大司馬。

於時獻武王義軍轉盛，尒朱兆、仲遠等既經敗退，世隆累使徵天光，天光不從。後令斛斯椿苦要天光云：「非王無以能定，豈可坐看宗家之滅也。」天光不得已而東下，與仲遠等敗於韓陵。斛斯椿等先還，於河梁拒之。天光既不得渡，西北走，遇雨不可前進，乃執獲之，與度律送於獻武王。王致於洛，斬於都市，年三十七。尒朱專恣，分裂天下，各據一方。天光有定關西之功，差不酷暴，比之兆與仲遠爲不同矣。

史臣曰：尒朱兆之在晉陽，天光之據隴右，仲遠鎭捍東南，世隆專秉朝政，于時立君廢主易於弈棊，慶賞威刑咸出於己。若使布德行義，憂公忘私，脣齒相依，同心協力，則磐石之固，未可圖也。然是庸才，志識無遠，所爭唯權勢，所好惟財色，譬諸溪壑，有甚豺狼，天下失望，人懷怨憤，遂令勁敵得容覘間，心腹內阻，形影外合。是以廣阿之役，葉落冰離；韓陵之戰，土崩瓦解。一旦殄滅，豈不哀哉！傳稱「師克在和」，詩云「貪人敗類」，貪而不和，難以濟矣。

校勘記

〔一〕元曄立　諸本「曄」作「暉」，北史卷四八尒朱榮附尒朱兆傳作「曄」。按尒朱世隆等立長廣王曄爲帝，歷見本卷世隆傳、卷一〇孝莊紀永安三年十月條、卷一九下南安王楨附元曄傳，「暉」字訛，今據改。

〔二〕遂害帝於三級寺　諸本「三」作「五」，卷一〇莊帝紀及通鑑卷一五四四七九三頁作「三」。按洛陽伽藍記卷一永寧寺條敍述此事也作「三級寺」。本書卷一一二上靈徵志上稱永熙三年三月「幷州三級寺南門災」。「五」字訛，今改正。

〔三〕及張勸等掩襲世隆　北史卷六齊紀神武紀、卷四九斛斯椿傳，北齊書卷一神武紀補，通鑑卷一五五四八二〇頁「張勸」作「張歡」。按「張歡」又見北史卷一四后妃傳下周文皇后元氏傳，其人卽北齊書卷二〇、北史卷五三張瓊傳所記，「瓊子忻」。錢氏考異卷四〇認爲「齊史避諱，改『歡』爲『忻』」。此傳和下世隆傳的「張勸」當亦魏收避齊諱改，本名實是「歡」。

〔四〕顥旣克滎陽擒行臺楊昱　百衲本「楊昱」作「陽叵」，他本都作「陽回」。按卷一〇孝莊紀永安二年五月丁巳記楊昱以東南道大都督鎭滎陽，乙丑又記「元顥陷滎陽，執楊昱」。其事亦見卷五八楊播附昱傳。雖「行臺」和「大都督」官稱有異，其時被元顥所擒的守滎陽的主將只有「楊昱」，「陽叵」或「陽回」都是「楊昱」之訛，今改正。

〔五〕姦諂蛆酷多見信用　按「蛆」當作「狙」，意謂狡詐。

〔六〕忽有河內太守田怙家奴告省門亭長云　北史卷四八尒朱榮附世隆傳作「帖」，與「怙」通，册府卷九五一一一八九頁作「怙」。按卷八〇賀拔勝傳見「田怙」。又北齊書卷二二李元忠附李愍傳說他曾奉命襲擊葛榮「所署廣州刺史田怗」。其人當卽在此時叛降魏軍。「怗」疑是「怙」之訛。

〔七〕將車出東掖門　諸本「車」訛「軍」，今據北史卷四八、册府同上卷頁改。

〔八〕短小黑色　諸本脫「小」字，今據北史卷四八、册府同上卷頁補。

〔九〕復除軍州刺史　按地志無此州名，也不見紀傳，「軍」字當訛。

〔一〇〕賊涇州刺史侯幾長貴仍以城降　諸本「長貴」下旁注「疑」字。按周書卷一四賀拔岳傳也作「侯幾長貴」，並無可疑，今删。

〔一一〕率數千騎而走　諸本「率」訛「牽」，今據册府卷四三二五一四四頁改。

〔一二〕至慶雲所居水洛城　諸本「水洛」作「永洛」。按卷一〇孝莊紀三朝本永安三年六月、周書卷一四賀拔岳傳、卷一七若干惠傳百衲本作「水洛」。今據改，參卷一〇校記〔一〇〕。

〔一三〕南秦滑城人謀害刺史辛琛顯　通鑑卷一五四四七七七頁作「南秦州城民謀殺刺史辛顯」。按南秦州之滑城不見紀載，疑「滑」字衍，通鑑「琛顯」作「顯」當是雙名單稱。

〔一四〕万俟受洛干等據有河西　諸本及北史卷四八「干」作「于」。按北齊書卷二七万俟普傳補云：「子洛，字受洛干」，北史卷六齊紀一、北齊書卷二神武紀下並作「受洛干」。「于」字訛，今據改。

魏書卷七十六

列傳第六十四

盧同　張烈

盧同，字叔倫，范陽涿人，盧玄之族孫。父輔，字顯元，本州別駕。同身長八尺，容貌魁偉，善於處世。太和中，起家北海王詳國常侍。稍遷司空祭酒、昌黎太守。尋爲營州長史，仍帶郡。入除河南尹丞，遷太尉屬。

會豫州城民白早生反，都督中山王英、尚書邢巒等討之，詔同爲軍司。事平，除冀州鎮東府長史。遭父憂解任。後除司空諮議參軍，兼司馬，爲營構東宮都將。延昌中，秦州民反，詔同兼通直常侍，持節慰諭之，多所降下。還轉尙書右丞，進號輔國將軍，以父諱不拜，改授龍驤。熙平初，轉左丞，加征虜將軍。時相州刺史奚康生徵民歲調，皆七八十尺，以邀奉公之譽，部內患之。同於歲祿官給長絹，同乃舉按康生度外徵調。書奏，詔科康生之罪，兼褒同在公之績。

肅宗世，朝政稍衰，人多竊冒軍功。同閱吏部勳書，因加檢覆，覈得竊階者三百餘人。同乃表言：

竊見吏部勳簿，多皆改換。乃校中兵奏按，並復乖舛。臣聊爾揀練，已得三百餘人，明知隱而未露者，動有千數。愚謂罪雖恩免，猶須刊定。請遣一都令史與令僕省事各一人，總集吏部、中兵二局勳簿，對勾奏按。若名級相應者，卽於黃素楷書大字，具件階級數，令本曹尚書以朱印印之。明造兩通，一關吏部，一留兵局，與奏按對掌。進則防揩洗之僞，退則無改易之理。從前以來，勳書上省，唯列姓名，不載本屬，致令竊濫之徒輕爲苟且。今請征職白民，具列本州、郡、縣、三長之所；其實官正職者，亦列名貫，別錄歷階。仰本軍印記其上，然後印縫，各上所司，統將、都督並皆印記，然後列上行臺。行臺關太尉，太尉檢練精實，乃始關刺省重究括，然後奏申。奏出之日，黃素朱印，關付吏部。

頃來非但偸階冒名，改換勳簿而已，或一階再取，或易名受級，凡如此者，其人不少。良由吏部無簿，防塞失方。何者？吏部加階之後，簿不注記，緣此之故，易生僥倖。自今敍階之後，名簿具注加補日月，尚書印記，然後付曹。郎中別作抄目，〔一〕印記一如尙書，郎中自掌，遞代相付。此制一行，差止姦罔。

詔從之。同又奏曰：

臣頃奏以黃素爲勳，〔三〕具注官名、戶屬及吏部換勳之法，事目三條，已蒙旨許。臣伏思黃素勳簿，政可粗止姦僞，然在軍虛詐，猶未可盡。請自今在軍閱簿之日，行臺、軍司、監軍、都督各明立文按，處處記之。斬首成一階已上，卽令給券。一紙之上，當中大書，起行臺、統軍位號，勳人甲乙。斬三賊及被傷成階已上，亦具書於券。各盡一行，當行豎裂。其券前後皆起年號日月，破某處陳，某官某勳，印記爲驗。一支付勳人，一支付行臺。記至京，卽送門下，別函守錄。

又自遷都以來，戎車屢捷，所以征勳轉多，敍不可盡者，良由歲久生姦，積年長僞，巧吏階緣，偸增遂甚。請自今爲始，諸有勳簿已經奏賞者，卽廣下遠近，云某處勳判，咸令知聞。立格酬敍，以三年爲斷。其職人及出身，限內悉令銓除；實官及外號，隨才加授。庶使酬勤者速申，立功者勸，事不經久，僥倖易息。或遭窮難，州無中正者，不在此限。

又勳簿之法，征還之日卽應申送。頃來行臺、督將，至京始造，或一年二歲方上勳書。姦僞之原，實自由此。於今以後，軍還之日便通勳簿，不聽隔月。

詔復依行。

元叉之廢靈太后也，相州刺史、中山王熙起兵於鄴。熙敗，以同爲持節、兼黃門侍郎、慰勞使，乃就州刑熙。還授平東將軍，正黃門，營明堂副將。尋加撫軍將軍、光祿大夫、本州大中正。同善事在位，爲叉所親，戮熙之日，深窮黨與，以希叉旨，論者非之。又給同羽林二十人以自防衛。同兄琇，少多大言，常云「公侯可致」。至此始爲都水使者。同啓求回身二階以加琇，琇遂除安州刺史。論者稱之。

營州城民就德興謀反，除同度支尚書，黃門如故，持節使營州慰勞，聽以便宜從事。同頻遣使人，皆爲賊害，乃遣賊家口三十人并免家奴爲良，齎書諭德興，德興乃降。安輯其民而還。德興復反，詔同以本將軍爲幽州刺史，兼尚書行臺慰勞之。同慮德興難信，勒衆而往，爲德興所擊，大敗而還。

靈太后反政，以同叉黨，除名。孝昌三年，除左將軍、太中大夫，兼左丞，爲齊兗二州行臺，節度大都督李叔仁。闕〔三〕莊帝踐祚，詔復本秩，除都官尚書，復兼七兵。以同前慰勞德興之功，封章武縣開國伯，邑四百戶。正除七兵，尋轉殿中，加征南將軍。普泰初，除侍中，進號驃騎將軍、左光祿大夫。同時久病，强牽從務，啓乞儀同。初同之爲黃門也，與前廢帝俱在門下，同異其爲人，素相款託。廢帝以恩舊許之，除儀同三司，餘官如故。永熙初薨，年五十六。贈侍中、都督冀滄瀛三州諸軍事、驃騎大將軍、司空公、冀州刺史，開國伯如故，賜帛四百匹，謚曰孝穆。三年，復加贈尚書右僕射。有四子。

長子斐，武定中，文襄王大將軍府掾。

斐弟筠，青州治中。

同兄靜，太常丞。

靜子景裕，在儒林傳。

張烈，字徽仙，清河東武城人也。高祖賜名曰烈，仍以本名爲字焉。高祖悕，爲慕容儁尚書右僕射。曾祖恂，散騎常侍，隨慕容德南渡，因居齊郡之臨淄。烈少孤貧，涉獵經史，有氣概。時青州有崔徽伯、房徽叔，與烈並有令譽，時人號曰「三徽」。高祖時，入官代都，歷侍御、主文中散。遷洛，除尚書儀曹郎、彭城王功曹史、太子步兵校尉。

蕭寶卷將陳顯達治兵漢南，謀將入寇。時順陽太守王靑石世官江南，荆州刺史、廣陽王嘉慮其有異，表請代之。高祖詔侍臣各舉所知，互有申薦者。高祖曰：「此郡今當必爭之地，須得堪濟之才，何容汎舉也。太子步兵張烈每論軍國之事，時有會人意處，朕欲用之，何如？」彭城王勰稱贊之，遂敕除陵江將軍、順陽太守。烈到郡二日，便爲寶卷將崔慧景攻圍，七十餘日，烈撫厲將士，甚得軍人之和。會車駕南討，慧景遁走。高祖親勞烈曰：「卿定可，遂能不負所寄。」烈拜謝曰：「若不值鑾輿親駕，臣將不免困於犬羊。自是陛下不負臣，非臣能不負陛下。」高祖善其對。

世宗卽位，追錄先勳，封淸河縣開國子，邑二百戶。尋以母老歸養。積十餘年，頻值凶儉，烈爲粥以食飢人，蒙濟者甚衆，鄉黨以此稱之。肅宗初，除龍驤將軍、司徒右長史。又轉征虜將軍、司空長史。先是，元叉父江陽王繼曾爲靑州刺史，及叉當權，烈託故義之懷，遂相諂附。除前將軍、給事黃門侍郎，尋加平南將軍、光祿大夫。後靈太后反政，以烈叉黨，出爲鎭東將軍、靑州刺史。于時議者以烈家產畜殖，僮客甚多，慮其怨望，不宜出爲本州，改授安北將軍、瀛州刺史。爲政淸靜，吏民安之。

更滿還朝，因辭老還鄉里。兄弟同居怡怡然，爲親類所慕。元象元年，卒於家，時年七十七。烈先爲家誡千餘言，幷自敍志行及所歷之官，臨終敕子姪不聽求贈，但勒家誡立碣而已。其子質奉行焉。

質，博學多才藝。解褐奉朝請，員外郎、龍驤將軍、諫議大夫。未襲爵。興和中，卒於家。

質弟登，州主簿。

烈弟僧晧，字山客。歷涉羣書，工於談說，有名於當世。熙平初，徵爲諫議大夫。正光五年，以國子博士徵之。孝昌二年，徵爲散騎侍郎。並不赴。世號爲徵君焉。好營產業，孜孜不已，藏鏹巨萬，他資亦稱是。兄弟自供儉約，車馬瘦弊，身服布裳，而婢妾紈綺。僧晧尤好蒱弈，戲不擇人，是以獲譏於世。前廢帝時，崔祖螭舉兵攻東陽城，僧晧與同。事敗，死於獄，籍沒家產。出帝初，訴復業。

子軌，州主簿。

史臣曰：盧同質器洪厚，卷舒兼濟。張烈早標名輩，氣尚見知。趨捨深沉，俱至顯達，雅道正路，其殆病諸。

校勘記

〔一〕郎中別作抄目　諸本「目」訛「自」，不可通，今據北史卷三〇盧同傳改。

〔二〕臣頊奏以黃素爲勳　按「勳」下當脫「簿」字，下云「黃素勳簿」可證。

〔三〕節度大都督李叔仁闕　諸本下旁注「闕」字。按卷九肅宗紀孝昌三年一月庚申稱東郡民趙顯德反，詔都督李叔仁討之；三月辛未又稱齊州廣川民劉鈞執清河太守邵懷聚衆反，六月稱詔都督李叔仁討劉鈞平之。東郡屬西兗州。盧同以齊兗二州行臺節度李叔仁，所關必卽鎭壓這兩支起義軍事，但紀不書盧同以行臺節度事。

魏書卷七十七

列傳第六十五

宋翻　辛雄　羊深　楊機　高崇

宋翻，字飛烏，廣平列人人也，吏部尚書弁族弟。少有操尚，世人以剛斷許之。世宗初，起家奉朝請，本州治中、廣平王郎中令。尋拜河陰令。

翻弟道璵，先爲冀州京兆王愉法曹行參軍，愉反，逼道璵爲官，翻與弟世景俱囚廷尉。道璵後棄愉歸罪京師，猶坐身死，翻、世景除名。久之，拜翻治書侍御史、洛陽令、中散大夫、相州大中正，猶領治書。又遷左將軍、南兗州刺史。時蕭衍遣將先據荆山，規將寇竊。屬壽春淪陷，賊遂乘勢徑趨項城。翻遣將成僧達潛軍討襲，頻戰破之，自是州境帖然。

孝莊時，除司徒左長史、撫軍將軍、河南尹。初，翻爲河陰令，順陽公主家奴爲劫，攝而不送，翻將兵圍主宅，執主壻馮穆，步驅向縣。時正炎暑，立之日中，流汗霑地。縣舊有大枷，時人號曰「彌尾青」，及翻爲縣主，吏請焚之。翻曰：「且置南牆下，以待豪家。」未幾，有內監楊小駒詣縣請事，辭色不遜，命取尾青以鎮之。既免，入訴於世宗。世宗大怒，敕河南尹推治其罪。翻具自陳狀。詔曰：「卿故違朝法，豈不欲作威以買名？」翻對：「造者非臣，買名者亦宜非臣。所以留者，非敢施於百姓，欲待凶暴之徒如小駒者耳。」於是威振京師。及爲洛陽，迄於爲尹，畏憚權勢，更相承接，故當世之名大致減損。永安三年，卒於位。贈侍中、衞將軍、相州刺史。出帝初，重贈驃騎大將軍、儀同三司、尙書左僕射、雍州刺史，謚曰貞烈。

子思遠，卒於司空從事中郎。

翻弟毓，字道和，敦篤有志行。平西將軍、太中大夫。

子世軌，齊文襄王大將軍府祭酒。

毓弟世景，在良吏傳。

世景弟叔集，亦有學行。征東裴衍之討葛榮也，表爲員外散騎侍郎，引同戎役。及衍敗，同時遇害。

叔集弟道璵，少而敏儁。世宗初，以才學被召，與祕書丞孫惠蔚典校羣書，考正同異。自太學博士轉京兆王愉法曹行參軍。臨死，作詩及挽歌詞，寄之親朋，以見怨痛。道璵又曾贈著作佐郎張始均詩，其末章云：「子深懷璧憂，余有當門病。」道瑱既不免難，始均亦遇世禍，時咸怪之。無子，兄毓以第三子子叔繼。

辛雄，字世賓，隴西狄道人。父暢，字幼達，大將軍諮議參軍、汝南鄉郡二郡太守，太和中，本郡中正。雄有孝性，頗涉書史，好刑名，廉謹雅素，不妄交友，喜怒不形於色。釋褐奉朝請。父於郡遇患，雄自免歸，晨夜扶抱。及父喪居憂，殆不可識，爲世所稱。

正始初，除給事中，十年不遷職，乃以病免。清河王懌爲司空，辟戶曹參軍，攝田曹事。懌遷司徒，仍隨授戶曹參軍。並當煩劇，諍訟塡委。雄用心平直，加以閑明政事，經其斷割，莫不悅服。懌重之，每謂人曰：「必也無訟乎，辛雄其有焉。」由是名顯。懌遷太尉，又爲記室參軍。神龜中，除尙書駕部郎中，轉三公郎。其年，沙汰郎官，唯雄與羊深等八人見留，餘悉罷遣，更授李琰等。

先是，御史中尉、東平王元匡復欲輿棺諫諍，尙書令、任城王澄劾匡大不敬，詔恕死爲民。雄奏理匡曰：「竊惟白衣元匡，歷奉三朝，每蒙寵遇。謇諤之性，簡自帝心；鷹鸇之志，形於在昔。故高祖錫之以匡名，陛下任之以彈糾。至若茹皓昇輦，匡斥宜下之言；高肇當政，匡陳擅權之表。剛毅忠款，羣臣莫及；骨鯁之跡，朝野共知。當高肇之時，匡造棺致諫，主聖臣直，卒以無咎。假欲重造，先帝已容之於前，陛下亦宜寬之於後，況其元列由緒與罪按不同也。脫終貶黜，不在朝廷，恐杜忠臣之口，塞諫者之心，乖琴瑟之至和，違鹽梅之相濟。祁奚云，叔向之賢，可及十世，而匡不免其身，實可嗟惜。」未幾，匡除龍驤將軍、平州刺史。右僕射元欽謂左僕射蕭寶夤曰：「至如辛郎中才用，省中諸人莫出其右。」寶夤曰：「吾聞游僕射云：『得如雄者四五人共治省事，足矣。』今日之賞，何其晚哉！」

初，廷尉少卿袁翻以犯罪之人，經恩競訴，枉直難明，遂奏曾染風聞者，不問曲直，推爲獄成，悉不斷理。詔令門下、尚書、廷尉議之。雄議曰：

春秋之義：不幸而失，寧僭不濫。僭則失罪人，濫乃害善人。今議者不忍罪姦吏，使出入縱情，令君子小人薰蕕不別，豈所謂賞善罰惡，殷勤隱恤者也。仰尋周公不減流言之愆，俯惟釋之不加驚馬之辟，所以小大用情，貴在得所。失之千里，差在毫釐。雄久執按牘，數見疑訟，職掌三千，願言者六。

一曰：御史所糾，有注其逃走者。及其出訴，或爲公使，本曹給過所有指，如不推檢，文按灼然者，雪之。二曰：御史赦前注獲見贓，不辨行賕主名，檢無賂以置直之主，宜應洗復。三曰：經拷不引，傍無三證，比以獄按既成，因即除削。或有據令奏復者，與奪不同，未獲爲通例。又須定何如得爲證人。若必須三人對見受財，然後成證，則於理太寬。若傳聞卽爲證，則於理太急。今請以行賕後三人俱見，物及證狀顯著，準以爲驗。四曰：赦前斷事，或引律乖錯，使除復失吏，雖按成經赦，宜追從律。五曰：經赦除名之後，或邀駕訴枉，被旨重究；或訴省稱寃，爲奏更檢。事付有司，未被研判，遂遇恩宥。如此之徒，謂不得異於常格，依前按爲定。若不合拷究，已復之流，請不追奪。六曰：或受辭下檢反覆，使鞫獄證占分明，理合清雪，未及告按，忽逢恩赦。若從證占而雪，則違正格；如除其名，罪濫潔士。以爲罪須按成，雪以占定，若拷未畢格及要證一人不集者，不得爲占定。

古人雖患察獄之不精，未聞知寃而不理。今之所陳，實士師之深疑，朝夕之急務，願垂察焉。

詔從雄議。自後每有疑議，雄與公卿駁難，事多見從，於是公能之名甚盛。

又爲祿養論，稱仲尼陳五孝，自天子至庶人無致仕之文。禮記：「八十，一子不從政；九十，家不從政。」鄭玄注云：「復除之。」然則，止復庶民，非公卿大夫士之謂。以爲宜聽祿養，不約其年。」書奏，肅宗納之。以母憂去任。卒哭，右僕射元欽奏雄起復爲郎。俄兼司州別駕，加前軍將軍。

孝昌元年，徐州刺史元法僧以城南叛，蕭衍遣蕭綜來據彭城。時遣大都督、安豐王延明督臨淮王彧討之，盤桓不進。乃詔雄副太常少卿元誨爲使，給齊庫刀，持節、乘驛催軍，有違即令斬決。肅宗謂雄曰：「誨，朕家諸子，摽以親懿。籌策機計，仗卿取勝耳。」到軍，勸令並進徐州，綜送降款。冀州刺史侯剛啓爲長史，肅宗以雄長於世務，惜不許之，更除司空長史。於時，諸公皆慕其名，欲屈爲佐，莫能得也。

時諸方賊盛，而南寇侵境，山蠻作逆，肅宗欲親討，以荊州爲先，詔雄爲行臺左丞，與前軍臨淮王彧東趣葉城，別將裴衍西通鵶路。衍稽留未進，彧師已次汝濱。北溝求救，〔一〕彧以處分道別，不欲應之。雄曰：「今裴衍未至，王士衆已集，蠻左唐突，撓亂近畿，梁汝之間，民不安業，若不時撲滅，更爲深害。王秉麾閫外，唯利是從，見可而進，何必守道，苟安社稷，理可專裁。所謂臣率義而行，不待命者也。」彧恐後有得失之責，要雄符下。雄以駕將親伐，蠻夷必懷震動，乘彼離心，無往不破，遂符彧軍，令速赴擊。賊聞之，果自走散。

在軍上疏曰：「凡人所以臨堅陳而忘身，觸白刃而不憚者，一則求榮名，二則貪重賞，三則畏刑罰，四則避禍難。非此數事，雖聖王不能勸其臣，慈父不能厲其子。明主深知其情，故賞必行，罰必信，使親疏、貴賤、勇怯、賢愚，聞鍾鼓之聲，見旌旗之列，莫不奮激，競赴敵場，豈厭久生而樂早死也，利害懸於前，欲罷不能耳。自秦隴逆節，將歷數年；蠻左亂常，稍已多載。凡在戎役，數十萬人，三方師衆，敗多勝少，跡其所由，不明賞罰故也。陛下欲天下之早平，愍征夫之勤悴，乃降明詔，賞不移時。然兵將之勳，歷稔不決；亡軍之卒，晏然在家。致令節士無所勸慕，庸人無所畏懾。進而擊賊，死交而賞賒；退而逃散，身全而無罪。此其所以望敵奔沮，不肯進力者矣。若重發明詔，更量賞罰，則軍威必張，賊難可弭。臣聞必不得已，去食就信。以此推之，信不可斯須廢也。賞罰，陛下之所易，尙不能全而行之；攻敵，士之所難，欲其必死，寧可得也？臣旣庸弱，忝當戎使，職司所見，輒敢上聞。惟陛下審其可否。」

會右丞闕，肅宗詔僕射、城陽王徽舉人，徽遙舉雄。仍除輔國將軍、尙書右丞。尋轉吏部郎中，遷平東將軍、光祿大夫，郎中如故。上疏曰：「帝王之道，莫尙於安民，安民之本，莫加於禮律。禮律旣設，擇賢而行之，天下雍熙，無非任賢之功也。故虞舜之盛，穆穆標美；文王受命，濟濟以康。高祖孝文皇帝，天縱大聖，開復典謨，選三代之異禮，採二漢之典法。端拱而四方安，刑措而兆民治。世宗重光繼軌，每念聿修，官人有道，萬里淸謐。陛下劬勞日昃，躬親庶政，求瘼恤民，無時暫憩，而黔首紛然，兵車不息。以臣愚見，可得而言。自神龜末來，專以停年爲選。士無善惡，歲久先敍；職無劇易，名到授官。執按之吏，以差次日月爲功能；銓衡之人，以簡用老舊爲平直。且庸劣之人，莫不貪鄙。委斗筲以共治之重，託碩鼠以百里之命，皆貨賄是求，肆心縱意。禁制雖煩，不勝其欲。致令徭役不均，發調違謬，箕斂盈門，囚執滿道。二聖明詔，寢而不遵；畫一之法，懸而不用。自此夷夏之民相將爲亂。豈有餘憾哉？蓋由官授不得其人，百姓不堪其命故也。當今天下黔黎，久經寇賊，父死兄亡，子弟淪陷，流離艱危，十室而九，白骨不收，孤煢靡恤，財殫力盡，無以卒歲。宜及此時，早加慰撫。蓋助陛下治天下者，惟在守令，最須簡置，以康國道。但郡縣選舉，由來共輕，貴遊儁才，莫肯居此。宜改其弊，以定官方。請上等郡縣爲第一淸，中等爲第二淸，下等爲第三淸。選補之法，妙盡才望，如不可並，後地先才。不得拘以停年，竟無銓革。三載黜陟，有稱者補在京名官，如前代故事，不歷郡縣不得爲內職。則人思自勉，上下同心，枉屈可申，强暴自息，刑政日平，民俗奉化矣。復何憂於不治，何恤於逆徒也。竊見今之守令，淸愼奉治，則政平訟理，有非其才，則綱維荒穢。伏願陛下暫留天心，校其利害，則臣言可驗，不待終朝。昔杜畿寬惠，河東無警；蘇則分糧，金城克復。略觀今古，風俗遷訛，罔不任賢以相化革，朝任夕治，功可立待。若遵常習故，不明選典，欲以靜民，便恐無日。」書奏，會肅宗崩。

初，蕭寶夤在雍州起逆，城人侯衆德等討逐之，多蒙爵賞。武泰中，詔雄兼尚書，爲關西賞勳大使。未行之間，會尒朱榮入洛，及河陰之難，人情未安，雄潛竄不出。莊帝欲以雄爲尙書，門下奏曰：「辛雄不出，存亡未分。」莊帝曰：「寧失亡而用之，不可失存而不用也。」遂除度支尙書，加安南將軍。元顥入洛也，北中郞將楊侃從駕北出，莊帝以侃爲度支尙書。及乘輿反洛，復召雄上。雄面辭曰：「臣不能死事，僶眉從賊，乃是朝廷罪人，縱陛下不賜誅罰，而北來尙書勳高義重，臣宜避賢路。」莊帝曰：「卿且還本司，朕當別有處分。」遂解侃尙書。

未幾，詔雄以本官兼侍中、關西慰勞大使。將發，請事五條：一言逋懸租調，宜悉不徵。二言簡罷非時徭役，以紓民命。三言課調之際，使豐儉有殊，令州郡量檢，不得均一。四言兵起歷年，死亡者衆，或父或子，辛酸未歇，見存者老，請假板職，悅生者之意，慰死者之魂。五言喪亂既久，禮儀罕習，如有閨門和穆、孝悌卓然者，宜表其門閭。仍啓曰：「臣聞王者愛民之道有六：一曰利之，二曰成之，三曰生之，四曰與之，五曰樂之，六曰喜之。使民不失其時，則成之也；省刑罰，則生之也；薄賦斂，則與之也；無多徭役，則樂之也；吏靜不苛，則喜之也。伏惟陛下道邁前王，功超往代，敷春風而鼓俗，旌至德以調民。生之養之，正當茲日；悅近來遠，亦是今時。臣既忝將命，宣揚聖澤，前件六事，謂所宜行。若不除煩收疾，〔三〕惠孤恤寡，便是徒乘官驛，虛號王人，往還有費於郵亭，皇恩無逮於民俗。謹率愚管，敢以陳聞，乞垂覽許。」莊帝從之，因詔民年七十者授縣，八十者授郡，九十加四品將軍，百歲從三品將軍。

三年，還鎭南將軍、都官尚書，行河南尹。普泰時，爲鎭軍將軍、殿中尚書，又加衞將軍、右光祿大夫、秦州大中正。太昌中，又除殿中尚書、兼吏部尚書。尋除車騎大將軍、左光祿大夫，仍尚書。永熙二年三月，又兼吏部尚書。於時近習專恣，請託不已，雄懼其譏慝，不能確然守正，論者頗譏之。

出帝南狩，雄兼左僕射留守京師。永熙末，兼侍中。帝入關右，齊獻武王至洛，於永寧寺集朝士，責讓雄及尚書崔孝芬、劉欽、楊機等曰：「爲臣奉主，扶危救亂，若處不諫諍，出不陪隨，緩則耽寵，急便竄避，臣節安在？」諸人默然不能對。雄對曰：「當主上信狎近臣，雄等不與謀議。及乘輿西邁，若卽奔隨，便恐跡同佞黨；留待大王，便以不從蒙責。雄等進退如此，不能自委溝壑，實爲慚負。」王復責曰：「卿等備位納言，當以身報國，不能盡忠，依附諂佞，未聞卿等諫諍一言，使國家之事忽至於此，罪欲何歸也！」乃誅之，時年五十。沒其家口。二子士璨、士貞，逃入關中。

雄從父兄纂，字伯將。學涉文史，溫良雅正。初爲兗州安東府主簿。與祕書丞同郡李伯尚有舊，伯尚與咸陽王禧同逆，逃竄投纂。事覺，坐免官。積十餘年，除奉朝請。稍轉太尉騎兵參軍，每爲府主清河王懌所賞。及欲定考，懌曰：「辛騎兵有學有才，宜爲上第。」轉越騎校尉。尚書令李崇北伐蠕蠕，引爲錄事參軍。臨淮王彧北征，以纂隨崇有稱，啓爲長史。及廣陽王淵北伐，又引爲長史。尋拜諫議大夫。雅爲彧所稱歎，屢在朝廷薦舉之。

蕭衍遣將曹義宗攻新野，詔纂持節、兼尚書左丞、南道行臺，率衆赴接，至便破之。義宗等以其勁速，不敢復進。於時海內多虞，京師更無繼援，惟以二千餘兵捍禦疆埸。又詔爲荆州軍司，除驍騎將軍，加輔國將軍。纂善撫將士，人多用命，賊甚憚之。會肅宗崩諱至，咸以對敵，欲祕凶問。纂曰：「安危在人，豈關是也。」遂發喪號哭，三軍縞素。還入州城，申以盟約。尋爲義宗所圍，相率固守。莊帝即位，除通直散騎常侍、征虜將軍、兼尚書，仍行臺。後大都督費穆擊義宗，擒之。入城，因舉酒屬纂曰：「微辛行臺之在斯，吾亦無由建此功也。」入朝，言於莊帝，稱纂固節危城，宜蒙爵賞，以勸將來。帝乃下詔慰勉之。

尋除持節、平東將軍、中郎將，賜絹五十匹，金裝刀一口。永安二年，元顥乘勝，卒至城下，尒朱世隆狼狽退還，城內空虛，遂爲顥擒。及莊帝還宮，纂謝不守之罪。帝曰：「於時朕亦北巡。東軍不守，〔三〕豈卿之過。」還鎮虎牢，俄轉中軍將軍、滎陽太守。民有姜洛生、康乞得者，舊是太守鄭仲明左右，豪猾偸竊，境內爲患。纂伺捕擒獲，梟於郡市，百姓忻然。加鎮東將軍。太昌中，除左光祿大夫。纂僑寓洛陽，乃爲河南邑中正。

永熙三年，除使持節、河內太守。齊獻武王赴洛，兵集城下，纂出城謁王曰：「纂受詔於此，本有禦防。大王忠貞王室，扶獎顚危，纂敢不匍匐。」王曰：「吾志去姦佞，以康國道，河內此言，深得王臣之節。」因命前侍中司馬子如曰：「吾行途疲弊，宜代吾執河內手也。」便入洛。

九月，行西荆州事、兼尙書、南道行臺，尋正刺史。時蠻酋樊五能破析陽郡，應宇文黑獺。纂議欲出軍討之，纂行臺郎中李廣諫曰：「析陽四面無民，唯一城之地耳。山路深險，表裏羣蠻。今若少遣軍，則力不能制賊；多遣，則減徹防衞，根本虛弱。脫不如意，便大挫威名。人情一去，州城難保。」纂曰：「豈得縱賊不討，令其爲患日深！」廣曰：「今日之事，唯須萬全。且慮在心腹，何暇疥癬。聞臺軍已破洪威，計不久應至。公但約勒屬城，使各修完壘壁，善撫百姓，以待救兵。雖失析陽，如棄雞肋。」纂曰：「卿言自是一途，我意以爲不爾。」遂遣兵攻之，不克而敗，諸將因亡不返。城人又密招西賊，黑獺遣都督獨孤如願率軍潛至，突入州城，遂至廳閤。纂左右惟五六人，短兵接戰，爲賊所擒，遂害之。贈都督定殷二州諸軍事、驃騎大將軍、尙書左僕射、司徒公、定州刺史。

子子炎，武定中，博陵太守。

雄從祖曇護，以謹厚見稱。卒於并州州都。

子熾，武定中，衞將軍、右光祿大夫。

雄族祖琛，字僧貴。父敬宗，〔四〕延興中代郡太守。琛少孤，曾過友人，見其父母兄弟悉無恙，垂涕久之。釋褐奉朝請，滎陽郡丞。太守元麗性頗使酒，琛每諫之。麗後醉，輒令閉閤，曰：「勿使丞入也。」高祖南征，麗從輿駕，詔琛曰：「委卿郡事，如太守也。」景明中，爲伏波將軍、濟州輔國府長史。轉奉車都尉，出爲揚州征南府長史。刺史李崇，多事產業，琛每諍折，崇不從，遂相糾舉，詔並不問。後加龍驤將軍，帶南梁太守。崇因置酒，謂琛曰：「長史後必爲刺史，但不知得上佐何如人耳？」琛對曰：「若萬一叨忝，得一方正長史，朝夕聞過，是所願也。」崇有慚色。卒於官。琛寬雅有度量，涉獵經史，喜慍不形於色，當官奉法，在所有稱。

長子悠，字元壽，早有器業。爲侍御史，監揚州軍。賊平，錄勳書，時崇猶爲刺史，欲寄人名，悠不許。崇曰：「我昔值其父，今復逢其子。」早卒。

悠弟俊，字叔義，有文才。東益州征虜府外兵參軍。府主魏子建爲山南行臺，以爲郎中，有軍國機斷。還京，於滎陽爲人劫害。贈征虜將軍、東秦州刺史。

俊弟術，武定末，散騎常侍。

術弟休，字季令。休弟脩，字季緒。俱有學尚，亦早卒，時人傷惜之。

琛族子珍之，少有氣力。太尉鎧曹行參軍，稍遷中堅將軍、司徒錄事參軍、廣州大中正。丁憂去任。尋起爲汝北太守。永安中，司空諮議參軍、通直常侍。永熙中，襄城太守。天平初，洛州以南人情駭懼，敕爲大使，持節慰諭廣洛二州。三年，除征東將軍、行陽平郡事。郡民路黑奴起逆，攻郡，爲黑奴所執。諸賊勸殺之，黑奴曰：「成敗未可知，何爲先殺太守也？」乃將珍之自隨，待遇以禮。右衞將軍郭瓊討平黑奴，乃得免。興和中，爲衞將軍、司徒司馬。武定三年，除驃騎將軍、北海太守。還爲儀同開府長史、兼光祿少卿。未幾，詔珍之持節爲廣洛北荊揚雍襄六州慰勞大使、北荊鎮城、行廣州事，招納有稱。齊文襄王遺書慰勉，賜以衣帛。尋敕行平州，卒於官。贈驃騎大將軍、洛州刺史，諡曰恭。

子懿，〔五〕武定末，開府鎧曹參軍。

羊深，字文淵，太山平陽人，〔六〕梁州刺史祉第二子也。早有風尚，學涉經史，好文章，兼長几案。少與隴西李神儁同志相友。自司空府記室參軍轉輕車將軍、尚書騎兵郎。尋轉駕部，加右軍將軍。于時沙汰郎官，務精才實，深以才堪見留。在公明斷，尚書僕射崔亮、吏部尚書甄琛咸敬重之。肅宗行釋奠之禮，講孝經，儕輩之中獨蒙引聽，時論美之。

正光末，北地人車金雀等帥羌胡反叛，高平賊宿勤明達寇豳夏諸州。北海王顥爲都督、行臺討之，以深爲持節、通直散騎常侍、行臺左丞、軍司，仍領郎中。顥敗，還京。頃之，遷尚書左丞，加平東將軍、光祿大夫。蕭寶夤反，攻圍華州。正平薛鳳賢等聚衆作逆，〔七〕敕深兼給事黃門侍郎，與大行臺僕射長孫稚共會潼關，規模進止。事平，以功賜爵新泰男。靈太后曾幸邙山，集僧尼齋會，公卿盡在座。會事將終，太后引見深，欣然勞問之。深謝曰：「臣蒙國厚恩，世荷榮遇，寇難未平，是臣憂責，而隆私忽被，犬馬知歸。」太后顧謂左右曰：「羊深眞忠臣也。」舉坐傾心。孝昌末，徐方多事，以深爲東道慰勞使，卽爲二徐行臺。莊帝踐祚，除安東將軍、太府卿，又爲二兗行臺。深處分軍國，損益隨機，亦有時譽。

初，尒朱榮殺害朝士，深第七弟侃爲太山太守，性粗武，遂率鄉人外託蕭衍。深在彭城，忽得侃書，招深同逆。深慨然流涕，斬侃使人，幷書表聞。莊帝乃下詔曰：「羊侃作逆，釁起瑕丘，擁集不逞，扇擾疆埸，傾宗之禍，侃乃自貽，累世之節，一朝毀汙。羊深血誠奉國，秉操罔貳，聞弟猖勃，自劾請罪。此之丹款，實戢于懷。且叔向復位，春秋稱美，深之慷慨，氣同古人。忠烈遠彰，赤心已著。可令還朝，面受委敕。」乃歸京師，除名。久之，除撫軍將軍、金紫光祿大夫。

元顥入洛，以深兼黃門郎。顥平，免官。後拜大鴻臚卿。普泰初，遷散騎常侍、衞將軍、右光祿大夫，監起居注。自天下多事，東西二省官員委積，前廢帝敕深與常侍盧道虔、元晏、元法壽選人補定，自奉朝請以上，各有沙汰。尋兼侍中，廢帝甚親待之。

是時膠序廢替，名教陵遲，深乃上疏曰：

臣聞崇禮建學，列代之所修；尊經重道，百王所不易。是以均塾洞啓，昭明之頌載揚；膠序大闢，都穆之詠斯顯。伏惟大魏乘乾統物，欽若奉時，模唐軌虞，率由前訓。重以高祖繼聖垂衣，儒風載蔚，得才之盛，如彼薪楢。固以追隆周而並驅，駕炎漢而獨邁。宣皇下武，式遵舊章，用能揄揚盛烈，聿修厥美。自茲已降，世極道消，風猷稍遠，澆薄方競，退讓寂寥，馳競靡節。進必吏能，升非學藝。是使刀筆小用，計日而期榮；專經大才，甘心於陋巷。然治之爲本，所貴得賢，苟值其人，豈拘常檢。三代、兩漢，異世間出。或釋褐中林，鬱登卿尹；或投竿釣渚，徑升公相。事炳丹青，義在往策。彼哉邈乎，不可勝紀。

竊以今之所用，弗修前矩。至如當世通儒，冠時盛德，見徵不過四門，登庸不越九品。以此取士，求之濟治，譬猶却行以及前，之燕而向楚。積習之不可者，其所由來漸矣。昔魯興泮宮，頌聲爰發；鄭廢學校，國風以譏。將以納民軌物，莫始於經禮；菁莪育才，義光於篇什。自兵亂以來，垂將十載，干戈日陳，俎豆斯闕。四海荒凉，民物凋弊，名教頓虧，風流殆盡。世之陵夷，可爲歎息。陛下中興纂曆，理運惟新，方隅稍康，實惟文德。但禮賢崇讓之科，沿世未備；還淳反樸之化，起言斯繆。夫先黄老而退六經，史遷終其成蠹；貴玄虛而賤儒術，應氏所以亢言。臣雖不敏，敢忘前載。且魏武在戎，尙修學校；宣尼確論，造次必儒。臣愚以爲宜重修國學，廣延胄子，使函丈之教日聞，釋奠之禮不闕。幷詔天下郡國，興立儒教。考課之程，咸依舊典。苟經明行修，宜擢以不次。抑斗筲喋喋之才，進大雅汪汪之德。博收鴻生，以光顧問；縶維奇異，共精得失。使區寰之內，競務仁義之風；荒散之餘，漸知禮樂之用。豈不美哉！臣誠闇短，敢慕前訓，用稽古義，上塵聽覽。伏願陛下垂就日之監，齊非煙之化，儻以臣言可採，乞特施行。廢帝善之。

出帝初，拜中書令。頃之，轉車騎大將軍、左光祿大夫。永熙三年六月，以深兼御史中尉、東道軍司。及出帝入關，深與樊子鵠等同逆於兗州。子鵠署深爲齊州刺史，於太山博縣商王村結壘，招引山齊之民。天平二年正月，大軍討破之，於陳斬深。

子肅，武定末，儀同開府東閤祭酒。

楊機，字顯略，天水冀人。祖伏恩，郡功曹，赫連屈丏時將家奔洛陽，因以家焉。機少有志節，爲士流所稱。河南尹李平、元暉並召署功曹，暉尤委以郡事。或謂暉曰：「弗躬弗親，庶人弗信，何得委事於機，高臥而已。」暉曰：「吾聞君子勞於求士，逸於任賢。故前代有坐嘯之人，主諾之守。吾既委得其才，何爲不可？」由是聲名更著。

解褐奉朝請。於時皇子國官，多非其人，詔選清直之士，機見舉爲京兆王愉國中尉，愉甚敬憚之。遷給事中、伏波將軍、廷尉評。延昌中，行河陰縣事。機當官正色，不避權勢，明達政事，斷獄以情，甚有聲譽。平東將軍、荆州刺史楊大眼啓爲其府長史。熙平中，爲涇州平西府長史。尋授河陰令，轉洛陽令，京輦伏其威風，希有干犯。凡訴訟者，一經其前，後皆識其名姓，幷記事理，世咸異之。遷鎮軍將軍、司州治中，轉別駕。荆州蠻叛，兼尚書左丞、南道行臺討之。還，除中散大夫，復爲別駕，州牧、高陽王雍事多委機。出除清河內史，轉左將軍、河北太守，並有能名。建義初，拜平南將軍、光祿大夫、兼廷尉卿。又除安南將軍、司州別駕。未幾，行河南尹。轉廷尉卿，徙衞尉卿，出除安西將軍、華州刺史。永熙中，衞將軍、右光祿大夫。尋除度支尙書。

機方直之心久而彌厲，奉公正己，爲時所稱。家貧無馬，多乘小犢車，時論許其清白。與辛雄等並誅，年五十九。

子毗羅，解褐開府參軍事，卒於鎮遠將軍。

機兄順，字元信。梁郡太守。

順子僧靜，武定中，太中大夫。

機兄子虬，少有公幹。頻爲司州記室戶曹從事。早卒。

高崇，字積善，勃海蓨人。四世祖撫，晉永嘉中與兄顧避難奔於高麗。父潛，顯祖初歸國，賜爵開陽男，居遼東，詔以沮渠牧犍女賜潛爲妻，封武威公主。拜駙馬都尉，加寧遠將軍，卒。崇少聰敏，以端謹見稱。徵爲中散，稍遷尚書三公郎。家資富厚，僮僕千餘，而崇志尚儉素，車馬器服，充事而已。自修潔，與物無競。初崇舅氏坐事誅，公主痛本生絕胤，遂以崇繼牧犍後，改姓沮渠。景明中，啓復本姓，襲爵，遷領軍長史、伏波將軍、洛陽令。爲政清斷，吏民畏其威風，每有發摘，不避强禦，縣內肅然。朝廷方有遷授，會病卒，年三十七。贈漁陽太守。永安二年，復贈征虜將軍、滄州刺史，謚曰成。初崇謂友人曰：「仲尼四科，德行爲首。人能立身約己，不忘典訓，斯亦足矣。故吾諸子。闕」

子謙之，字道讓。少事後母李以孝聞，李亦撫育過於己生，人莫能辨其兄弟所出同異。論者兩重之。及長，屏絕人事，專意經史，天文算曆、圖緯之書，多所該涉，日誦數千言，好文章，留意老易。襲爵，釋褐奉朝請，加宣威將軍，轉奉車都尉、廷尉丞。正光中，尚書左丞元孚慰勞蠕蠕，反被拘留。及蠕蠕大掠而還，置孚歸國。事下廷尉，卿及監以下謂孚無坐，惟謙之以孚辱命，□以流罪。尚書同卿執，詔可謙之奏。

孝昌初，行河陰縣令。先是，有人囊盛瓦礫，指作錢物，詐市人馬，因逃去。詔令追捕，必得以聞。謙之乃僞枷一囚立於馬市，宣言是前詐市馬賊，今欲刑之。密遣腹心察市中私議者。有二人相見忻然曰：「無復憂矣。」執送按問，具伏盜馬，徒黨悉獲。幷出前後盜竊之處，資貨甚多，遠年失物之家，各來得其本物。具以狀奏。尋詔除寧遠將軍，正河陰令。在縣二年，損益治體，多爲故事。弟道穆爲御史，在公亦有能名，世美其父子兄弟並著當官之稱。

舊制，二縣令得面陳得失，時佞幸之輩惡其有所發聞，遂共奏罷。謙之乃上疏曰：「臣以無庸，謬宰神邑，實思奉法不撓，稱是官方，酬朝廷無貲之恩，盡人臣守器之節。但豪家支屬，戚里親媾，縲紲所及，舉目多是，皆有盜憎之色，咸起怨上之心。縣令輕弱，何能克濟。先帝昔發明詔，得使面陳所懷。臣亡父先臣崇之爲洛陽令，常得入奏是非，所以朝貴斂手，無敢干政。近日以來，此制遂寢，致使神宰威輕，下情不達。今二聖遠遵堯舜，憲章高祖。愚臣望策其駑蹇，少立功名。乞新舊典，更明往制。庶姦豪知禁，頗自屏心。」詔曰：「此啓深會朕意，付外量聞。」

謙之又上疏曰：

臣聞夏德中微，少康成克復之主；周道將廢，宣王立中興之功。則知國無常安，世無恒弊，唯在明主所以變之有方，化之有道耳。

自正光已來，邊城屢擾，命將出師，相繼於路，軍費戎資，委輸不絕。至如弓格賞募，咸有出身；槊刺斬首，又蒙階級。故四方壯士，願征者多，各各爲己，公私兩利。若使軍帥必得其人，賞勳不失其實，則何賊不平，何征不捷也！諸守帥或非其才，多遣親者妄稱入募，別倩他人引弓格，虛受征官。身不赴陳，惟遣奴客充數而已，對寇臨敵，曾不彎弓。則是王爵虛加，征夫多闕，賊虜何可殄除，忠貞何以勸誡也？且近習、侍臣、戚屬、朝士，請託官曹，擅作威福。如有清貞奉法不爲回者，咸共譖毁，橫受罪罰。在朝顧望，誰肯申聞？蔽上擁下，虧風壞政。使讒諂甘心，忠讜息義。

況且頻年以來，多有徵發，民不堪命，動致流離，苟保妻子，競逃王役，不復顧其桑井，憚比刑書。〔八〕正由還有必困之理，歸無自安之路。若聽歸其本業，徭役微甄，則還者必衆，墾田增闢，數年之後，大獲課民。今不務以理還之，但欲嚴符切勒，恐數年之後，走者更多，安業無幾。

故有國有家者，不患民不我歸，唯患政之不立，不恃敵不我攻，唯恃吾不可侮。此乃千載共遵，百王一致。且琴瑟不韻，知音改弦更張；騑驂未調，善御執轡成組。諺云：「迷而知反，得道不遠。」此言雖小，可以諭大。陛下一日萬機，事難周覽，元、凱結舌，莫肯明言。臣雖庸短，世受榮祿，竊慕前賢匪躬之義，不避斧鉞之誅，以希一言之益。伏願少垂覽察，略加推採，使朝章重舉，軍威更振，海內起惟新之歌，天下見復禹之績，則臣奏之後，笑入下泉。

靈太后得其疏，以責左右近侍。諸寵要者由是疾之，乃啓太后云：「謙之有學藝，宜在國學，以訓胄子。」詔從之，除國子博士。

謙之與袁翻、常景、酈道元、溫子昇之徒，咸申款舊。好於贍恤，言諾無虧。居家僮隸，對其兒不撻其父母，生三子便免其一，世無髡黥奴婢，常稱俱稟人體，如何殘害。以父舅氏沮渠蒙遜曾據涼土，國書漏闕，謙之乃修涼書十卷，行於世。涼國盛事佛道，爲論貶之，因稱佛是九流之一家。當世名士，競以佛理來難，謙之還以佛義對之，竟不能屈。以時所行歷，多未盡善，乃更改元修撰，爲一家之法，雖未行於世，議者歎其多能。於時朝議鑄錢，以謙之爲鑄錢都將長史。乃上表求鑄三銖錢曰：

蓋錢貨之立，本以通有無，便交易。故錢之輕重，世代不同。太公爲周置九府圜法，至景王時更鑄大錢。秦兼海內，錢重半兩。漢興，以秦錢重，改鑄楡莢錢。至文帝五年，復爲四銖。孝武時，悉復銷壞，更鑄三銖，至元狩中，變爲五銖。又造赤仄之錢，以一當五。王莽攝政，錢有六等，大錢重十二銖，次九銖，次七銖，次五銖，次三銖，次一銖。魏文帝罷五銖錢，至明帝復立。孫權江左，鑄大錢，一當五百。權赤烏年，復鑄大錢，一當千。輕重大小，莫不隨時而變。

竊以食貨之要，八政爲首；聚財之貴，詁訓典文。是以昔之帝王，乘天地之饒，御海內之富，莫不腐紅粟於太倉，藏朽貫於泉府，儲畜既盈，民無困敝，可以寧謐四極，如身使臂者矣。昔漢之孝武，地廣財豐，外事四戎，遂虛國用。於是草萊之臣，出財助國；興利之計，納稅廟堂。市列榷酒之官，邑有告緡之令。鹽鐵既興，錢幣屢改，少府遂豐，上林饒積。外闢百蠻，內不增賦者，皆計利之由也。今羣妖未息，四郊多壘，徵稅既煩，千金日費，資儲漸耗，財用將竭，誠楊氏獻說之秋，桑、兒言利之日。夫以西京之盛，錢猶屢改，並行小大，子母相權，況今寇難未除，州郡淪敗，民物凋零，軍國用少，別鑄小錢，可以富益，何損於政，何妨於人也？且政興不以錢大，政衰不以錢小，惟貴公私得所，政化無虧，既行之於古，亦宜效之於今矣。昔禹遭大水，以歷山之金鑄錢，救民之困。湯遭大旱，以莊山之金鑄錢，贖民之賣子者。今百姓窮悴，甚於曩日，欽明之主豈得垂拱而觀之哉？

臣今此鑄，以濟交乏，五銖之錢，任使並用，行之無損，國得其益，穆公之言於斯驗矣。臣雖術愧計然，識非心算，暫充錢官，頗覩其理。苟有所益，不得不言。脫以爲疑，求下公卿博議。如謂爲允，即乞施行。

詔將從之，事未就，會卒。

初，謙之弟道穆，正光中爲御史，糾相州刺史李世哲事，大相挫辱，其家恒以爲憾。至是，世哲弟神軌爲靈太后深所寵任，直謙之家僮訴良，神軌左右之，入諷尙書，判禁謙之於廷尉。時將赦，神軌乃啓靈太后發詔，於獄賜死，時年四十二。朝士莫不哀之。所著文章百餘篇，別有集錄。永安中，贈征虜將軍、營州刺史，謚曰康，又除一子出身，以明寃屈。謙之妻中山張氏，明識婦人也。教勸諸子，從師受業。常誡之曰：「自我爲汝家婦，未見汝父一日不讀書。汝等宜各修勤，勿替先業。」

謙之長子子儒，字孝禮。元顥入洛，其叔道穆從駕北巡，子儒後踰河至行宮，莊帝見之，具訪洛中事意，子儒備陳元顥敗在旦夕。帝謂道穆曰：「卿初來日，何故不與子儒俱行？」對曰：「臣家百口在洛，須其經營。且欲其今日之來，知京師後事。」帝曰：「子儒非直合卿本懷，亦大慰朕意。」仍授祕書郎中，轉通直郎。後除安東將軍、光祿大夫、司徒中兵參軍、兼祭酒。襲爵。興和初，除兼殿中侍御史。時四方多有流民，子儒爲梁州、北豫、西兗三州檢戶使，所獲甚多。後以公事去官。武定六年卒，時年四十一。

子儒弟緒，字叔宗，明悟好學。謙之常謂人曰：「興吾門者，當是此兒。」及長，涉獵書傳，好文詠。司空行參軍，轉長流參軍。除鎮遠將軍、冀州儀同府中兵參軍，爲府主封隆之所賞。隆之行梁州、濟州，引自隨，恒令總攝數郡。武定三年卒，年三十二。

緒弟孝貞，武定中，司徒士曹參軍。

孝貞弟孝幹，司空東閤祭酒。

謙之弟恭之，字道穆，行字於世。學涉經史，非名流儁士，不與交結。幼孤，事兄如父母。每謂人曰：「人生厲心立行，貴於見知，當使夕脫羊裘，朝佩珠玉者。若時不我知，便須退迹江海，自求其志。」

御史中尉元匡高選御史，道穆奏記於匡曰：「道穆生自蓬篙，長於陋巷。頗獵羣書，無純碩之德；尚好章詠，乏彫掞之工。雖欲厠影髦徒，班名俊伍，其可得哉？然凝明獨斷之主，雄才不世之君，無藉朽株之資，求人屠釣之下，不牽闇投之誚，取士商歌之中。是以聞英風而慷慨，望雲路而低佪者，天下皆是也。若得身隸繡衣，名充直指，雖謝周生騎上之敏，實有茅氏就鑊之心。」匡大喜曰：「吾久知其人，適欲召之。」遂引爲御史。其所糾摘，不避權豪，臺中事物，多爲匡所顧問。道穆曾進說於匡曰：「古人有言，罰一人當取千萬人懼，豺狼當道，不問狐狸。明公荷國重寄，宜使天下知法。」匡深然之。

正光中，出使相州。刺史李世哲卽尚書令崇之子，〔九〕貴盛一時，多有非法，逼買民宅，廣興屋宇，皆置鴟尾，又於馬埒堠上爲木人執節。道穆繩糾，悉毁去之，幷發其贓貨，具以表聞。又尒朱榮討蠕蠕，道穆監其軍事，榮甚憚之。還，除奉朝請，俄除太尉鎧曹參軍。

蕭寶夤西征，以道穆爲行臺郎中，軍機之事，多以委之。大都督崔延伯敗後，賊勢轉强，屢請益兵，朝廷不許。寶夤謂道穆曰：「非卿一行，兵無益理。」遂令乘傳赴洛。靈太后親問賊勢，道穆具以狀對。太后怒曰：「比來使人皆言賊弱，卿何獨云其强也！」道穆曰：「前使不實者，當是冀陛下恩顏，望霑爵賞。臣既忝使人，不敢虛妄。願令近臣親檢，足知虛實。」事訖當反，遇病不行。

後屬兄謙之被害，情不自安，遂託身於莊帝。帝時爲侍中，特相欽重，引居第中，深相保護。俄而，帝以兄事見出。道穆懼禍，乃攜家趣濟陰，變易姓名，往來於東平畢氏，以避時難。

莊帝卽位，徵爲尙書三公郎中，加寧朔將軍。尋兼吏部郎中，與薛曇尙書使晉陽，〔一〇〕授尒朱榮職，賜爵龍城侯。九月，除太尉長史，領中書舍人。遭母憂去職，帝令中書舍人溫子昇就宅弔慰，詔攝本任，表辭不許。三年，加前軍將軍。

及元顥逼虎牢城，或勸帝赴關西者，帝以問道穆，道穆對曰：「關中今日殘荒，何由可往。臣謂元顥兵衆不多，乘虛深入者，由國家將帥征捍不得其人耳。陛下若親率宿衞，高募重賞，背城一戰，臣等竭其股肱之力，破顥孤軍，必不疑矣。如恐成敗難測，非萬乘所履，便宜車駕北渡，循河東下。徵大將軍天穆合於滎陽，向虎牢；別徵尒朱王軍，令赴河內以掎角之。旬月之間，何往不克。臣竊謂萬全之計，不過於此。」帝曰：「高舍人語是。」其夜到河內郡北，未有城守可依，帝命道穆秉燭作詔書數十紙，布告遠近，於是四方知乘輿所在。除中軍將軍、給事黃門侍郎、安喜縣開國公，食邑千戶。於時尒朱榮欲回師待秋，道穆謂榮曰：「元顥以蕞爾輕兵，奄據京洛，使乘輿飄露，人神恨憤，主憂臣辱，良在於今。大王擁百萬之衆，輔天子而令諸侯，自可分兵河畔，縛筏造船，處處遣渡，徑擒羣賊，復主宮闕，此桓文之舉也。且一日縱敵，數世之患，今若還師，令顥重完守具，徵兵天下，所謂養虺成蛇，悔無及矣。」榮深然之，曰：「楊黃門侃已陳此計，當更議決耳。」

及莊帝反政，因宴次謂尒朱榮曰：「前若不用高黃門計，則社稷不安。可爲朕勸其酒令醉。」榮對曰：「臣本北征蠕蠕，高黃門與臣作監軍，臨事能決，實可任用。」除征南將軍、金紫光祿大夫、兼御史中尉。尋卽眞，仍兼黃門。道穆外秉直繩，內參機密，凡是益國利民之事，必以奏聞。諫諍極言，無所顧憚。選用御史，皆當世名輩，李希宗、李繪、陽休之、陽斐、封君義、邢子明、蘇淑、宋世良等四十人。

於時用錢稍薄，道穆表曰：「四民之業，錢貨爲本，救弊改鑄，王政所先。自頃以私鑄薄濫，官司糾繩，挂網非一。在市銅價，八十一文得銅一斤，私造薄錢，斤餘二百。旣示之以深利，又隨之以重刑，罹罪者雖多，姦鑄者彌衆。今錢徒有五銖之文，而無二銖之實，薄甚榆莢，上貫便破，置之水上，殆欲不沉。此乃因循有漸，科防不切，朝廷之愆，彼復何罪。昔漢文帝以五分錢小，改鑄四銖，至武帝復改三銖爲半兩。此皆以大易小，以重代輕也。論今據古，宜改鑄大錢，文載年號，以記其始，則一斤所成止七十六文。銅價至賤五十有餘，其中人功、食料、錫炭、鉛沙，縱復私營，不能自潤。直置無利，自應息心，況復嚴刑廣設也。以臣測之，必當錢貨永通，公私獲允。」後遂用楊侃計，鑄永安五銖錢。

僕射尒朱世隆當朝權盛，因內見衣冠失儀，道穆便卽彈糾。帝姊壽陽公主行犯淸路，執赤棒卒呵之不止，道穆令卒棒破其車。公主深以爲恨，泣以訴帝。帝謂公主曰：「高中尉淸直之人，彼所行者公事，豈可私恨責之也。」道穆後見帝，帝曰：「一日家姊行路相犯，極以爲愧。」道穆免冠謝曰：「臣蒙陛下恩，守陛下法，不敢獨於公主虧朝廷典章，以此負陛下。」帝曰：「朕以愧卿，卿反謝朕。」尋敕監儀注。又詔曰：「祕書圖籍所在，內典□書，又加繕寫，緗素委積，蓋有年載。出內繁蕪，多致零落。可令御史中尉、兼給事黃門侍郎道穆總集帳目，幷牒儒學之士，編比次第。」

道穆又上疏曰：「臣聞舜命皐陶，姦宄是託；禹泣罪人，堯心爲念。所以擧直措枉，事切曩賢；明德愼罰，議存先典。高祖太和之初，置廷尉司直，論刑辟是非，雖事非古始，交濟時要。所謂禮樂互興，不相沿襲者矣。臣以無庸，忝當今任，所思報效，未忘寢興。但識謝知今，業慚稽古，未能進一言以利國，說一策以興邦，索米長安，豈不知愧。至於職司其憂，猶望僶俛。竊見御史出使，悉受風聞，雖時獲罪人，亦不無枉濫。何者？得堯之罰，不能不怨。守令爲政，容有愛憎。姦猾之徒，恒思報惡，多有妄造無名，共相誣謗。御史一經檢究，耻於不成，杖木之下，以虛爲實，無罪不能自雪者，豈可勝道哉。臣雖愚短，守不假器，繡衣所指，冀以淸肅。若仍踵前失，或傷善人，則尸祿之責，無所逃罪。所以夙夜爲憂，思有悛革。如臣鄙見，請依太和故事，還置司直十人，名隸廷尉，秩以五品，選歷官有稱，心平性正者爲之。御史若出糾劾，即移廷尉，令知人數。廷尉遣司直與御史俱發，所到州郡，分居別館。御史檢了，移付司直覆問，事訖與御史俱還。中尉彈聞，廷尉科按，一如舊式。庶使獄成罪定，無復稽寬；爲惡取敗，不得稱枉。若御史、司直糾劾失實，悉依所斷獄罪之。聽以所檢，迭相糾發。如二使阿曲，有不盡理，聽罪家詣門下通訴，別加按檢。如此，則肺石之傍，怨訟可息；叢棘之下，受罪吞聲者矣。」詔從之，復置司直。

及尒朱榮之死也，帝召道穆付赦書，令宣於外。因謂之曰：「自今日後，當得精選御史矣。」先是，榮等常欲以其親黨爲御史，故有此詔。及尒朱世隆等率其部類戰於大夏門北，道穆受詔督戰，又贊成太府卿李苗斷橋之計，世隆等於是北遁。加衞將軍、假車騎將軍、大都督、兼尚書右僕射、南道大行臺。又除車騎將軍，餘官如故。時雖外託征蠻，而帝恐北軍不利，欲爲南巡之計。未發，會尒朱兆入洛，道穆慮禍及已，託病去官。世隆以道穆忠於前朝，遂害之，時年四十二。太昌中，贈使持節、都督雍秦二州諸軍事、車騎大將軍、儀同三司、雍州刺史。

子士鏡，襲爵。爲北豫州刺史。高仲密擁入關。

道穆弟謹之，繼沮渠氏後。卒於滄州平東府主簿，年三十五。贈通直郎。無子。

謹之弟愼之，字道密。好學，有諸兄風。年二十三，卒，無子，以兄謙之第二子緒繼焉。

史臣曰：宋翻剛鯁自立，猛而斷務。辛雄以吏能歷職，任智效官。羊深以才幹從事，聲迹可紀。楊機清斷在公。高崇明濟爲用。謙之兄弟，咸政事之敏，飾學有聞，列于朝廷，豈徒然也。深失之晚節，至於顚覆，惜乎！

校勘記

〔一〕北溝求救　按「北溝」不見記載。卷九肅宗紀孝昌元年十二月詔稱「北淸懸危，南陽告急」，卽此傳所敍事。「北溝」當是「北淸」之訛。卷一〇六下地形志下荆州有「北淸郡」，錢氏考異卷三〇據上引肅宗紀及卷七三楊大眼傳以爲「淸」當作「淯」。其地在今河南南陽市之北，此傳上文說「裴衍西通鵶路」的第一鵶也卽在其地，可證。

〔二〕若不除煩收疾　册府卷六五五七八四六頁「收」作「救」，疑是。

〔三〕東軍不守　册府卷四一七四九七五頁「軍」作「中」。按上文稱永安二年元顥攻城，尒朱世隆狼狽退還云云，據卷七五世隆傳稱：「元顥逼大梁，詔假儀同三司、前軍都督，鎭虎牢。」下文又說纂「還鎮虎牢」，知辛纂所守之城卽虎牢。卷一〇六地形志中北豫州條，云太和十九年於虎牢置「東中府」。這裏「軍」當是「中」之訛。又上記辛纂官「平東將軍、中郎將」，「中郎將」上亦當有「東」字。

〔四〕父敬宗　北史卷五〇辛雄傳附辛琛作「祖敬宗，父樹寶」。按元和姓纂輯本卷三辛氏稱「敬宗曾孫術」，術卽琛子，又唐書卷七三上宰相世系表也是敬宗、樹寶、琛分列三代，當是此傳脫去「樹寶」，「父敬宗」亦當作「祖敬宗」。

〔五〕子懿　北史卷五〇辛雄傳末「懿」作「慤」。按辛慤見北齊書卷四三源彪傳、元和姓纂輯本卷三、唐書卷七三上宰相世系表。據姓纂，懿乃慤六世祖，不應同名。這裏「懿」當是「慤」之訛。

〔六〕太山平陽人　殿本考證云：「按北史羊祉傳卷三九祉太山鉅平人。本書地形志卷一〇六中泰山郡有鉅平，若平陽則屬高平郡，又有陽平，則屬魯郡，當以鉅平爲是。」按本書卷八八良吏羊敦傳、卷八九酷吏羊祉傳並云「太山鉅平人」。羊氏本泰山南城人，羊祜封鉅平侯，後人或稱鉅平，或稱梁父，這裏「平陽」當誤。

〔七〕正平薛鳳賢等聚衆作逆　諸本「正」作「王」，北史卷三九羊祉附羊深傳大德本作「正」，百衲本從他本改「王」。按通志卷一四九羊深傳也作「正」，知北史本是「正」字。本書卷一〇六上地形志上東雍州有正平郡。薛鳳賢於正平起事，見本書卷二五、北史卷二二長孫道生附長孫稚傳。北史避唐諱「稚」作「幼」。「王」字訛，今據改。

〔八〕憚比刑書　北史卷五〇高道穆附高謙之傳「比」作「此」，疑是。

〔九〕刺史李世哲卽尚書令崇之子　北史卷五〇高道穆傳「刺史」上有「前」字。按卷六六李崇附李世哲傳，世哲此時已徵爲兼太常卿，疑此傳脫「前」字。

〔一〇〕與薛曇尚書使晉陽　按薛曇尚，附卷四四薛野賭傳，這時他以司徒左長史兼吏部尚書出使晉陽，授尒朱榮官。疑「書」字衍。但「曇尚」也可單稱「曇」，「尚書」作官名連讀，亦可通，今仍之。

魏書卷七十八

列傳第六十六

孫紹　張普惠

孫紹，字世慶，昌黎人。世仕慕容氏。祖志入國，卒於濟陽太守。父協，字文和，上黨太守。紹少好學，通涉經史，頗有文才，陰陽術數，多所貫涉。初爲校書郎，稍遷給事中，自長兼羽林監爲門下錄事。朝廷大事，好言得失，遂爲世知。曾著釋典論，雖不具美，時有可存。與常景等共修律令。

延昌中，紹表曰：

臣聞建國有計，雖危必安；施化能和，雖寡必盛；治乖人理，雖合必離；作用失機，雖成必敗。此乃古今同然，百王之定法也。伏惟大魏應天明命，兆啓無窮，畢世後仁，祚隆七百。今二虢京門，下無嚴防；南、北二中，復闕固守。長安、鄴城，股肱之寄，穰城、上黨，腹背所憑。四軍五校之軌，領、護分事之式，徵兵儲粟之要，舟車水陸之資，山河要害之權，緩急去來之用，持平赴救之方，節用應時之法，特宜修置，以固堂堂之基。持盈之體，何得而忽？居安之辰，故應危懼矣。

且法開清濁，而清濁不平；申滯理望，而卑寒亦免。士庶同悲，兵徒懷怨。中正賣望於下里，主按舞筆於上臺，眞僞混淆，知而不糾，得者不欣，失者倍怨。使門齊身等，而涇渭奄殊；類應同役，而苦樂懸異。士人居職，不以爲榮；兵士役苦，心不忘亂。故有競棄本出，飄藏他土。或詭名託養，散在人間；或亡命山藪，漁獵爲命；或投仗强豪，寄命衣食。又應遷之戶，逐樂諸州；應留之徒，避寒歸暖。兼職人子弟，隨逐浮遊，南北東西，卜居莫定。關禁不修，任意取適。如此之徒，不可勝數。爪牙不復爲用，百工爭棄其業。混一之計，事實闕如；考課之方，責辦無日。流浪之徒，決須精校。今强敵窺時，邊黎伺隙，內民不平，久戍懷怨，戰國之勢，竊謂危矣。必造禍源者，北邊鎭戍之人也。

若夫一統之年，持平用之者，大道之計也；亂離之期，縱橫作之者，行權之勢也。故道不可久，須文質以換情；權不可恒，隨洿隆以收物。文質應世，道形自安；洿隆獲衷，權勢亦濟。然則，王者計法之趣，化物之規，圓方務得其境，人物不失其地。又先帝時，律令並議，律尋施行，令獨不出，十餘年矣。臣以令之爲體，卽帝王之身也，分處百揆之儀，安置九服之節，經緯三才之倫，包羅六卿之職，措置風化之門，作用賞罰之要，乃是有爲之樞機，世法之大本也。然修令之人，亦皆博古，依古撰置，大體可觀，比之前令，精粗有在。但主議之家，太用古制。若全依古，高祖之法，復須昇降，誰敢措意有是非哉？以是爭故，久廢不理。然律令相須，不可偏用，今律班令止，於事甚滯。若令不班，是無典法，臣下執事，何依而行？臣等修律，非無勤止，署下之日，臣乃無名。是謂農夫盡力，他食其秋，功名之所，實懷於悒。

未幾，出除濟陰太守。還，歷司徒功曹參軍，步兵、長水校尉。正光初，兼中書侍郎，使高麗。還，爲鎭遠將軍、右軍將軍。久之，爲徐兗和糴使。還朝，大陳軍國利害，不報。紹又表曰：「臣聞文質互用，治道以之緝熙；汚隆得時，人物以之通濟。故能事恢三靈，仁洽九服。伏惟陛下應靈踐阼，沖明照物，宰輔忠純，伊霍均美，旣致昇平之基，應成無爲之業。而漠北叛命，隴右構逆，中州驚擾，民庶竊議，其故何哉？皆由上法不通，下情怨塞故也。臣雖愚短，具鑒始末。往在代都，武質而治安；中京以來，文華而政亂。故臣昔於太和，極陳得失，具論四方華夷心態，高祖垂納，文應可尋。延昌、正光，奏疏頻上，主者收錄，不蒙報問，卽日事勢，乃至於此，盡微臣豫陳之驗。今東南有竊號之豎，西北有逆命之寇，豈得怨天，實尤人矣。臣今不憂荒外，正慮中畿，急須改張，以寧其意。若仍持疑，變亂尋作，肘腋一乖，大事去矣。然臣奉國四世，欣戚是同，但職在冗散，不關樞密，寧濟之計，欲陳無所，可謂經緯甚多，無機可織。夫天下者，大器也。一正難傾，一傾難正。當今之危，蹻足之急，臣備肉食，痛心無已。泣血上陳，願垂採察。若得言參執事，獻可替否，寇逆獲除，社稷稱慶，雖死如生，犬馬情畢。」

紹性抗直，每上封事，常至懇切，不憚犯忤。但天性疏脫，言乍高下，時人輕之，不見採納。紹兄世元早卒，世元善彈箏，紹後聞箏聲便涕泗嗚咽，捨之而去，世以此尚之。

除驍騎將軍，使吐谷渾。還，爲太府少卿。嘗因朝見，靈太后謂曰：「卿年稍老矣。」紹曰：「臣年雖老，臣卿乃少。」〔一〕太后笑之。遷右將軍、太中大夫。紹嘗與百僚赴朝，東掖未開，守門候旦。紹於衆中引吏部郎中辛雄於衆外，竊謂之曰：「此中諸人，尋當死盡，唯吾與卿猶享富貴。」雄甚駭愕，不測所以。未幾有河陰之難。紹善推祿命，事驗甚多，知者異之。

建義初，除衞尉少卿，將軍如故。轉金紫光祿大夫。永安中，拜太府卿。以前參議正光壬子曆，賜爵新昌子。太昌初，遷左衞將軍、右光祿大夫。永熙二年卒，時年六十九。贈都督冀瀛滄三州諸軍事、驃騎大將軍、尚書左僕射、冀州刺史，謚曰宣。

子伯元，襲。齊受禪，例降。

伯元弟叔利，右將軍、太中大夫。

紹從父弟瑜，濟州長史。

瑜弟彝，字鳳倫。太和中，舉秀才。稍遷步兵校尉。卒於武邑太守。贈征虜將軍、營州刺史。

子伯融，出繼瑜後。武定末，□□太守。

伯融嫡弟子寬，開府田曹參軍。

張普惠，字洪賑，常山九門人。身長八尺，容貌魁偉。父曄，爲齊州中水縣令，隨父之縣，受業齊土，專心墳典，克厲不息。及還鄉里，就程玄講習，精於三禮，兼善春秋，百家之說，多所窺覽，諸儒稱之。

太和十九年，爲主書，帶制局監，與劉桃符、石榮、劉道斌同員共直，頗爲高祖所知。轉尚書都令史。任城王澄重其學業，爲其聲價，僕射李沖曾至澄處，見普惠言論，亦善之。世宗初，轉積射將軍。澄爲安西將軍、雍州刺史，啓普惠爲府錄事參軍，尋行馮翊郡事。

澄功衰在身，欲於七月七日集會文武，北園馬射。普惠奏記於澄曰：「竊聞三殺九親，別疏昵之敍；五服六術，等衰麻之心。皆因事飾情，不易之道者也。然則莫大之痛，深於終身之外；書策之哀，除於喪紀之內。外者不可無節，故斷之以三年；內者不可遂除，故敦之以日月。禮，大練之日，鼓素琴。蓋推以卽吉也。小功以上，非虞祔練除不沐浴，此拘之以制也。曾子問曰：『相識有喪服，可以與於祭乎？』孔子曰：『緦不祭，又何助於人。』祭既不與，疑無宴食之道。又曰：『廢喪服，可以與於饋奠之事乎？』子曰：『脫衰與奠，非禮也。』注云：『爲其忘哀疾。』愚謂除喪之始，不與饋奠，小功之內，其可觀射乎？雜記云：『大功以下，既葬適人，人食之，其黨也食之，非黨也不食。』食猶擇人，於射爲惑。伏見明敎，立射會之限，將以二七令辰，集城中文武，肆武藝於北園，行揖讓於中否。時非大閱之秋，景涉妨農之節，國家縞禫甫除，殿下功衰仍襲，釋而爲樂，以訓百姓，便是易先王之典敎，忘哀戚之情，恐非所以昭令德、視子孫者也。按射儀，射者以禮樂爲本，忘而從事，不可謂禮，鍾鼓弗設，不可謂樂。捨此二者，何用射爲？又七日之戲，令制無之，班勞所施，慮違事體。庫府空虛，宜待新調，二三之趣，停之爲便。乞至九月，備飾盡行，然後奏狸首之章，宣矍相之令，聲軒懸，建雲鉦，神民忻暢於斯時也。伏惟慈明遠被，萬民是望，舉動所書，發言唯則，願更廣訪，賜垂曲採，昭其管見之心，恕其讜言之責，則芻蕘無遺歌，輿人有獻誦矣。」澄意納其言，託辭自罷，乃答曰：「文武之道，自昔成規；明耻教戰，振古常軌。今雖非公制，而此州承前，已有斯式，既不勞民損公，任其私射，復何失也？且纂文習武，人之常藝，豈可於常藝之間，要須令制乎？比適欲依前州府相率，王務之暇，肄藝良辰，亦未言費用庫物也。禮，兄弟內除，明哀已殺；小功，客至主不絕樂。聽樂則可，觀武豈傷？直自事緣須罷，先以令停，方獲此請，深具來意。」

澄轉揚州，啓普惠以羽林監領鎮南大將軍開府主簿，尋加威遠將軍。普惠既爲澄所知，歷佐二藩，甚有聲譽。旋京之日，裝束藍縷，澄賚絹二十匹以充行資。還朝，仍羽林監。

又澄遭太妃憂，臣僚爲立碑頌，題碑欲云「康王元妃之碑」。澄訪於普惠。答曰：「謹尋朝典，但有王妃，而無元字。魯夫人孟子稱『元妃』者，欲下與『繼室聲子』相對。今烈懿太妃作配先王，更無聲子、仲子之嫌，竊謂不假『元』字以別名位。且以氏配姓，愚以爲在生之稱。故春秋『夫人姜氏至自齊』，既葬，以謚配姓，故經書『葬我小君文姜氏』，〔三〕又曰『來歸夫人成風之襚』。皆以謚配姓。古者婦人從夫謚。今烈懿太妃德冠一世，故特蒙褒錫，乃萬代之高事，豈容於定名之重，而不稱烈懿乎？」澄從之。

及王師大舉，重征鍾離，普惠爲安樂王詮別將長史。班師，除揚烈將軍、相州安北府司馬。遷步兵校尉。後以本官領河南尹丞。世宗崩，坐與甄楷等飲酒遊從，免官。驍騎將軍刁整，家有舊訓，將營儉葬。普惠以爲矯時太甚，與整書論之。事在刁雍傳。故事：免官者，三載之後降一階而敍，若才優擢授，不拘此限。熙平中，吏部尚書李韶奏普惠有文學，依才優之例，宜特顯敍，敕除寧遠將軍、司空倉曹參軍。朝議以不降階爲榮。時任城王澄爲司空，表議書記，多出普惠。

廣陵王恭、北海王顥，疑爲所生祖母服期與三年，博士執意不同，詔羣僚會議。普惠議曰：「謹按二王祖母，皆受命先朝，爲二國太妃，可謂受命於天子，爲始封之母矣。喪服『慈母如母』，在三年章。傳曰：『貴父命也。』鄭注云：『大夫之妾子，父在爲母大功，則士之妾子爲母期。父卒則皆得申。』此大夫命其妾子，以爲母所慈，猶曰貴父命，爲之三年，況天子命其子爲列國王，命其所生母爲國太妃，反自同公子爲母練冠之與大功乎？輕重顛倒，不可之甚者也。傳曰，『始封之君，不臣諸父昆弟』，則當服其親服。若魯衞列國，相爲服期，判無疑矣。何以明之？喪服，『君爲姑姊妹女子嫁於國君者』，傳曰：『何以大功？尊同也。尊同，則得服其親服。諸侯之子稱公子，公子不得禰先君。』然則兄弟一體。位列諸侯，自以尊同得相爲服，不可還準公子，遠厭天王。故降有四品，君、大夫以尊降，公子、大夫之子以厭降。名例不同，何可亂也。禮，大夫之妾子，以父命慈己，申其三年。太妃既受命先帝，光昭一國，二王胙土茅社，顯錫大邦，舍尊同之高據，附不禰之公子，雖許蔡失位，亦不是過。

服問曰：『有從輕而重，公子之妻爲其皇姑。』公子雖厭，妻尚獲申，況廣陵、北海，論封則封君之子，語妃則命妃之孫。承妃纂重，遠别先皇，更以先后之正統，厭其所生之祖嫡，方之皇姑，不以遥乎？今既許其申服，而復限之以期，比之慈母，不亦爽歟！經曰：『爲君之祖父母、父母、妻、長子』，傳曰：『何以期？父母長子君服斬，妻則小君。父卒，然後爲祖後者服斬。』今祖乃獻文皇帝，諸侯不得祖之，母爲太妃，蓋二王三年之證。議者近背正經以附非類，差之毫毛，所失或遠。且天子尊則配天，莫非臣妾，何爲命之爲國母而不聽子服其親乎？記曰：『從服者，所從亡，則已。』又曰：『不爲君母之黨服，則爲其母之黨服。』〔二〕今所從既亡，不以親服服其所生，則屬從之服於何所施？若以諸王入爲公卿，便同大夫者，則當今之議，皆不須以國爲言也。今之諸王，自同列國，雖不之國，别置臣僚，玉食一方，不得以諸侯言之。敢據周禮，輒同三年。」

當時議者亦有同異。國子博士李郁於議罷之後，書難普惠。普惠據禮還答，鄭重三返，郁議遂屈。轉諫議大夫。澄謂普惠曰：「不喜君得諫議，唯喜諫議得君。」

時靈太后父司徒胡國珍薨，贈相國、太上秦公。普惠以前世后父無「太上」之號，詣闕上疏，陳其不可，左右畏懼，莫敢爲通。會聞胡家穿壙下墳有磐石，乃密表曰：

臣聞優名寶位，王者之所光錫；尊君愛親，臣子所以慎終。必使勳績相侔，號秩相可，然後能顯揚當時，傳徽萬代者矣。竊見故侍中、司徒胡公，懷道含靈，實誕聖后，載育至尊，母儀四海，近樞克唯允之寄，居槐體論道之明。故以功餘九錫，褒假鑾轟，深聖上之加隆，極慈后之至愛，憲章天下，不亦可乎？而「太上」之號，竊謂未衷。何者？易稱：「天尊地卑，乾坤定矣。」故曰「大哉乾元」，又曰「至哉坤元」。明乾坤不可並大。禮記曰：「天無二日，土無二王。嘗禘郊社，尊無二上。」明君臣不可並上。伏見詔書，以司徒爲太上秦公，夫人爲太上秦君。夫人蒙號於前，司徒繫之於後，尊光之美盛矣。竊惟高祖受禪於獻文皇帝，故仰尊爲太上皇，此因上上而生名也。皇太后稱令以繫敕下，蓋取三從之道，遠同文母，列於十亂，則司徒之爲太上，恐乖繫敕之意。春秋傳曰：葬稱公，臣子辭。明不可復加上也。書曰：「茲予大饗于先王，爾祖其從與饗之。」司徒位尊屬重，必當配饗先朝，稱太上以爲臣，以事太上皇，恐非司徒翼翼之心。漢祖創有天下，尊父曰「太上皇」，母曰「昭靈后」，乃帝者之事。晉有「小子侯」，尙曰僭之於天子。司徒，三公也，其可同號於帝乎？孔子曰：「必也正名，名不正則言不順，言不順則事不成，事不成則禮樂不興，禮樂不興則刑罰不中，刑罰不中則民無所措手足。」易曰「有大者不可以盈，故受之以謙」，「謙尊而光，卑而不可踰」，「天道虧盈而益謙，地道變盈而流謙，鬼神害盈而福謙，人道惡盈而好謙」。又曰：「困於上者必反於下，故受之以井。」比剋吉定兆，而以淺改卜，羣心悲惋，亦或天地神靈所以垂至戒，啓聖情。伏願聖后回日月之明，察微臣之請，停司徒逼同之號，從卑下不踰之稱，畏困上之鑒，邀謙光之福，則天下幸甚。

臣聞見災修德，災變成善。此太戊所以興殷，桑穀以之自滅。況今卜遷方始，當修革之會，愚以爲無上之名，不可假之，脫譏於千載，恐貽不言之咎。且君之於臣，比葬三臨之，禮也。司徒誠爲后父，實人臣也。雖子尊不加於父，乃天下母以義斷恩，不可遂在室之意，故曰「女子有行，遠父母兄弟」。況乃應坤之載，承天之重，而朔望於司徒之殯，晨昏於郊墓之間，雖聖思蒸蒸，其不虞宜戒。離宸極之嚴居，疲雲蹕於道路，此亦億兆蒼生，瞻仰失圖。伏願尋載馳之不歸，存靜方之光大，則草木可繁，人靈斯穆。臣職忝諫司，敢獻狂瞽，謹冒上聞，不敢宣露，乞垂省覽，昭臣微款，脫得奉謁聖顏，曲盡愚衷者，死且不朽。

太后覽表，親至國珍宅，召集王公、八座、卿尹及五品已上，博議其事，遣使召普惠與相問答，又令侍中元叉、中常侍賈璨監觀得失。任城王澄問普惠曰：「漢高作帝，尊父爲太上皇。今聖母臨朝，贈父太上公，求之故實，非爲無準。且君舉作則，何必循舊。」對曰：「天子稱詔，太后稱令，故周臣十亂，文母預焉。仰思所難，竊謂非匹。」澄曰：「前代太后亦有稱詔，聖母自欲存謙光之義，故不稱耳，何得以詔令之別，而廢嚴父之孝？」對曰：「后父太上，自昔未有。前代母后豈不欲尊崇其親，王何以不遠謨古義，而近順今旨。未審太后何故謙於稱詔，而不謙於太上。竊願聖后終其謙光。」太傅、清河王懌曰：「昔在僭晉，褚氏臨朝，殷浩遺褚裒書曰『足下，今之太上皇也』，況太上公而致疑。」對曰：「褚裒以女輔政辭不入朝。淵源譏其不恭，故有太上之刺。本稱其非，不記其是。不謂殿下以此賜難。」侍中崔光曰：「張生表中引晉有小子侯，出自鄭注，非爲正經。」對曰：「雖非正經之文，然述正經之旨。公好古習禮，復固斯難？」御史中尉元匡因謂崔光曰：「張表云，晉之小子侯，以號同稱僭。今者，太上公名同太上皇，比晉小子，義似相類。但不學不敢辨其是非。」普惠對曰：「中丞既疑其是，不正其非，豈所望於三獨。」尙書崔亮曰：「諫議所見，正以太上之號不應施於人臣。然周有太公尙父，亦兼二名。人臣尊重之稱，固知非始今日。」普惠對曰：「尙父者，有德可尙；太上者，上中之上。名同義異，此亦非並。」亮又曰：「古有文王、武王，亦有文子、武子。然則，太上皇、太上公亦何嫌其同也？」普惠對曰：「文武者，德行之迹，故迹同則謚同。太上者，尊極之位，豈得通施於臣下！」廷尉少卿袁翻曰：「周官：上公九命，上大夫四命。命數雖殊，同爲上，何必上者皆是極尊？」普惠厲聲訶翻曰：「禮有下卿上士，〔四〕何止大夫與公！但今所行，以太加上，二名雙舉，不得非極。雕蟲小藝，微或相許，至於此處，豈卿所及！」翻甚有慚色，默不復言。任城王澄曰：「諫諍之體，各言所見，至於用捨，固在應時。卿向答袁氏，聲何太厲？」普惠對曰：「所言若是，宜見採用；所言若非，懼有罪及。是非須辨，非爲苟競。」澄曰：「朝廷方開不諱之門，以廣忠言之路。卿今意在向義，何云乃慮罪罰。」議者咸以太后當朝，志相崇順，遂奏曰：「張普惠辭雖不屈，然非臣等所同。渙汗已流，請依前詔。」太后復遣元叉、賈璨宣令謂普惠曰：「朕向召卿與羣臣對議，往復既終，皆不同卿表。朕之所行，孝子之志；卿之所陳，忠臣之道。羣公已有成議，卿不得苦奪朕懷。後有所見，勿得難言。」普惠於是拜令辭還。

初，普惠被召，傳詔馳驊騮馬來，甚迅速，佇立催去，普惠諸子憂怖涕泣。普惠謂曰：「我當休明之朝，掌諫議之職，若不言所難言，諫所難諫，便是唯唯，曠官尸祿。人生有死，死得其所，夫復何恨。然朝廷有道，汝輩勿憂。」及議罷，旨勞還宅，親故賀其幸甚。時中山莊弼遺書普惠曰：〔五〕「明侯淵儒碩學，身負大才，秉此公方，來居諫職，謇謇如也，諤諤如也。一昨承胡司徒第，當面折庭諍，雖問難鋒至，而應對響出，宋城之帶始縈，魯門之柝裁警，終使羣后逡巡，庶僚拱默，雖不見用於一時，固已傳美於百代。聞風快然，敬裁此白。」普惠美其此書，每爲口實。

普惠以天下民調，幅度長廣，尚書計奏，復徵綿麻，恐其勞民不堪命，上疏曰：

伏聞尚書奏復綿麻之調，尊先皇之軌，夙宵惟度，忻戰交集。何者？聞復高祖舊典，所以忻惟新；俱可復而不復，所以戰違法。仰惟高祖廢大斗，去長尺，改重秤，所以愛萬姓，從薄賦。知軍國須綿麻之用，故云幅度之間，億兆應有綿麻之利，故絹上稅綿八兩，布上稅麻十五斤。萬姓得廢大斗，去長尺，改重秤，荷輕賦之饒，不適於綿麻而已，〔六〕故歌舞以供其賦，奔走以役其勤，天子信於上，億兆樂於下。故易曰：悅以使民，民忘其勞。此之謂也。

自茲以降，漸漸長闊，百姓嗟怨，聞於朝野。伏惟皇太后未臨朝之前，陛下居諒闇之日，宰輔不尋其本，知天下之怨綿麻，不察其幅廣、度長、秤重、斗大，革其所弊，存其可存，而特放綿麻之調，以悅天下之心，此所謂悅之不以道，愚臣所以未悅者也。尚書既知國少綿麻，不惟法度之□易，〔七〕民言之可畏，便欲去天下之大信，棄已行之成詔，追前之非，遂後之失，奏求還復綿麻，以充國用。不思庫中大有綿麻，而羣官共竊之。愚臣以爲於理未盡。何者？今宮人請調度，〔八〕造衣物，必度忖秤量。絹布，匹有尺丈之盈，一猶不計其廣；絲綿，斤兼百銖之剩，未聞依律罪州郡。若一匹之濫，一斤之惡，則鞭戶主，連三長，此所以教民以貪者也。今百官請俸，人樂長闊，并欲厚重，無復準極。得長闊厚重者，便云其州能調，絹布精闊且長，橫發美譽，以亂視聽；不聞嫌長惡廣，求計還官者。此百司所以仰負聖明也。

今若必復綿麻者，謂宜先令四海知其所由，明立嚴禁，復本幅度，新綿麻之典，依太和之稅。其在庫絹布幷及絲綿，不依典制者，請遣一尚書與太府卿、左右藏令，依今官度、官秤，計其斤兩、廣長，折給請俸之人。總常俸之數，千俸所出，以布綿麻，亦應其一歲之用。〔九〕使天下知二聖之心，愛民惜法如此，則高祖之軌中興於神龜，明明慈信照布於無窮，則孰不幸甚。伏願亮臣悾悾之至，下慰蒼生之心。

普惠又表乞朝直之日，時聽奉見。自此之後，月一陛見。又以肅宗不親視朝，過崇佛法，郊廟之事，多委有司，上疏曰：「臣聞明德卹祀，成湯光六百之祚；嚴父配天，孔子稱周公其人也。故能馨香上聞，福傳遐世。伏惟陛下重暉纂統，欽明文思，天地屬心，百神佇望，故宜敦崇祀禮，咸秩無文。而告朔朝廟，不親於明堂；嘗禘郊社，多委於有司。觀射遊苑，躍馬騁中，危而非典，豈清蹕之意。殖不思之冥業，損巨費於生民。減祿削力，近供無事之僧；崇飾雲殿，遠邀未然之報。昧爽之臣，稽首於外；玄寂之衆，遨遊於內。愆禮忤時，人靈未穆。愚謂從朝夕之因，〔一〇〕求祇劫之果，未若先萬國之忻心，以事其親，使天下和平，災害不生者也。伏願淑愼威儀，萬邦作式，躬致郊廟之虔，親紆朔望之禮，釋奠成均，竭心千畝，明發不寐，潔誠禋禩。孝悌可以通神明，德教可以光四海，則一人有喜，兆民賴之。然後精進三寶，信心如來。道由禮深，故諸漏可盡；法隨禮積，故彼岸可登。量撤僧寺不急之華，還復百官久折之秩。已興之構，務從簡成；將來之造，權令停息。仍舊亦可，何必改作。庶節用愛人，法俗俱賴。臣學不經遠，言多孟浪，忝職其憂，不敢默爾。」尋別敕付外，議釋奠之禮。

時史官剋日蝕，豫敕罷朝。普惠以逆廢非禮，上疏陳之。又表論時政得失。一曰，審法度，平斗尺，租調務輕，賦役務省。二曰，聽輿言，察怨訟，先皇舊事有不便於政者，請悉追改。三曰，進忠謇，退不肖，任賢勿貳，去邪勿疑。四曰，興滅國，繼絕世，勳親之胤，所宜收敍。書奏，肅宗、靈太后引普惠於宣光殿，隨事難詰，延對移時。令曰：「寧有先皇之詔，一一翻改！」普惠僶俛不言。令曰：「卿似欲致諫，故以左右有人，不肯苦言。朕爲卿屏左右，卿其盡陳之。」對曰：「聖人之養庶物，愛之如傷，況今二聖纂承洪緒，妻承夫，子承父，夫、父之不可，安然仍行，豈先帝傳委之本意？仰惟先帝行事，或有司之謬，或權時所行，在後以爲不可者，皆追而正之。聖上忘先帝之自新，不問理之伸屈，一皆抑之，豈蒼生黎庶所仰望於聖德？」太后曰：「小小細務，一一翻動，更成煩擾。」普惠曰：「聖上之養庶物，若慈母之養赤子。今赤子幾臨危壑，將赴水火，以煩勞而不救，豈赤子所望於慈母！」太后曰：「天下蒼生，寧有如此苦事？」普惠曰：「天下之親懿，莫重於太師彭城王，然遂不免枉死。微細之苦，何可得無？」太后曰：「彭城之苦，吾已封其三子，何足復言！」普惠曰：「聖后封彭城之三子，天下莫不忻至德，知慈母之在上。臣所以重陳者，凡如此枉，乞垂聖察。」太后曰：「卿云『興滅國，繼絕世』，滅國絕世，竟復誰是？」普惠曰：「昔淮南逆終，漢文封其四子，蓋骨肉之不可棄，親親故也。竊見故太尉咸陽王、冀州刺史京兆王，乃皇子皇孫，一德之虧，自貽悔戾，沉淪幽壤，緬焉弗收，豈是興滅繼絕之意？乞收葬二王，封其子孫，愚臣之願。」太后曰：「卿言有理，朕深戢之，當命公卿博議此事。」

及任城王澄薨，普惠以吏民之義，又荷其恩待，朔望奔赴，至於禫除，雖寒暑風雨，無不必至。初澄嘉賞普惠，臨薨，啓爲尚書右丞。靈太后既深悼澄，覽啓從之。詔行之後，尚書諸郎以普惠地寒，不應便居管轄，相與爲約，並欲不復上省，紛紜多日乃息。

正光二年，詔遣楊鈞送蠕蠕主阿那瓌還國。普惠謂遣之將貽後患，上疏曰：「臣聞乾元以利貞爲大，非義則不動；皇王以博施爲功，非類則不從。故能始萬物而化天下者也。伏惟陛下叡哲欽明，道光虞舜，八表宅心，九服清晏。蠕蠕相害於朔垂，妖師扇亂於江外，此乃封豕長蛇，不識王度，天將悔其罪，所以奉皇魏。故荼毒之，辛苦之，令知至道之可樂也。宜安民以悅其志，恭己以懷其心。而先自勞擾，艱難下民，興師郊甸之內，遠投荒塞之外，救累世之勁敵，可謂無名之師。諺曰『唯亂門之無過』，愚情未見其可。當是邊將窺竊一時之功，不思兵爲凶器，不得已而用之者也。夫白登之役，漢祖親困之。樊噲欲以十萬衆橫行匈奴中，季布以爲不可，請斬之。千載以爲美。況今旱酷異常，聖慈降膳，乃以萬五千人使楊鈞爲將而欲定蠕蠕，忤時而動，其可濟乎？阿那瓌投命皇朝，撫之可也，豈容困疲我兆民以資天喪之虜。昔莊公納子糾，以致乾時之敗；魯僖以邾國，而有懸胄之耻。今蠕蠕時亂，後主繼立，雖云散亡，姦虞難抑。脫有井陘之慮，楊鈞之肉其可食乎！高車、蠕蠕，連兵積年，飢饉相仍，須其自斃，小亡大傷，然後一舉而并之。此卞氏之高略，所以獲兩虎，不可不圖之。今土山告難，簡書相續，蓋亦無能爲也，正與今舉相會，天其或者欲以告戒人，不欲使南北兩疆，並興大衆。脫狂狡構間於其間，而復事連中國，何以寧之？今宰輔專欲好小名，不圖安危大計，此微臣所以寒心者也。那瓌之不還，負何信義？此機之際，北師宜停。臣言不及義，文書所經過，不敢不陳。兵猶火也，不戢將自焚。二虜自滅之形，可以爲殷鑒。伏願輯和萬國，以靜四疆，混一之期，坐而自至矣。臣愚昧多違，必無可採，匹夫之智，願以呈獻。」表奏，詔答曰：「夫窮鳥歸人，尚或興惻，況那瓌嬰禍流離，遠來依庇，在情在國，何容弗矜。且納亡興喪，有國大義，皇魏堂堂，寧廢斯德。後主亂亡，似當非謬，此送彼迎，想無拒戰。國義宜表，朝算已決，卿深誠厚慮，朕用嘉戢。但此段機略，不獲相從，脫後不逮，勿憚匡言。」

時蕭衍義州刺史文僧明舉城歸順，揚州刺史長孫稚遣別駕封壽入城固守，衍將裴邃、湛僧率衆攻逼，詔普惠爲持節、東道行臺，攝軍司赴援之。軍始渡淮，而封壽已棄城單馬而退。軍罷還朝。蕭衍弟子西豐侯正德詐稱降款，朝廷頗事當迎，普惠上疏，請赴揚州，移還蕭氏，不從。俄而，正德果逃還。涼州刺史石士基、行臺元洪超並贓貨被繩，以普惠爲右將軍、涼州刺史，即爲西行臺。以病辭免。除光祿大夫，右丞如故。

先是，仇池武興羣氐數反，西垂郡戍，租運久絕。詔普惠以本官爲持節、西道行臺。給秦、岐、涇、華、雍、豳、東秦七州兵武三萬人，任其召發，送南秦、東益二州兵租，分付諸戍，其所部將統，聽於關西牧守之中隨機召遣，軍資板印之屬，悉以自隨。普惠至南秦，停岐、涇、華、雍、豳、東秦六州兵武，召秦州兵武四千人，分配四統；令送租兵連營接栅，相繼而進，運租車驢，隨機輸轉。別遣中散大夫封答慰喻南秦，員外常侍楊公熙宣勞東益氐民。於時，南秦氐豪吳富聚合兇類，所在邀劫。公熙既至東益州，刺史魏子建密與普惠書，言公熙舊是蕃國之胤，而諸氐與相見者，必有陰私言，宜加圖防。普惠乃符攝公熙，令赴南秦。公熙果已密遣其從兄山虎與吳富同逆，又妄自說鄉里，紛動羣氐，託云與崔南秦有隙，拒而不赴。租達平落，吳富等果脅車營，實公熙所潛遣也。後吳富雖爲左右所殺，而徒黨猶盛。秦□所綰武都、武階，租頗得達。東益羣氐先款順，故廣業、仇鳩、河池三城粟便得入。其應入東益十萬石租，皆稽留費盡，升斗不至，鎭戍兵武，遂致飢虛，咸恨普惠經略不廣。事訖，普惠拜表按劾公熙。還朝，賜絹布一百段。

時詔訪冤屈，普惠上疏曰：

詩稱「文王孫子，本枝百世」，易曰「大君有命，開國承家」。皆所以明德睦親，維城作翰。漢祖封爵之誓曰：「使黃河如帶，太山如礪，國以永存，爰及苗裔。」又申之以丹書之信，重之以白馬之盟。其以强大分王，罪犯蹙邑者，蓋有之矣，未聞父基子構，世載忠賢，一死一削，用爲恒典者也。故尙書令臣肇，未能遠稽古義，近究成旨，以初封之詔，有親王二千戶、始蕃一千戶、二蕃五百戶、三蕃三百戶，謂是親疏世減之法；又以開國五等，有所減之言，以爲世減之趣。遂立格奏奪，稱是高祖本意，仍被旨可。差謬之來，亦已甚矣。遂使勳親懷屈，幽顯同冤，紛訟彌年，莫之能息。

臣輒遠研旨格，深窮其事，世變減奪，今古無據。又尋詔書，稱昔未可采，今始列辭，〔二〕豈得混一，罔分久近也。〔三〕故樂良、樂安，同蕃異封；廣陽、安豐，屬別戶等。安定之嫡，邑齊親王；河間戚近，更從蕃食。是乃太和降旨，初封之倫級，勳親兼樹，非世減之大驗者也。博陵襲爵，亦在太和之年，時不世減，以父嘗全食，足戶充本，同之始封，減從今式。如此，則減者減其所足之外，足者足其所減之內。減足之旨，乃爲所貢所食耳。欲使諸王開國，弗專其民，賦役之差，貴賤有等。蓋準擬周禮公侯伯子男貢稅之法，王食其半，公食三分之一，侯、伯四分之一，子、男五分之一。是以新興得足充本，清淵吏多減戶。故始封承襲俱稱。所減謂減之以貢，食謂食之於國，斯實高祖霈然之詔。減實之理，聖明自釋，求之史帛，猶有未盡。時尚書臣琇疑減足之參差，旨又判之，以開訓所減之旨，可以不疑於世減矣。而臣肇弗稽往事，曰五等有所減之格，用爲世減之法；以王封有親疏之等，謂是代削之條。妄解成旨，雷同世奪。以此毒天下，民其從乎！故太傅、任城文宣王臣澄樞弼累朝，識洞今古，爲尙書之日，殷勤執請，孜孜於重議。被旨不許，於此遂停。

又律罪例減，及先帝之緦麻；令給親恤，止當世之有服。律、令相違，威澤異品。使七廟曾玄，不治未恤，嫡封則爵祿無窮，枝庶則屬內貶絕。儀刑作孚，億兆何觀。夫一人吁嗟，尙曰虧治。今諸王五等，各稱其寃；七廟之孫，並訟其切。陳訴之案，盈於省曹，朝言巷議，咸云其苦。恐非先王所以建萬國，親諸侯，睦九族之義也。

臣猥忝今任，於茲五年，推尋旨格，謂無世減之理。請近遵高祖減食之謨，遠循百代象賢之誥，退由九伐，進從九儀，則刑罰有倫，封不虛黜。斯乃文王所以克愼，不敢侮於鰥寡，而況於公侯伯子男乎？今旨訪寃滯，愚以此爲大者。求尋光錫之詔，幷諸條格，所奪所請，事事窮審。諸王開國，非犯罪削奪者，並求還復。其昔嘗全食，足戶充本，減從令式者，從前則力多於親懿，全奪則減足之格不行，愚謂祿力並應依所□之食而食之。若是則力少蕃王，粟帛仍本戶邑雖盈之減。兩秦既有全食足戶之異，〔一三〕故不得同於新封之力耳。親恤所哀，請依律斷。伏惟親親尊賢，位必功立。尊賢以司民，可不愼乎？親親以牧族，其可棄乎？如脫蒙允，求以旨判爲始，其前來吏秩，悉年久不追。

臣又聞明德愼罰，文王所以造周；咸有一德，殷湯所以革夏。故能上令下從，風動草偃，畏之如雷電，敬之如明神。是以天子家天下，綏萬國，若天之無不覆，地之無不載。遷都之構，庶方子來，汎澤所沾，降及陪皂。寧有岳牧、二千石、縣令、丞、尉、治中、別駕及諸軍幢，受命於朝廷，而可不預乎？此之班駁，雲雨之不平，謂是當時有司出納之未允。何以明之？仰尋世宗詔書，百官普進一級，中有朝臣刺史登時褒授，則內外貴賤，莫不同澤。又覆奏稱爰及陪皂，明無不逮。自後人率其心紛綸，盈庭嫌少，誤惑視聽。〔一四〕限以汎前，更爲年斷。六年、三年之考，以意折之；汎前、汎後之歲，隔而絕之。遂使如綸之旨，頓於一朝。汎前六年上第者全不得汎，三年上第者蒙半階而已。汎前汎後合考者隔絕而不得，無考者無折而全。汎前汎後，有考無考，並蒙全汎。

與否乖違，勸舊彌屈。差若毫氂，謬以千里，其此之謂乎？易曰：「言行，君子之所以動天下，〔一五〕可不慎歟！」言之不從，無以抑之，遂奏奪牧守外祿，全不與汎。散官改爲四年之考，汎前者八年一階。政令不一，寃訟惟甚，與而復奪，其本在茲。致使邀駕擊鼓者，無理以加其罪；誹謗公聽者，無辭以抑其言。噂喈所由生，慢勃所由起。

夫琴瑟不調，澆而更張。〔一六〕善人，國之本也，其可棄乎？詩云：「樂只君子，邦家之基。」堯典曰：「克明俊德。」呂刑曰：「何擇非人。」周官曰：「官弗必備惟其人。」咎繇曰：「無曠庶官，天工人其代之。」詩云：「人之云亡，邦國殄悴。」又曰：「雨我公田，遂及我私。」孔子曰：「不患貧而患不均。」〔一七〕如此，則官必擇人，汎則宜溥。請遠遵正始元旨，近準聖明二汎，內外百官，悉同一階，不以汎前折考，不以散任增年，則同雲共澍，四海均洽。如謂未可，宜以權理折之。

易曰：「聖人之大寶曰位，何以守位曰仁。」春秋傳曰：「一曰擇人。」如此，則乃可無汎，不可無考。守宰之汎，既以追奪，則百官之汎，不應獨霑。溥澤既收，復誰敢怨！夫三載之考，與於太和；再周之陟，通於景明。閑劇祿力，自有加減。陪臣以事省降，而考則三年；朝官既祿等平曹，更四周乃陟。考祿參差，各稱其枉。且一日從軍征戍，苦於煩任終年；專使決斷，重於陪臣恒上。若通爲三載之考，無汎隔折，則各盈其分，亦足以近塞羣口，遠綏四方。

日昳求賢，猶有所失，況不遵擇人之訓，唯以停久而進乎？自今已後，考黜願以三宅革心，選進願以三儁居德。書曰：「舉能其官，惟爾之能，稱非其人，惟爾弗任。」斯周道所以佑辟康民，敢不敬守。臣忝官樞副，毗察寃訟，寤寐惟省，謂宜追正，愚固所陳，萬無可採。

出除左將軍、東豫州刺史。淮南九戍、十三郡，猶因蕭衍前弊，別郡異縣之民錯雜居止。普惠乃依次括比，省減郡縣，上表陳狀。詔許之。宰守因此綰攝有方，姦盜不起，民以爲便。蕭衍遣將胡廣來寇安陽，軍主陳明祖等脅白沙、鹿城二戍，衍又遣定州刺史田超秀、田僧達等竊陷石頭戍，徑據安陂城。郢州新塘之賊，近在州西數十里。普惠前後命將拒戰，並破之。普惠不營財業，好有進舉，敦於故舊。冀州人侯堅固少時與其遊學，早終，其子長瑜，普惠每於四時請祿，無不減贍給其衣食。及爲豫州，啓長瑜解褐，攜其合門拯給之。孝昌元年三月，在州卒，時年五十八。贈平北將軍、幽州刺史，謚曰宣恭。

長子榮儁，武定末，齊王相府屬。

榮儁弟龍子，揚州驃騎府長史。

史臣曰：孫紹關右之士，〔六〕又能指論世務，亦其志也。張普惠明達典故，强直從官，侃然不撓，其有王臣之風矣。

校勘記

〔一〕臣卿乃少　諸本「卿」作「節」，北史卷四六孫紹傳、册府卷九四六一一四二頁作「卿」。按孫紹這時官太府少卿，故作此語，「節」字訛，今據改。

〔二〕葬我小君文姜氏　北史卷四六張普惠傳無「氏」字。按春秋莊公二十二年經文本無「氏」字，這裏當是衍文。

〔三〕又曰不爲君母之黨服則爲其母之黨服　按禮記未見此語，唯服問云：「爲其母之黨服，則不爲繼母之黨服。」疑普惠即用此文而倒其辭，則「君」字當是「繼」字之訛。普惠諸奏疏中引經文與今傳本間有出入，或是誤記，或當時傳抄本有異文，不悉出校記。

〔四〕禮有下卿上士　册府卷五四一六四九四頁「下卿」作「上卿」。按這是張普惠駁袁翻「上公」「上大夫」的話，所重在「上」字，諸本作「下卿」當訛。

〔五〕時中山莊弼遺書普惠曰　北史卷四六「莊」作「杜」。按北齊書卷二四杜弼傳云：「中山曲陽人也。」當卽其人。這裏「莊」字當是形近而訛。

〔六〕不適於綿麻而已　通鑑卷一四八四六三六頁「適」作「啻」，疑是。

〔七〕不惟法度之□易　册府卷五三〇六三三六頁所闕字作「幅」，不可解，今不補。

〔八〕今宮人請調度　按上云「羣官共竊之」，下云「百官請俸」，疑「宮人」乃「官人」之訛。

〔九〕總常俸之數千俸所出以布綿麻亦應其一歲之用　按語意晦澀，疑有訛脫。

〔一〇〕愚謂從朝夕之因　通鑑卷一四八四六三六頁「從」作「修」，疑是。

〔一一〕今始列辭　諸本「辭」作「璧」，旁注「疑」字，册府卷四七二五六三七頁作「辭」。按「列璧」無義，今據改，並删「疑」字。

〔一二〕豈得混一囹分久近也　諸本「囹」訛「內」，今據册府同上卷頁改。

〔一三〕若是則力少蕃王至既有全食足戶之異　按語不可解，疑有訛脫。

〔一四〕自後人率其心紛綸盈庭嫌少誤惑視聽　册府卷四七二五六三八頁無「嫌少」二字。按「嫌少」上下疑有脫文，册府恐是以讀不可通，删二字，但讀作「其心紛綸，盈庭嫌少」，亦可通，今仍之。

〔一五〕易曰言行君子之所以動天下　册府卷四七二五六三九頁「天下」作「天地」。按今傳本易繫辭作「天地」。然或是册府據今傳本改，今仍之。

〔一六〕澆而更張　册府卷四七二五六三九頁「澆」作「弛」，疑是。

〔一七〕不患貧而患不均　册府同上卷宋本同，明本「貧」作「寡」。按論語季氏作「寡」，與「不患貧而患不安」爲對文，這裏「貧」字當誤。

〔一八〕孫紹關右之士　北史卷四六孫紹傳論「右」作「左」。按孫紹昌黎人，「關右」「關左」皆不合，當是「閭左」之訛。史記卷四八陳涉世家：「二世元年七月，發閭左適戍漁陽。」索隱以爲富強者居右，貧弱者居左。「閭左之士」指出身非世家大族。北史「左」字尚未訛，「閭」亦已訛「關」。

魏書卷七十九

列傳第六十七

成淹　范紹　劉桃符　劉道斌　董紹　馮元興　鹿悆
張熠

成淹，字季文，上谷居庸人也。自言晉侍中粲之六世孫。祖昇，家於北海。父洪，名犯顯祖廟諱，仕劉義隆，爲撫軍府中兵參軍。早卒。淹好文學，有氣尚。劉子業輔國府刑獄參軍事，劉彧以爲員外郎，假龍驤將軍，領軍主，令援東陽、歷城。皇興中，降慕容白曜，赴闕，授兼著作郎。時顯祖於仲冬之月，欲巡漠北，朝臣以寒甚，固諫，並不納。淹上接輿釋遊論，顯祖覽之，詔尚書李訢曰：「卿等諸人不如成淹論，通釋人意。」乃敕停行。

太和中，文明太后崩，蕭賾遣其散騎常侍裴昭明、散騎侍郎謝竣等來弔，欲以朝服行事。主客執之，云：「弔有常式，何得以朱衣入山庭！」〔一〕昭明等言：「本奉朝命，不容改易。」

如此者數四，執志不移。高祖敕尚書李沖，令選一學識者更與論執，沖奏遣淹。昭明言：「未解魏朝不聽朝服行禮，義出何典？」淹言：「吉凶不同，禮有成數，玄冠不弔，童孺共聞。昔季孫將行，請遭喪之禮，千載之下，猶共稱之。卿遠自江南奉慰，不能式遵成事，方謂議出何典，行人得失，何其異哉！」昭明言：「二國交和旣久，南北皆須準望。齊高帝崩，魏遣李彪通弔，於時初不素服，齊朝亦不以爲疑，那得苦見要逼。」淹言：「彪通弔之日，朝命以弔服自隨，而彼不遵高宗追遠之慕，乃踰月卽吉，彪行弔之時，齊之君臣皆已鳴玉盈庭，貂璫曜日，百僚內外，朱服煥然，彪行人不被主人之命，復何容獨以素服間衣冠之中？來責雖高，未敢聞命。我皇帝仁孝之性，侔於有虞，處諒闇以來，百官聽於冢宰，卿豈得以此方彼也。」昭明乃搖膝而言：「三皇不同禮，亦安知得失所歸。」淹言：「若如來談，卿以虞舜、高宗爲非也？」昭明遂相顧而笑曰：「非孝者，宣尼有成責，行人亦弗敢言。希主人裁以弔服，使人唯齎袴褶，比旣戎服，不可以弔，幸借緇衣帢，以申國命。今爲魏朝所逼，違負指授，還南之日，必得罪本朝。」淹言：「彼有君子也，卿將命折中，還南之日，應有高賞；若無君子也，但令有光國之譽，雖復非理見罪，亦復何嫌。南史、董狐，自當直筆。」旣而，高祖遣李沖問淹昭明所言，淹以狀對。高祖詔沖曰：「我所用得人。」仍敕送衣帢給昭明等，賜淹果食。明旦引昭明等入，皆令文武盡哀。後正侍郎。高祖以淹淸貧，賜絹百匹。

十六年，蕭賾遣其散騎常侍庾蓽、散騎侍郎何憲、主書邢宗慶朝貢，値朝廷有事明堂，因登靈臺以觀雲物。高祖敕淹引蓽等館南矚望行禮，事畢，還外館，賜酒食。宗慶語淹言：「南北連和既久，而比棄信絕好，爲利而動，豈是大國善隣之義？」淹言：「夫爲王者，不拘小節。中原有菽，工採者獲多，豈眷眷守尾生之信。且齊先主歷事宋朝，荷恩積世，當應便爾欺奪？」宗慶、庾蓽及行者皆相顧失色。何憲知淹昔從南入，而以手掩目曰：「卿何爲不作于禁，而作魯肅？」淹言：「我捨危効順，欲追蹤陳、韓，何于禁之有！」憲亦不對。

王肅歸國也，高祖以淹曾官江表，詔觀是非。乃造肅與語，還奏言實。時議紛紜，猶謂未審。高祖曰：「明日引入，我與語，自當知之。」及鑾輿行幸，肅多扈從，敕淹將引，若有古跡，皆使知之。行到朝歌，肅問此是何城。淹言紂都朝歌城。肅言：「故應有殷之頑民也。」淹言：「昔武王滅紂，悉居河洛，中因劉石亂華，仍隨司馬東渡。」肅知淹寓於青州，乃笑而謂淹曰：「青州間何必無其餘種。」淹以肅本隸徐州，言：「青州本非其地，徐州間今日重來，非所知也。」肅遂伏馬上掩口而笑，顧謂侍御史張思寧曰：「向者聊因戲言，遂致辭溺。」思寧馳馬奏聞，高祖大悅，謂彭城王勰曰：「淹此段足爲制勝。」輿駕至洛，肅因侍宴。高祖戲肅曰：「近者行次朝歌，聞成淹共卿殊有往覆，卿試重敍之。」肅言：「臣前朝歌爲淹所困，不謂此事仰聞聽覽。臣爾日失言，一之已甚，豈宜再說。」遂皆大笑。高祖又謂肅曰：「淹能制卿，其才亦不困。」肅言：「淹才詞便爲難有，聖朝宜應敍進。」高祖言：「若因此進淹，恐辱卿轉甚。」肅言：「臣屈己達人，正可顯臣之美。」高祖曰：「卿既爲人所屈，欲求屈己之名，復於卿太優。」肅言：「淹旣蒙進，臣得屈己伸人，此所謂陛下惠而不費。」遂酣笑而止。乃賜淹龍廄上馬一匹，幷鞍勒宛具、朝服一襲，轉謁者僕射。

時遷都，高祖以淹家無行資，敕給事力，送至洛陽，幷賜假日與家累相隨。行次靈丘，屬蕭鸞遣使，敕驛馬徵淹。車駕濟淮，淹於路左請見，高祖佇駕而進之。淹曰：「蕭鸞悖虐，幽明同棄，陛下俯應人神，按劍江涘，然敵不可小，蜂蠆有毒，而況國乎？深願聖明保萬全之策。」詔曰：「此前車之轍，得不愼乎！」淹曰：「伏聞發洛已來，諸有諫者，解官奪職，恐非聖明納下之義。」高祖曰：「此是我命耳，卿不得爲干斧鉞。」淹曰：「昔文王詢於芻蕘，晉文聽輿人之誦，臣雖卑賤，敢同匹夫。」高祖優而容之，詔賜絹百匹。

高祖幸徐州，敕淹與閭龍駒等主舟檝，將汎泗入河，泝流還洛。軍次碻磝，淹以黃河浚急，慮有傾危，乃上疏陳諫。高祖敕淹曰：「朕以恒代無運漕之路，故京邑民貧。今移都伊洛，欲通運四方，而黃河急浚，人皆難涉。我因有此行，必須乘流，所以開百姓之心。知卿至誠，而今者不得相納。」敕賜驊騮馬一匹，衣冠一襲。除羽林監，領主客令，加威遠將軍。

于時宮殿初構，經始務廣，兵民運材，日有萬計，伊洛流澌，苦於厲涉，淹遂啓求，敕都水造浮航。高祖賞納之，意欲榮淹於衆，朔旦受朝，百官在位，乃賜帛百匹，知左右二都水事。世宗初，司徒、彭城王勰曰：「先帝本有成旨，淹有歸國之誠，兼歷官著稱，宜加優陟。高祖雖崩，詔猶在耳。」乃相闡選曹，加淹右軍，領左右都水，仍主客令。復授驍騎將軍，加輔國將軍，都水、主客如故。

淹小心畏法，典客十年，四方貢聘，皆有私遺，毫釐不納，乃至衣食不充。遂啓乞外祿。景明三年，出除平陽太守，將軍如故。還朝，病卒。贈本將軍、光州刺史，謚曰定。

子霄，字景鸞。亦學涉，好爲文詠，但詞彩不倫，率多鄙俗。與河東姜質等朋遊相好，詩賦間起。知音之士，共所嗤笑；閭巷淺識，頌諷成羣，乃至大行於世。歷治書侍御史而卒。

范紹，字始孫，敦煌龍勒人。少而聰敏。年十二，父命就學，師事崔光。以父憂廢業，母又誡之曰：「汝父卒日，令汝遠就崔生，希有成立。今已過期，宜遵成命。」紹還赴學。太和初，充太學生，轉算生，頗涉經史。十六年，高祖選爲門下通事令史，遷錄事，令掌奏文案，高祖善之。又爲侍中李沖、黃門崔光所知，出內文奏，多以委之。高祖曾謂近臣曰：「崔光從容，范紹之力。」稍遷强弩將軍、積弩將軍、公車令，加給事中，遷羽林監。

揚州刺史、任城王澄請征鍾離，敕紹詣壽春，共量進止。澄曰：「須兵十萬，往還百日，渦陽、鍾離、廣陵、廬江，欲數道俱進，但糧仗軍資，須朝廷速遣。」紹曰：「計十萬之衆，往還百日，須糧百日。頃秋以向末，方欲徵召，兵仗可集，恐糧難至。有兵無糧，何以克敵？願王善思，爲社稷深慮。」澄沉思良久曰：「實如卿言。」使還，具以狀聞。後澄遂征鍾離，無功而返。

尋除長兼奉車都尉，轉右都水使者，錄事如故。丁母憂去職。值義陽初復，起紹除寧遠將軍、郢州龍驤府長史，帶義陽太守。其年冬，使還都，值朝廷有南討之計，發河北數州田兵二萬五千人，通緣淮戍兵合五萬餘人，廣開屯田。八座奏紹爲西道六州營田大使，加步兵校尉。紹勤於勸課，頻歲大獲。又詔紹詣鍾離，與都督、中山王英論攻鍾離形勢，英固言必克。紹觀其城隍防守，恐不可陷，勸令班師，英不從。紹還，具以狀聞。俄而英敗。詔以徐豫二境，民稀土曠，令紹量度處所，更立一州。紹以譙城形要之所，置州爲便，遂立南兗。

入爲主衣都統，加中堅將軍，轉前軍將軍。追賞營田之勤，拜游擊將軍。還龍驤將軍、太府少卿，都統如故。轉長兼太府卿。紹量功節用，甄煩就簡，凡有賜給，千匹以上，皆別覆奏，然後出之。靈太后嘉其用心，敕紹每月入見，諸有益國利民之事，皆令面陳。出除安北將軍、并州刺史。清愼守法，頗得民和。值山胡來寇，不能擊，以此損其聲望。復入爲太府卿。莊帝初，遇害河陰。

劉桃符，中山盧奴人。生不識父，九歲喪母。性恭謹，好學。舉孝廉，射策甲科，歷碎職。景明中，羽林監，領主書。蕭寶夤之降也，桃符受詔迎接。歷奉車都尉、長水校尉、游擊將軍。正始中，除征虜將軍、中書舍人，以勤明見知。久不遷職，世宗謂之曰：「揚子雲爲黃門，頓歷三世。卿居此任始十年，不足辭也。」東豫州刺史田益宗居邊貪穢，世宗頻詔桃符爲使慰喻之。桃符還，具稱益宗既老耄，而諸子非理處物。世宗後欲代之，恐其背叛，拜桃符征虜將軍、豫州刺史，〔二〕與後軍將軍李世哲領衆襲益宗。語在益宗傳。桃符善恤蠻左，爲民吏所懷。久之，徵還。病卒，年五十一。贈後將軍、洛州刺史。

子景均，殿中侍御史。

劉道斌，武邑灌津人，自云中山靖王勝之後也。幼而好學，有器幹。及長，腰帶十圍，鬚髯甚美。舉孝廉入京，拜校書郎，轉主書，頗爲高祖所知。從征南陽，還，加積射將軍，給事中。高祖謂黃門侍郎邢巒曰：「道斌是段之舉，便異儕流矣。」世宗卽位，遷謁者僕射。轉步兵校尉、廣武將軍，領中書舍人。出爲武邑太守。時冀州新經元愉逆亂之後，加以連年災儉，道斌頻爲表請，蠲其租賦，百姓賴之。罷郡還，除右將軍、太中大夫。又以本將軍出爲恒農太守，遷岐州刺史，所在有清治之稱。正光四年，卒於州。贈平東將軍、滄州刺史，改贈濟州，謚曰康。道斌在恒農，修立學館，建孔子廟堂，圖畫形像。去郡之後，民故追思之，乃復畫道斌形於孔子像之西而拜謁焉。

子士長，武定中，碭郡太守。卒。

董紹，字興遠，新蔡鮦陽人也。少好學，頗有文義。起家四門博士，歷殿中侍御史、國子助教、積射將軍、兼中書舍人。辯於對問，爲世宗所賞。豫州城人白早生以城南叛，詔紹慰勞。至上蔡，爲賊所襲，囚送江東，仍被鎖禁。蕭衍領軍將軍呂僧珍暫與紹言，便相器重。衍聞之，遣使勞紹云：「忠臣孝子，不可無人。今當聽卿還國。」紹對曰：「老母在洛，無復方寸，既奉恩貸，實若更生。」衍又遣主書霍靈超謂紹曰：「今放卿還，令卿通兩家之好，彼此息民，豈不善也。」對曰：「通好息民，乃兩國之事，既蒙命及，輒當聞奏本朝。」衍賜紹衣物，引入見之，令其舍人周捨慰勞，并稱：「戰爭多年，民物塗炭，是以不耻先言，與魏朝通好。比亦有書，都無報旨。卿宜備申此意，故遣傳詔周靈秀送卿至國，遲有嘉問。」又令謂紹曰：「卿知所以得不死不？今者獲卿，乃天意也。夫千人之聚，不散則亂，故須立君以治天下，不以天下養一人。凡在民上，胡不思此？若欲通好，今以宿豫還彼，彼當以漢中見歸。」先是，詔有司以所獲衍將齊苟兒等十人欲以換紹，事在司馬悅傳。及紹還，世宗愍之，永平中，除給事中，仍兼舍人。紹雖陳說和計，朝廷不許。久之，加輕車將軍，正舍人，又除步兵校尉。

肅宗初，紹上御天馬頌，帝賞其辭，賜帛八十匹。又除龍驤將軍、中散大夫，舍人如故。加冠軍將軍，出除右將軍、洛州刺史。紹好行小惠，頗得民情。蕭衍將軍曹義宗、王玄眞等寇荆州，據順陽馬圈，裴衍、王羆討之。旣復順陽，進圍馬圈。城堅，裴王糧少，紹上書言其必敗。未幾，裴衍等果失利，順陽復爲義宗所據。紹有氣病，啓求解州，詔不許。

蕭寶夤反於長安也，紹上書求擊之，云：「臣當出瞎巴三千，生噉蜀子。」肅宗謂黃門徐紇曰：「此巴眞瞎也？」紇曰：「此是紹之壯辭，云巴人勁勇，見敵無所畏懼，非實瞎也。」帝大笑，敕紹速行。又加平西將軍。以拒寶夤之功，賞新蔡縣開國男，食邑二百戶。〔三〕

永安中，代還。於是除安西將軍、梁州刺史、假撫軍將軍、兼尚書，爲山南行臺，頗有清稱。前廢帝以元孚代之。紹至長安，時尒朱天光爲關右大行臺，啓紹爲大行臺從事、兼吏部尚書，又除征西將軍、金紫光祿大夫。天光赴洛，留紹於後。天光敗，賀拔岳復請紹爲其開府諮議參軍。永熙中，加車騎將軍。岳後攜紹於高平牧馬，紹悲而賦詩曰：「走馬山之阿，馬渴飲黃河，寧謂胡關下，復聞楚客歌。」後爲宇文黑獺所殺。

子敏，永安中，爲太尉西閤祭酒。

馮元興，字子盛，東魏郡肥鄉人也。其世父僧集，官至東清河、西平原二郡太守，贈濟州刺史。元興少有操尙，隨僧集在平原，因就中山張吾貴、常山房虬學，通禮傳，頗有文才。年二十三，還鄉教授，常數百人。領僚孝廉，對策高第，叉舉秀才。時御史中尉王顯有權寵，元興奏記於顯，召爲檢校御史。尋轉殿中，除奉朝請，三使高麗。江陽王繼爲司徒，元興爲記室參軍，遂爲元叉所知。叉秉朝政，引元興爲尙書殿中郎，領中書舍人，仍御史。元興居其腹心，預聞時事，卑身克己，人無恨焉。家素貧約，食客恒數十人，同其飢飽，曾無吝色，時人歎尙之。及太保崔光臨薨，薦元興爲侍讀。尙書賈思伯爲侍講，授肅宗杜氏春秋於式乾殿，元興常爲摘句，儒者榮之。及叉欲解領軍，以訪元興。元興曰：「未知公意如何耳？」叉曰：「卿謂吾欲反也？」元興不敢言，因勸之。叉既賜死，元興亦被廢。乃爲浮萍詩以自喻曰：「有草生碧池，無根綠水上。脆弱惡風波，危微苦驚浪。」丞相、高陽王雍召爲兼屬。未幾，去任還鄉。僕射元羅爲東道大使，以元興爲本郡太守。尋徵赴闕。以母憂還家，頻值鄉亂，數爲監軍，元興多所賞罰，鄉黨頗以此憾焉。上黨王天穆之討邢杲，引爲大將軍從事中郎。元顥入洛，復爲平北將軍、光祿大夫，領中書舍人。莊帝還宮，天穆以爲太宰諮議參軍，加征虜將軍。普泰初，安東將軍、光祿大夫，領中書舍人。太昌初，卒於家，贈征東將軍、齊州刺史。文集百餘篇。元興世寒，因元叉之勢，託其交道，相用爲州主簿，〔四〕論者以爲非倫。

高祖時，有譙郡曹道，頗涉經史，有幹用。舉孝廉。太和中，東宮主書、門下錄事。景明中，尚書都令史，領主書。後轉中書舍人。行使，每稱旨。出除東郡太守。卒，贈儀同三司。

又有北海曹昇，亦以學識淸立見知。歷治書侍御史。永安中，黃門郎、散騎常侍。出帝世，國子祭酒。不營家產，至以餒卒於鄴，時人傷歎之。

又齊郡曹昂，有學識，舉秀才。永安中，太學博士、兼尚書郎。而常徒步上省，以示淸貧。忽遇盜，大失綾縑，時人鄙其矯詐。

鹿悆，字永吉，濟陰人。父生，在良吏傳。悆好兵書、陰陽、釋氏之學。太師、彭城王勰召爲館客。嘗詣徐州，馬疫，附船而至大梁。夜睡，從者上岸竊禾四束以飼其馬。船行數里，悆覺，問得禾之處，從者以告。悆大忿，卽停船上岸，至取禾處，以縑三丈置禾束下而返。

初爲眞定公元子直國中尉，恒勸以忠廉之節。嘗賦五言詩曰：「嶧山萬丈樹，雕鏤作琵琶。由此材高遠，弦響藹中華。」又曰：「援琴起何調？幽蘭與白雪。絲管韻未成，莫使弦響絕。」子直少有令問，悆欲其善終，故以諷焉。母憂去職。服闋，仍卒任。子直出鎭梁州，悆隨之州。州有兵糧和糴，和糴者靡不潤屋，悆獨不取，子直強之，終不從命。

莊帝爲御史中尉，悆兼殿中侍御史，監臨淮王彧軍。時蕭衍遣其豫章王綜據徐州，綜密信通彧，云欲歸款。綜時爲蕭衍愛子，衆議咸謂不然。彧募人入報，驗其虛實，悆遂請行，曰：「若綜有誠心，與之盟約；如其詐也，豈惜一人命也。」時徐州始陷，邊方騷擾，綜部將成景儁、胡龍牙並總強兵，內外嚴固。悆遂單馬間出，徑趣彭城。未至之間，爲綜軍主程兵潤所止，問其來狀。悆答曰：「兵交使在，自昔通言。我爲臨淮王所使，須有交易。」兵潤遂先遣人白龍牙等。綜旣有誠心，聞悆被執，語景儁等曰：「我每疑元略規欲叛城，將驗其虛實，且遣左右爲元略使入魏軍中，喚彼一人，其使果至。可令人詐作略身，在一深室，詭爲患狀，呼使戶外，令人傳語。」時略始被衍追還。綜又遣腹心梁話迎悆，密語意狀，令善酬答，引悆入城，詣龍牙所。

時日已暮，龍牙列仗舉火引悆曰：「元中山甚欲相見，故令喚卿。」又曰：「安豐、臨淮將少弱卒，規復此城，容可得乎！」悆曰：「彭城魏之東鄙，勢在必爭，得否在天，非人所測。」龍牙曰：「當如卿言。」復詣景儁住所，停悆在外門，久而未入。時夜已久，星月甚明。有綜軍主姜桃來與悆語曰：「君年已長宿，又充今使，良有所達。元法僧魏之微子，拔城歸梁，梁主待物有道。」乃舉手上指：「今歲星在斗。斗，吳之分野，君何爲不歸梁國，我令君富貴。」悆答曰：「君徒知其一，未知其二。法僧者，莒僕之流，而梁納之，無乃有愧於季孫也？今月建鶉首，斗牛受破，歲星木也，逆而克之。君吳國敗喪不久。且衣錦夜遊，有識不許。」言未及盡，引入見景儁，景儁曰：「元中山雖曰相喚，不懼而來何也？」答曰：「昔楚伐吳，吳遣蹷由勞師，今者此行，略同於彼。」又曰：「遊歷多年，與卿先經相識。」仍敍由緣，景儁便記。引悆同坐，謂悆曰：「卿不爲刺客也？」答曰：「今者爲使，欲返命本朝，相刺之事，更卜後圖。」爲設飯食雜果，悆强飲多食，向敵數人，微自夸矜。諸人相謂曰：「壯士哉！」乃引向元略所，一人引入戶內，指床令坐。一人別在室中，出謂悆曰：「中山有敎，與君相聞。」悆遂起立。使人謂悆曰：「君但坐。」悆曰：「家國王子，豈有坐聽敎命。」使人曰：「頓首君，我昔有以向南，且遣相喚，欲聞鄉事。晚來患動，不獲相見。」悆曰：「旦奉音旨，冒險祇赴，不得瞻見，內懷反側。」遂辭而退。

須臾天曉，綜軍主范昺、景儁、司馬楊瞟等競問北朝士馬多少。悆云：「秦隴既平，三方靜晏，今有高車、白眼羌、蜀五十萬，齊王、李陳留、〔五〕崔延伯、李叔仁等分爲三道，徑趣江西；安樂王鑒、李神領冀、相、齊、濟、青、光羽林十萬，直向琅邪南出。」諸人相謂曰：「詎非華辭也？」悆曰：「可驗崇朝，何華之有！」日晏令還。景儁送悆上戲馬臺，北望城壘，曰：「何此城之固，良非彼軍士所能圖擬，卿可語二王，回師改計。」悆曰：「金墉湯池，衝甲彌巧，貴守以人，何論險害。」還軍，於路與梁話誓盟。契約既固，未旬，綜果降。

詔曰：「日者，法僧父子，頑固自天，長惡不已，竊城外叛，職此亂階，遂使彭宋名藩，翻爲賊有。雖宗臣名將，揮戈於泗濱；虎士雄卒，竦劍於汴渚。然高墉峻堞，非可易登；廣涘深隍，實爲難踐。是用日昃忘食，中宵憤惋者也。而衍都督、豫章王蕭綜體運知機，欲歸有道，潛遣密信，送款於都督臨淮王。于時事同夜光，能不按劍。殿中侍御史監軍鹿悆，不憚虎口，視險若夷，便能占募，入驗虛實。誓盟既固，所圖遂果。返地復城，息我兵甲，亦是悆之力焉。若不酬以榮祿，何以勸厲將來，可封定陶縣開國子，食邑三百戶。」

除員外散騎常侍。俄出爲青州彭城王劭府長兼司馬。尋解長兼。廣川人劉鈞、東清河人房須反，〔六〕劭遣悆監州軍討之，戰於商山，頗有所捷。將統皆劭左右，擅增首級，妄請賞帛，悆面執不與，劭弗從。悆勃然作色曰：「竭志立言，爲王爲國，豈悆家事！」不辭而出，劭追而謝焉。竊動者放言噂喈，欲加私害，悆聞而笑之，不以介意。

先是，蕭衍遣將彭羣、王辯率衆七萬圍逼琅邪。自春及秋，官軍不至，而兩青士馬，裁可萬餘，師次郥城，〔七〕久而未進。劭乃遣悆，南青州刺史胡平遣長史劉仁之，並監勒諸將，徑赴賊壘，大破之，斬羣首，俘馘二千餘級。肅宗嘉之，璽書勞問。永安中，入爲左將軍、給事黄門侍郎，又以前賞悆入徐之功未盡，增邑二百戶，進爵爲侯。雖任居通顯，志在謙退，迎送親賓，加於疇昔，而自無室宅，常假賃居止，布衣糲食，寒暑不變。莊帝嘉其清素，時復賜以錢帛。

及東徐城民呂文欣殺刺史元大賓，南引賊衆，屯柵曲術，詔悆使持節、散騎常侍、安東將軍，爲六州大使，與行臺樊子鵠討破之。文欣黨重以購之，文欣同逆人韓端正斬文欣送首，魁帥同死者十二人。詔書褒慰。還，拜鎮東將軍、金紫光祿大夫。尋詔爲使持節、兼尚書左僕射、東南道三徐行臺。至東郡，值尒朱仲遠陷西兗，向滑臺，詔與都督賀拔勝等拒仲遠。軍敗，還京。

普泰中，加征東將軍，轉衞將軍、右光祿大夫、兼度支尚書、河北五州和糴大使。天平中，除梁州刺史。時滎陽民鄭滎業等聚衆反，圍逼州城。悆不能固守，遂以城降。滎業送悆於關西。

張熠，〔八〕字景世，自云南陽西鄂人，漢侍中衡是其十世祖。熠自奉朝請爲揚州車騎府錄事參軍。入除步兵校尉。

永寧寺塔大興，〔九〕經營務廣，靈太后曾幸作所，凡有顧問，熠敷陳指畫，無所遺闕，太后善之。久之，除冠軍將軍、中散大夫。後爲別將，隨長孫稚西征，轉平西將軍、太中大夫，爲關西都督。以功封長平縣開國男，食邑二百戶。永安初，除平西將軍、岐州刺史、假安西將軍，尋加撫軍將軍。矜恤貧弱，爲民所愛。代還，值元顥入洛，仍令復州，熠遂私還。莊帝還宮，出除鎮南將軍、東荆州刺史。尋加散騎常侍、征蠻大都督，轉荆州刺史。值尒朱兆入洛，不行。普泰中，衞將軍、金紫光祿大夫。

天平初，遷鄴草創，右僕射高隆之、吏部尚書元世儁奏曰：「南京宮殿，毁撤送都，連筏竟河，首尾大至，自非賢明一人，專委受納，則恐材木耗損，有闕經構。熠清貞素著，有稱一時，臣等輒舉爲大將。」詔從之。熠勤於其事。尋轉營構左都將。興和初，衞大將軍。宮殿成，以本將軍除東徐州刺史。三年，卒於州，時年六十。贈驃騎大將軍、司空公、兗州刺史，謚曰懿。

子孝直，武定末，司空騎兵參軍。

史臣曰：成淹等身遭際會，俱得効其所能，以至於顯達，苟曰非才，亦何可以致。

校勘記

〔一〕何得以朱衣入山庭　通鑑卷一三七四三〇七頁「山」作「凶」，當是。

〔二〕拜桃符征虜將軍豫州刺史　北史卷四六劉桃符傳「豫州」上有「東」字。按上文稱東豫州刺史田益宗，桃符此授，卽代益宗，當脫「東」字。

〔三〕食邑二百戶　三朝本、汲本脫「百」字，北本、殿本「百」作「千」，南本、局本作「百」。按下張熠傳稱「封長平縣開國男，食邑二百戶」，同一等級，封戶雖或有多少，不會相去懸殊，今從南、局本。

〔四〕元興世寒因元叉之勢託其交道相用爲州主簿　按上文不云元興曾官州主簿，託附元叉時，他已由司徒記室參軍遷尚書殿中郎，領中書舍人，不得方因叉勢爲州主簿。疑上脫子某，託元叉之勢官州主簿的是元興之子。

〔五〕李陳留　諸本「李」字空格或注「闕」，册府卷六五二七八〇九頁作「孝」。按「孝」乃「李」之訛。卷六六李崇傳，崇「襲爵陳留公」，後「例降爲侯」，死後，子神軌「受父爵陳留侯」，「李陳留」卽李崇。卷九肅傳又稱封魏昌縣伯，乃是別封，通鑑卷一五〇四七〇〇頁稱「魏昌武康伯李崇卒」，實誤。

宗紀孝昌元年五月戊子記李崇卒，是月乙巳朔，無戊子，上文記日是戊辰，乃二十四日，則崇死必在五月末。蕭綜降魏，肅宗紀在此年六月癸未，乃十日。鹿悆入蕭綜軍當卽在五月末，六月初，故下云「未旬，綜果降」。這時李崇或尙未死，或未知死訊，故鹿悆列擧元魏諸將帥，蕭寶夤卽齊王、崔延伯等，尙列入李崇。今據册府改正補字。

〔六〕東清河人房須反　卷二一下彭城王勰傳、册府卷一二一一四五一頁「須」作「頊」，通鑑卷一五一四七二四頁作「項」。參卷九校記〔一〇〕。

〔七〕師次鄖城　按鄖城遠在今湖北安陸，琅邪一帶不聞有此城名，「鄖」字疑訛。

〔八〕張熠　北史卷四六「熠」作「燿」。

〔九〕永寧寺塔大興　諸本「永寧」下有「中」字。按魏無「永寧」年號。永寧是寺名，屢見本書，「中」字衍，今删。

魏書卷八十

列傳第六十八

朱瑞　叱列延慶　斛斯椿　賈顯度　樊子鵠

賀拔勝　侯莫陳悅　侯淵

朱瑞，字元龍，代郡桑乾人。祖就，字祖成，卒於沛縣令。父惠，字僧生，行太原太守，卒。永安中，瑞貴達，就贈平東將軍、齊州刺史，惠贈使持節、冠軍將軍、恒州刺史。

瑞長厚質直，敬愛人士。孝昌末，尒朱榮引爲其府戶曹參軍，又爲大行臺郎中，甚爲榮所親任。建義初，除黃門侍郎，仍中書舍人。榮恐朝廷事意有所不知，故居之門下，爲腹心之寄。錄前後勳，封陽邑縣開國公，食邑一千戶。未幾，又除散騎常侍、安南將軍，黃門如故。丁父憂，去官。詔起復任，除青州大中正。及元顥內逼，瑞啓勸北幸，乃從駕於河陽，除侍中、征南將軍，兼吏部尙書，改封北海郡開國公，增邑一千戶。莊帝還洛，加衞將軍、左光祿大夫，又改封樂陵郡開國公，仍侍中。瑞雖爲尒朱榮所委，而善處朝廷之間，莊帝亦賞遇之，嘗謂侍臣曰：「爲人臣當須忠實，至如朱元龍者，朕待之亦不異餘人。」

瑞啓乞三從之內並屬滄州樂陵郡，詔許之，仍轉滄州大中正。瑞始以青州樂陵有朱氏，意欲歸之，故求爲青州中正；又以滄州樂陵亦有朱氏，而心好河北，遂乞移屬焉。尋加車騎將軍。

尒朱榮死，瑞與世隆俱北走。旣而以莊帝待之素厚，且見世隆等並無雄才，終當敗喪，於路乃還。帝大悅，執其手曰：「社稷忠臣，當須如此。」尒朱天光擁衆關右，帝欲招納之，乃以瑞兼尚書左僕射爲西道大行臺以慰勞焉。旣達長安，會尒朱兆入洛，復還京師。都督斛斯椿先與瑞有隙，數譖之於世隆。世隆性多忌，且以前日乖異，忿恨更甚，普泰元年七月，遂誅之，時年四十九。太昌初，贈使持節、驃騎大將軍、開府儀同三司、青州刺史，謚曰恭穆。

子孟胤，襲封。齊受禪，例降。

瑞弟珍，字多寶。太尉、上黨王天穆錄事參軍。卒。

珍弟騰，字神龍。建義初，爲龍驤將軍、大都督司馬。又封涇陽縣開國男，食邑二百戶。累遷中軍將軍、光祿大夫。與瑞同遇害。太昌初，贈滄州刺史。

騰弟慶賓，卒於光祿大夫。

子淸，武定末，齊王開府中兵參軍。

叱列延慶，代西部人也，世爲酋帥。曾祖鎰石，世祖末從駕至瓜步，賜爵臨江伯。父億彌，襲祖爵，高祖時越騎校尉。

延慶少便弓馬，有膽力。正光末，除直後，隸大都督李崇北伐。後隨尒朱榮入洛，仍從榮討葛榮於相州。延慶，世隆姊壻也，榮親遇之。葛榮旣擒，除使持節、撫軍將軍、光祿大夫、假鎭東將軍、都督、西部第一領民酋長，封永寧縣開國伯，食邑五百戶。永安二年，以本將軍除恒州刺史。普泰初，世隆得志，特見委重，遷散騎常侍、車騎將軍、儀同三司，又進驃騎大將軍、開府，餘如故。尋除都督恒雲燕朔四州諸軍事、大都督、兼尙書左僕射、山東行臺，北海郡開國公，邑五百戶。

時幽州刺史劉靈助以莊帝幽崩，遂舉兵唱義，諸州豪右咸相結附。靈助進屯於定州之安固，世隆白前廢帝，以延慶與大都督侯淵於定州相會，以討靈助。淵謂延慶曰：「靈助善於卜占，百姓信惑，所在嚮應，未易可圖，若萬一戰有利鈍，則大事去矣。未若還師西入，據關拒險，以待其變。」延慶曰：「劉靈助，庸人也。天道深遠，豈其所識。大兵一臨，彼皆恃其妖術，坐看符厭，寧肯戮力致死，與吾爭勝負哉。如吾計者，政欲出營城外，詭言西歸，靈助聞之，必信而自寬，潛軍往襲，可一往而擒。」淵從之，乃出頓城西，聲云將還。簡精騎一千夜發，詰朝造靈助壘，戰於城北，遂破擒之。仍兼尚書左僕射，爲恒、雲、燕、朔四州行臺。又除使持節、侍中、都督恒雲燕朔定五州諸軍事、定州刺史，餘如故。

與尒朱兆等拒義旗於韓陵，戰敗，延慶與尒朱仲遠走渡石濟。仲遠南竄，延慶北降齊獻武王。王與之入洛，仍從王於并州。後赴洛，出帝以爲中軍大都督。延慶既尒朱親昵，又黨於權倖，出帝之西，齊獻武王入洛，以罪誅之。

延慶兄子平，武定末，儀同三司、右衞將軍、慶陶縣開國侯。

斛斯椿，字法壽，廣牧富昌人也。父敦，肅宗時爲左牧令。時河西賊起，牧民不安，椿乃將家投尒朱榮，榮以椿兼其都督府鎧曹參軍。從榮征伐有功，表授厲威將軍。稍遷中散大夫，署外兵事。椿性佞巧，甚得榮心，軍之密謀，頗亦關預。

及肅宗崩，椿從榮入洛。莊帝初，封陽曲縣開國公，食邑千戶，遷散騎常侍、平北將軍司馬，尋除尒朱榮大將軍府司馬。從平葛榮，以功除上黨太守。及元顥入洛，椿隨榮奉迎莊帝，遂從攻顥。顥敗，遷安北將軍、建州刺史，改封深澤縣，轉鎮東將軍、徐州刺史，又轉征東將軍、東徐州刺史。

及尒朱榮死，椿甚憂懼。時蕭衍以汝南王悅爲魏主，資其士馬，次於境上。椿聞大喜，遂率所部棄州歸悅，悅授椿使持節、侍中、大將軍、領軍將軍、領左右、尙書左僕射、司空公，封靈丘郡開國公，邑萬戶，又爲大行臺前驅都督。會尒朱兆入洛，椿復率所部背悅歸兆。尒朱世隆之立前廢帝也，椿參其謀，以定策功，拜侍中、驃騎大將軍、儀同三司、京畿北面大都督，改封城陽郡開國公，增邑五百戶，并前一千五百戶，尋加開府。時椿父敦先在秀容，忽有傳敦死問，請減己階以贈之，自襄威將軍超贈車騎將軍、〔二〕恒州刺史。尋知其父猶在，詔復椿官，仍除其父爲車騎將軍、揚州刺史。世隆之厚椿也如此。

椿與尒朱度律、仲遠等北拒齊獻武王，次陽平。會尒朱兆與度律等相疑遁還，語在兆傳。椿後復與度律等同拒義旗，敗於韓陵。椿謂都督賈顯智等曰：「若不先執尒朱，我等死無類矣。」遂與顯智等夜於桑下盟約，倍道兼行。椿入北中城，收尒朱部曲盡殺之，令長孫稚、賈顯智等率數百騎襲尒朱世隆、彥伯兄弟，斬於閶闔門外。椿入洛，懸世隆兄弟首於其門樹。椿父出見，謂椿曰：「汝與尒朱約爲兄弟，今何忍懸其頭於家門，寧不愧負天地乎！」

椿乃傳世隆等首，幷囚度律、天光，送於齊獻武王。出帝拜椿侍中、儀同開府。

初，獻武王之入洛，頓於邙山，尒朱仲遠帳下都督橋寧、張子期自滑臺而至。獻武王責寧等曰：「汝事仲遠，擅其榮利，盟契百重，許同生死。前仲遠自徐爲逆，汝爲戎首，今仲遠南走，汝復背之。於臣節則不忠，論事人則無信。犬馬尙識恩養，汝今犬馬之不如！」遂斬之。椿自以數爲反覆，見寧等之死，意常不安。遂密構間，勸出帝置閤內都督部曲，又增武直人數，自直閤已下員別數百，皆選天下輕剽者以充之。又說帝數出遊幸，號令部曲，別爲行陳，椿自約勒，指麾其間。從此以後，軍謀朝政，一決於椿。又勸帝徵兵，詭稱南討，將以伐齊獻武王，帝從之。遂陳兵城西，北接邙山，南至洛水，帝詰旦戎服與椿臨閱焉。獻武王以椿亂政，欲誅之。椿譖說旣行，因此遂相恐動。出帝勒兵河橋，令椿爲前軍，營於邙山北。尋遣椿率步騎數千鎭虎牢。椿弟豫州刺史元壽與都督賈顯智守滑臺，獻武王令相州刺史竇泰擊破之。椿懼己不免，復啓出帝，假說遊聲以劫脅。帝信之，遂入關，椿亦西走長安。椿狡猾多事，好亂樂禍，干時敗國，朝野莫不讎疾之。元壽尋爲部下所殺。

賈顯度，中山無極人。父道監，沃野鎭長史。顯度形貌偉壯，有志氣。初爲別將，防守薄骨律鎮。正光末，北鎮擾亂，爲賊攻圍。顯度拒守多時，以賊勢轉熾，不可久立，乃率鎮民浮河而下。旣達秀容，爲尒朱榮所留。尋表授直閤將軍、左中郎將。

建義初，除汲郡太守，假平東將軍。隨尒朱榮破葛榮，又除撫軍將軍、光祿大夫、都督，封石艾縣開國公，邑一千戶。從上黨王天穆破邢杲。值元顥入洛，仍與天穆渡河赴行宮於河內。顥平，以本將軍除廣州刺史、假鎮南將軍，轉南兗州刺史。尒朱榮之死也，顯度情不自安，南奔蕭衍，衍厚待之。

普泰初，還朝，授衞大將軍、儀同三司、左光祿大夫，又行濟州事。復隨尒朱度律等北拒義旗，敗於韓陵，與斛斯椿及弟顯智等率衆先據河橋，誅尒朱氏。出帝初，除尙書左僕射，尋加驃騎大將軍、開府儀同三司、定州大中正。未幾，以本官行徐州刺史、東道大行臺。永熙三年五月，轉雍州刺史、西道大行臺。歿於關中。

弟智，字顯智，少有膽決。孝昌中，告毛謐等逆，靈太后嘉之，除伏波將軍、冗從僕射，領直齋。

蕭衍將夏侯夔攻郢州，以智爲龍驤將軍、別將討之。至則夔退，智仍入城。及刺史元顯達以城降於蕭衍，〔三〕智勒城人不欲叛者與顯達交戰，相率歸闕。後爲都督，隸太宰、上黨王天穆征邢杲，臨陳流矢中胸，仍戰不已。元顥入洛，仍隨天穆渡河，朝莊帝於河內。與尒朱兆同先渡河破顥軍，以勳除持節、征南將軍、金紫光祿大夫，封義陽縣開國伯，邑五百戶。假衞將軍，與行臺樊子鵠討呂文欣於東徐州，平之。加侍中、驃騎大將軍，增邑三百戶。尋行東中郎將，加散騎常侍。

及尒朱仲遠爲徐州刺史，智隸仲遠，赴彭城。尒朱榮之死也，仲遠舉兵向洛，智不從之，遂擁部下出清水東，招勒州民，與相拒擊。莊帝聞而善之，除右光祿大夫、武衞將軍，進爵爲侯，增邑二百戶，通前一千，因鎭徐州。

普泰初，還洛。仲遠忿其乖背，議欲殺之。智兄顯度先爲世隆所厚，世隆爲解喻得全。時趙脩延起逆荆州，〔三〕蕭衍遣兵接援，世隆欲令智以功自効，遣智討之，除使持節、散騎常侍、車騎大將軍、左光祿大夫、假驃騎大將軍、荆州大都督，進爵爲公。將發，會荆州斬送脩延首，不行。

又從尒朱度律北拒義旗，合尒朱兆於陽平。兆與度律自相疑阻，退還。除驃騎大將軍。後隨度律等敗於韓陵，智與兄顯度、斛斯椿謀誅尒朱氏。椿、顯度據守北中，令智等入京，擒世隆兄弟。

出帝初，除散騎常侍、本將軍、開府儀同三司、滄州刺史。在州貪縱，甚爲民害，出帝徵還京師。尋加授侍中，以本將軍除濟州刺史。率衆達東郡，仍停不進，於長壽津爲相州刺史竇泰所破，還洛。天平初，赴晉陽。智去就多端，後坐事死，時年四十五。

子羅侯，祕書郎。

樊子鵠，代郡平城人。其先荆州蠻酋，被遷於代。父興，平城鎮長史，歸義侯。普泰中，子鵠貴顯，乃贈征虜將軍、荆州刺史。

子鵠值北鎮擾亂，南至并州，尒朱榮引爲都督府倉曹參軍。孝昌三年冬，榮使子鵠詣京師。靈太后見之，問榮兵勢，子鵠應對稱旨，太后嘉之。除直齋，封南和縣開國子，邑三百戶，令還赴榮。榮以爲行臺郎中，行上黨郡。及榮向洛，以爲假節、假平南將軍、都督河東正平軍事、行唐州事。刺史崔元珍閉門拒守，子鵠攻克之。

建義初，拜平北將軍、晉州刺史，封永安縣開國伯，食邑千戶，又兼尚書行臺。治有威信，山胡率服。元顥入洛，薛脩義及降蜀陳雙熾等受顥處分，率衆攻州城。子鵠出與戰，大破之，又破脩義等於土門。以功拜撫軍將軍。尋徵授都官尚書、西荆州大中正。後兼右僕射，爲行臺，督賈智等討呂文欣於東徐州，平之。還，除車騎將軍、左光祿大夫，進封南陽郡開國公，增戶六百，尚書如故，仍假驃騎大將軍，率所部爲都督。時尒朱榮在晉陽，京師之事，子鵠頗預委寄，故在臺閣，征官不解。後出除散騎常侍、本將軍、殷州刺史。屬歲旱儉，子鵠恐民流亡，乃勸有粟之家分貸貧者，幷遣人牛易力，多種二麥，州內以此獲安。

及尒朱榮之死，世隆等遣書招子鵠，欲與同趣京師，子鵠不從。以母在晉陽，啓求移鎭河南。莊帝嘉之，除車騎大將軍、豫州刺史、假驃騎大將軍、都督二豫郢三州諸軍事、兼尚書右僕射、二豫郢潁四州行臺。子鵠到相州，又敕賚絹五百匹。行達汲郡，聞尒朱兆入洛，乃渡河見仲遠，仲遠遣鎭汲郡。兆徵子鵠赴洛，旣見，責以乖異之意，奪其部衆，將還晉陽。及紇豆陵步藩起，以子鵠爲都督，徵發糧仗。元曄以爲侍中、御史中尉、中軍大都督，隨曄向洛。普泰初，仍除舊任。及趙脩延叛於荆州，詔子鵠通三鵶道而還。遭母憂去職，前廢帝聞其在洛無宅，凶費不周，賚絹四百匹、粟五百石，以本官起之。

太昌初，兼尚書左僕射、東南道大行臺，總大都督杜德等追討尒朱仲遠。仲遠已奔蕭衍，收其兵馬甲仗。時蕭衍遣元樹入寇，陷據譙城。詔子鵠與德討之。樹屯兵梁國，欲來逆戰，見子鵠軍盛，夜退還譙。子鵠引兵追躡，樹又背城爲陳。子鵠勒兵直趣城下，縱騎衝突，樹衆大敗，奔入城門，城門隘塞，多自殺害。於是斬千餘級，獲馬數百匹，大收鎧仗，遂圍城。加儀同三司。樹勒兵出戰，輒被摧衄，遂不敢出，自守而已。子鵠恐蕭衍遣救，乃分兵擊衍苞州、然州、宕州、大澗、蒙縣等五城，並望風逃散。樹既無外援，計無所出，子鵠又令人說之，樹遂請率衆歸南，以地還國。子鵠等許之，共結盟約。及樹衆半出，子鵠中擊，破之，擒樹及衍譙州刺史朱文開，俘馘甚多。班師，出帝賚馬匹。遷吏部尚書，轉尚書右僕射。尋加驃騎大將軍、開府，典選。

初，青州人耿翔聚衆反，亡奔蕭衍，衍資其兵，偷據膠州。除子鵠使持節、侍中、青膠大使，督濟州刺史蔡儁討之。師達青州，翔拔城奔走。在軍遇病，詔遣醫給藥。仍除兗州刺史，餘官如故，便道之州。子鵠先遣腹心緣歷民間，採察得失。及入境，太山太守彭穆參候失儀，子鵠責讓穆，并數其罪狀，穆皆引伏，於是州內震悚。

及出帝入關，子鵠據城爲逆。南青州刺史大野拔、徐州人劉粹各率衆就子鵠。天平初，遣儀同三司婁昭等率衆討之。子鵠先使前膠州刺史嚴思達鎭東平郡，昭攻陷之，仍引兵圍子鵠。城久不拔，昭以水灌城。靜帝欲招慰下之，遣散騎常侍陸琛、兼黃門郎張景徵齎璽書勞子鵠，而大野拔因與相見，左右斬子鵠以降。

賀拔勝，字破胡，神武尖山人。祖爾逗，選充北防，家於武川。以窺覘蠕蠕，兼有戰功，顯祖賜爵龍城男，爲本鎭軍主。父度拔，襲爵。正光末，沃野人破落汗拔陵聚衆反，度拔與三子、鄉中豪勇援懷朔鎭，殺賊王衞可瓌。度拔尋爲賊所害，孝昌中，追贈安遠將軍、肆州刺史。

度拔之死也，勝與兄弟俱奔恒州刺史廣陽王淵。勝便弓馬，有武幹，淵厚待之，表爲强弩將軍，充帳內軍主。恒州陷，歸尒朱榮，轉積射將軍，爲別將，又兼都督。及榮入洛，以預義之勳，封易陽縣開國伯，邑四百戶，除直閤將軍，尋加通直散騎常侍、平南將軍、光祿大夫，進號安南將軍。尋除撫軍將軍，爲大都督，出井陘，鎭中山。元顥入洛，勝從東路率騎三百赴行宮於河梁。榮命勝與尒朱兆先渡，破擒顥息冠受及顥大都督陳思保。莊帝還宮，以功增邑六百戶，復加通直散騎常侍、征北將軍、金紫光祿大夫、武衞將軍，改封眞定縣開國公。尋除衞將軍，加散騎常侍。

尒朱榮之死也，勝與田怙等奔走榮第。於時宮殿之門未加嚴防，怙等議卽攻門。勝止之曰：「天子旣行大事，必當更有奇謀，吾等衆旅不多，何可輕爾，但得出城，更爲他計。」怙乃止。及世隆夜走，勝遂不從，莊帝甚嘉之。仲遠逼東郡，詔勝以本官假驃騎大將軍爲東征都督，率衆會鄭先護以討之。爲先護所疑，置之營外，人馬未得休息。俄而仲遠兵至，勝與交戰不利，乃降之。

普泰初，除右衞將軍，進號車騎大將軍、右光祿大夫、儀同三司。共尒朱仲遠、度律北拒義旗，相與奔退。事在尒朱兆傳。後俱敗於韓陵，勝因降齊獻武王。太昌初，拜領軍將軍，餘官如故，又除侍中。出帝既納斛斯椿等讒間之說，將謀齊獻武王，以勝弟岳擁衆關西，仍欲廣爲勢援，除勝使持節、侍中、都督三荆二郢南襄南雍七州諸軍事、驃騎大將軍、開府儀同三司、荆州刺史。

勝將圖襄陽，攻蕭衍下迮戍，克之，擒其戍主尹道玩、戍副庫巖。又使人誘動蠻王問道期，道期率種起義。衍雍州刺史蕭續遣軍擊道期，爲道期所敗，漢南大駭。勝又遣軍攻均口，擒衍將莊思延，又攻馮翊、安定、沔陽、酇陽城，並平之。〔四〕續遣將柳仲禮於穀城拒守，勝攻之不克，乃班師。沔北蕩爲丘墟矣。衍書敕續云：「賀拔勝北間驍將，汝宜慎之，勿與爭鋒。」其見憚如此。進爵琅邪郡公。

出帝末，詔勝統衆北赴京師。軍次汝水，出帝入關。勝率所部欲從武關趣長安。行至析陽，聞齊獻武王平潼關，擒毛鴻賓，勝懼，復走荆州，城人閉門不納。時獻武王已遣行臺侯景、大都督高敖曹討之，勝戰敗，爲流矢所中，乃率左右五百餘騎奔蕭衍。明年，從間道投寶炬。勝好行小數，志大膽薄，周章南北，終無所成，致歿於賊中。

勝兄可泥，永熙中，太尉公，封燕郡王。

勝弟岳，字阿斗泥。初爲太學生，長以弓馬爲事。與父兄赴援懷朔，賊王衞可瓌在城西二百餘步，岳乘城射之，箭中瓌臂，賊衆大駭。後歸恒州，廣陽王淵以爲帳內軍主，表爲强弩將軍。州陷，投尒朱榮，榮以爲別將，進爲都督。

永安初，除安北將軍、光祿大夫、武衞將軍，賜爵樊城鄉男。坐事失官爵，二年，詔並復之。尋除使持節、假衞將軍、西道都督，隸尒朱天光爲左廂大都督，討万俟醜奴。天光先知岳，喜得同行，每事論訪。尋加衞將軍、假車騎將軍，餘如故。岳屆長安，榮遣兵續至。〔五〕時万俟醜奴遣其大行臺尉遲菩薩向武功，南渡渭水，攻圍趣栅。天光遣岳率騎一千馳往赴救，菩薩攻栅已克，還向岐州。岳以輕騎八百北渡渭水，擒賊，令殺掠其民，以挑菩薩。菩薩果率步騎二萬餘人至渭水北。岳以輕騎數十與菩薩隔水交言，岳稱揚國威，菩薩自言强盛，往復數返。菩薩乃自驕，令省事傳語。岳怒曰：「我與菩薩言，卿是何人，與我對語！」省事恃水，應答不遜。岳舉弓射之，應弦而倒。時已逼暮，於此各還。岳密於渭南傍水分置精騎，四十、五十以爲一所，隨地形便，駱驛置之。明日，自將百餘騎，隔水與賊相見，並且東行。岳漸前進，先所置騎隨岳而集。〔六〕騎旣漸增，賊不復測其多少。行二十里許，便至淺可濟，岳便馳馬東出，以示奔遁。賊謂岳走，乃棄步兵，南渡渭水，輕騎追岳。岳東行十餘里，依横崗伏兵以待之。賊以路險不得前進，前後繼至，半度崗東。岳乃回戰，身先士卒，急擊之，賊便退走。岳號令所部，賊下馬者皆不聽殺。賊顧見之，便悉投馬。俄而虜獲三千人，馬亦無遺。遂渡渭北，降步兵萬餘，收其輜重。其有土民，普皆勞遣。醜奴尋棄岐州，北走安定。

其後，破侯伏侯元進，降侯機長貴，擒醜奴、蕭寶夤、王慶雲、万俟道洛，走宿勤明達，事在尒朱天光傳。天光雖爲元帥，而岳功效居多。加車騎將軍，增邑二千戶，進封樊城縣開國伯。尋詔岳都督涇、北豳、二夏四州諸軍事，本將軍，涇州刺史，進爵爲公，改封清水郡公。

天光入洛，使岳行雍州事。元曄立，除驃騎大將軍，增邑五百戶，餘如故。普泰初，都督二岐東秦三州諸軍事、儀同三司、岐州刺史。尋加侍中，給後部鼓吹，仍詔開府。俄兼尚書左僕射、隴右行臺，仍停高平。後以隴中猶有土民不順，岳助侯莫陳悅所在討平。二年，加岳都督三雍、三秦、二岐、二華諸軍事，雍州刺史，關西行臺，餘如故。及尒朱天光率衆赴洛，將抗齊獻武王，岳與侯莫陳悅下隴赴雍，以應義旗。

永熙初，仍開府、兼僕射、大行臺、雍州刺史，增邑千戶。二年，詔岳都督雍、華、北華、東雍、二岐、豳、四梁、二益、巴、二夏、蔚、寧、南益、涇二十州諸軍事，大都督。岳自詣北境，安置邊防，率部趣涇州平涼西界，布營數十里，使諸軍士田殖涇州。身將壯勇，託以牧馬，於原州北招万俟受洛干等，并遠近州鎮聚結者。靈州刺史曹泥身詣岳軍請代，岳以前洛州刺史元季海爲州。彼民不促，〔七〕擊破季海部下，獨聽季海。闕三年正月，岳召侯莫陳悅會於高平，將討之，令悅前驅，北趣靈州。聞渴波隘中河水未解，將往趣之。

岳既總大衆，據制關右，憑強驕恣，有不臣之心。齊獻武王惡其專擅，令悅圖之。悅素服威略，既承密旨，便潛爲計。時岳遣悅先行，悅乃通夜東進，達明晦日，岳行軍前與悅相見。悅誘岳入營，坐論兵事。悅詐云腹痛，起而徐行，悅女夫元洪景抽刀斬岳。後岳部下收岳尸葬於雍州北石安原。六月，贈大將軍、太保、錄尚書事，都督、刺史、開國並如故。

侯莫陳悅，代郡人也。父婆羅門，爲駝牛都尉，故悅長於河西。好田獵，便騎射。會牧子逆亂，遂歸尒朱榮，榮引爲都督府長流參軍，稍遷大都督。莊帝初，除征西將軍、金紫光祿大夫，封栢人縣開國侯，邑五百戶。

尒朱天光之討關西，榮以悅爲天光右廂大都督，本官如故。西伐克獲，皆與天光、賀拔岳略同勞效。以本將軍除鄯州刺史，餘如故。尒朱榮死後，亦隨天光下隴。元曄立，除車騎大將軍、渭州刺史，進爵爲公，改封白水郡，增邑五百戶。及天光向洛，使悅行華州事。普泰中，除驃騎大將軍、儀同三司、秦州刺史。天光之東出，將抗義旗，悅與岳下隴以應齊獻武王，至雍州，會尒朱覆敗。永熙初，加開府、都督隴右諸軍事，仍秦州刺史。

永熙三年正月，岳召悅共討靈州。悅誘岳斬之，岳左右奔散，悅遣人安慰云：「我別稟意旨，止在一人，諸君勿怖。」衆皆畏服，無敢拒違。悅心猶豫，不卽撫納，乃還入隴，止水洛城。

岳之所部，聚於平涼，規還圖悅，遣追夏州刺史宇文黑獺。黑獺至，遂總岳部衆幷家口入高平城，以自安固。乃勒衆入隴征悅。悅聞之，棄城，南據山水之險，設陳候戰。黑獺至，遙望見悅，欲待明日決鬭。悅先召南秦州刺史李景和，其夜，景和遣人詣黑獺，密許翻降。至暮，景和乃勒其所部使上驢駝，云「儀同有敎，欲還秦州，守以拒賊」，令軍人嚴備。景和復紿悅帳下云：「儀同欲還秦州，汝等何不裝辦？」衆謂爲實，以次相驚，人情惶惑，不可復止，皆散走而趣秦州。景和先驅至城，據門以慰輯之。

悅部衆離散，猜畏傍人，不聽左右近己，與其二弟幷兒及謀殺岳者八九人棄軍迸走。數日之中，盤回往來，不知所趣。左右勸向靈州，而悅不決，言下隴之後，恐有人所見。乃於山中令從者悉步，自乘一騾，欲向靈州。中路，追騎將及，望見之，遂縊死野中，弟、息、部下悉見擒殺，唯先謀殺岳者悅中兵參軍豆盧光走至靈州，後奔晉陽。悅自殺岳後，神情恍惚，不復如常，恒言：「我僅睡卽夢見岳語我『兄欲何處去』，隨我不相置。」因此彌不自安，而致敗滅。

侯淵，神武尖山人也。機警有膽略。肅宗末年，六鎭飢亂，淵隨杜洛周南寇。後與妻兄念賢背洛周歸尒朱榮。路中遇寇，身披苫褐，榮賜其衣帽，厚待之，以淵爲中軍副都督。常從征伐，屢有戰功。

孝莊卽位，除領左右，封厭次縣開國子，邑四百戶。後從榮討葛榮於滏口，戰功尤多。榮啓淵爲驃騎將軍、燕州刺史。時葛榮別帥韓樓、郝長等有衆數萬，屯據薊城，尒朱榮令淵與賀拔勝討之。會元顥入洛，榮徵勝南赴大軍，留淵獨鎭中山。

及莊帝還宮，榮令淵進討韓樓，配卒甚少。或以爲言，榮曰：「侯淵臨機設變，是其所長，若總大衆，未必能用。今擊此賊，故當不足定也。」止給騎七百。淵遂廣張軍聲，多設供具，親率數百騎，深入樓境，欲執行人以問虛實。去薊百餘里，值賊帥陳周馬步萬餘，淵遂潛伏以乘其背，大破之，虜其卒五千餘人。尋還其馬仗，縱令入城。左右諫曰：「旣獲賊衆，何爲復資遣之也？」淵曰：「我兵既少，不可力戰，事須爲計以離隙之。」淵度其已至，遂率騎夜集，昧旦，叩其城門。韓樓果疑降卒爲淵內應，遂遁走，追擒之。以勳進爵爲侯，增邑八百戶。尋詔淵以本將軍爲平州刺史、大都督，仍鎮范陽。

及尒朱榮之死也，范陽太守盧文偉誘淵出獵，閉門拒之。淵率部曲屯於郡南，爲榮舉哀，勒兵南向。莊帝使東萊王貴平爲大使，慰勞燕薊。淵乃詐降，貴平信之，遂執貴平自隨。進至中山，行臺僕射魏蘭根邀擊之，爲淵所敗。會元曄立，淵欲歸之。常山太守甄楷屯據井陘，淵又擊破之。曄乃授淵驃騎大將軍、儀同三司、定州刺史、左軍大都督、漁陽郡開國公，邑一千戶。前廢帝立，仍加開府，餘如故。幽州刺史劉靈助舉義兵，屯於安國城，淵與叱列延慶等破擒之。後隨尒朱兆拒義旗於廣阿，兆既敗走，淵降齊獻武王，後從王破尒朱於韓陵。永熙初，除齊州刺史，餘如故。

出帝末，淵與兗州刺史樊子鵠、青州刺史東萊王貴平密信往來，以相連結，又遣間使通誠於獻武王。及出帝入關，復懷顧望。汝陽王暹既除齊州刺史，次於城西，淵擁部據城，不時迎納。民劉桃符等潛引暹入據西城，淵爭門不克，率騎出奔，妻兒部曲爲暹所虜。行達廣里，會承制以淵行青州事。齊獻武王又遣淵書曰：「卿勿以部曲輕少，難於東邁。齊人澆薄，唯利是從，齊州城民尚能迎汝陽王，青州之人豈不能開門待卿也。但當勉之。」淵乃復還，暹始歸其部曲。而貴平自以斛斯椿黨，亦不受代。淵進襲高陽郡，克之，置部曲家累於城中，身率輕騎遊掠於外。貴平使其長子率衆攻高陽，南青州刺史茹懷朗遣兵助之。時青州城人餽糧者首尾相繼。淵親率騎夜趣青州，詐餽糧人曰：「臺軍已至，殺戮都盡，我是世子下人，今已走還城，汝何爲復去也？」人信其言，棄糧奔走。比曉，復謂行人曰：「臺軍昨夜已至高陽，我是前鋒，今始到此，頗知侯公竟在何處？」城人兇懼，遂執貴平出降。淵自惟反覆，慮不獲安，遂斬貴平，傳首京師，欲明不同於斛斯椿也。

及子鵠平，詔以封延之爲青州刺史。淵既不獲州任，情又恐懼，行達廣川，遂劫光州庫兵反。遣騎詣平原，執前膠州刺史賈璐。夜襲青州南郭，劫前廷尉卿崔光韶，以惑人情。攻掠郡縣。其部下督帥叛拒之，淵率騎奔蕭衍，途中亡散，行達南青州南境，爲賣漿者斬之，傳首京師，家口配沒。

史臣曰：朱瑞以背本向義，責不見原。延慶黨舊違順，常刑所及。斛斯椿姦佞爲心，讒忒自口，取譬蒼蠅，交亂四國，投於豺虎，天實棄之。賈智、侯淵反覆取斃。破胡器小謀大，終於顛蹶。子鵠迷機寡算，竟以殲殄。岳負力無謀，制以一劍。悅果行慮淺，死不旋足。

覩其亡滅，自取之也。

校勘記

〔一〕自襄威將軍超贈車騎將軍　諸本「威」作「城」。按卷一一三官氏志無「襄城將軍」，太和後品令從第六品有「襄威將軍」，「城」字乃「威」的形訛，今改正。

〔二〕及刺史元顯達以城降於蕭衍　按梁書卷三九有元願達傳，卽此人，梁書卷三高祖紀大通二年四月辛丑條、卷二八夏侯亶傳都作「願達」。據梁書本傳，其人爲樂平王丕後裔，今魏書卷一七已闕，後人所補，丕傳不載子孫。梁書三處並作「願達」，疑「顯」字訛。

〔三〕時趙脩延起逆荊州　諸本「延」作「巡」。殿本考證云：「按本卷樊子鵠傳云：『趙脩延叛於荊州。』又本書李琰之傳卷八二云：『南陽太守趙脩延誣琰之規奔蕭衍，襲州城，仍自行州事。城內人斬脩延。』則此與下文荊州斬送脩巡，皆訛『延』爲『巡』也。」按考證說是，卷一〇莊帝紀末、卷一一前廢帝紀普泰元年五月記此事，都作「脩延」。「巡」字訛，今改正。

〔四〕又攻馮翊安定沔陽鄺陽城並平之　冊府卷三六八四三八二頁「鄺」下無「陽」字。按周書卷一四賀拔勝傳、卷二九宇文虬傳並作「歐陽、鄺城」。通鑑卷一五六四八三五頁但有「鄺城」，與冊府同。隋書卷三一地理志下襄陽郡陰城縣下云：「西魏置鄺城郡。」西魏當因梁舊名。歐陽，見本書卷五八楊播附楊侃傳，地在合肥、壽春間，或汭北別有此城。「鄶陽」不見紀載，這裏當衍「陽」字。如周書不誤，則也可能是「歐陽、鄶城」的倒脫。

〔五〕岳居長安榮遣兵續至　諸本「兵」作「岳」。按既云「岳居長安」，又云「遣岳續至」，語不可通。卷七五尒朱天光傳稱「榮復遣軍士二千人以赴」，卽指此事。這裏「岳」乃「兵」之訛，今改正。

〔六〕先所置騎隨岳而集　諸本「騎」上有「驛」字，周書卷一四、北史卷四九賀拔岳傳、通典卷一五四引退設伏取之條無。按「驛」字乃涉上文「駱驛置之」語而衍，今據删。

〔七〕彼民不促　按「促」字不可解，疑是「從」之訛。

魏書卷八十一〔一〕

列傳第六十九

綦儁　山偉　劉仁之　宇文忠之

綦儁，字𢷋顯，河南洛陽人也，其先代人。祖辰，幷州刺史。儁，莊帝時仕累遷爲滄州刺史，甚爲吏人畏悅。尋除太僕卿。

及尒朱世隆等誅，齊獻武王赴洛，止於邙山。上召文武百司，下及士庶，令之曰：「尒朱暴虐，矯弄天常，孤起義信都，罪人斯翦。今將翼戴親賢，以昌魏曆，誰主社稷，允愜天人？」申令頻煩，莫有應者。儁乃避席曰：「人主之體，必須度量深遠，明哲仁恕。廣陵王遇世艱難，不言淹載，以人謀察之，雖爲尒朱扶戴，〔二〕當今之聖主也。」獻武王欣然是之。時黃門侍郎崔㥄作色而前，謂儁曰：「廣陵王爲主，不能紹宣魏網，〔三〕布德天下，爲君如此，何聖之有！若言其聖，應待大王。」時高乾邕、魏蘭根等固執㥄言，遂立出帝。及出帝失德，齊獻武王深思儁言，常以爲恨。尋除御史中尉，於路與僕射賈顯度相逢，顯度恃勳貴，排儁騶列倒，儁忿見於色，自入奏之。尋加散騎常侍、驃騎大將軍、左光祿大夫、儀同三司。儁佞巧，能候當塗，斛斯椿、賀拔勝皆與友善。斛斯椿之搆間也，出帝令儁奉詔晉陽，齊獻武王集文武與儁申釋，儁辭屈而退。

性多詐。賀拔勝出鎭荊州，過儁別，因辭儁母，儁故見敗氊弊被，勝更遺之錢物。後兼吏部尚書，復爲滄州刺史。徵還，兼中尉，章武縣伯。尋除殷州刺史，薨於州。贈司空公，諡曰文貞。

子洪寔，字巨正。位尙書左右郞，魏郡邑中正。嗜酒好色，無行檢。卒官。

山偉，字仲才，河南洛陽人也，其先代人。祖强，美容貌，身長八尺五寸，工騎射，彎弓五石。爲奏事中散，從顯祖獵方山，有兩狐起於御前，詔强射之，百步內二狐俱獲。位內行長。父稚之，營陵令。偉隨父之縣，遂師事縣人王惠，涉獵文史。稚之位金明太守。肅宗初，元匡爲御史中尉，以偉兼侍御史。入臺五日，便遇正會。偉司神武門，其妻從叔爲羽林隊主，撾直長於殿門，偉卽劾奏。匡善之，俄然奏正。帖國子助教，遷員外郞、廷尉評。

時天下無事，進仕路難，代遷之人，多不霑預。及六鎮、隴西二方起逆，領軍元乂欲用代來寒人爲傳詔以慰悦之，而牧守子孫投狀求者百餘人。又欲杜之，因奏立勳附隊，令各依資出身。自是北人悉被收敍。偉遂奏記，贊乂德美。乂素不識偉，訪侍中安豐王延明、黄門郎元順，順等因是稱薦之。乂令僕射元欽引偉兼尚書二千石郎，後正名士郎。〔四〕修起居注。僕射元順領選，表薦爲諫議大夫。

尒朱榮之害朝士，偉時守直，故免禍。及莊帝入宮，仍除偉給事黄門侍郎。先是，偉與儀曹郎袁昇、屯田郎李延孝、外兵郎李奐、三公郎王延業方駕而行，〔五〕偉少居後。路逢一尼，望之歎曰：「此輩緣業，同日而死。」謂偉曰：「君方近天子，當作好官。」而昇等四人，皆於河陰遇害，果如其言。俄領著作郎。前廢帝立，除安東將軍、祕書監，仍著作。

初，尒朱兆之入洛，官守奔散，國史典書高法顯密埋史書，故不遺落。偉自以爲功，訴求爵賞。偉挾附世隆，遂封東阿縣伯，而法顯止獲男爵。偉尋進侍中。孝靜初，除衞大將軍、中書令，監起居。後以本官復領著作，卒官。贈驃騎大將軍、開府儀同三司、都督、幽州刺史，謚曰文貞公。

國史自鄧淵、崔琛、崔浩、高允、李彪、崔光以還，諸人相繼撰録，綦儁及偉等諂説上黨王天穆及尒朱世隆，以爲國書正應代人修緝，不宜委之餘人，是以儁、偉等更主大籍。守舊而已，初無述著。故自崔鴻死後，迄終偉身，二十許載，時事蕩然，萬不記一，後人執筆，無所凴據，史之遺闕，偉之由也。外示沉厚，內實矯競。與綦儁少甚相得，晚以名位之間，遂若水火。與宇文忠之之徒代人爲黨，時賢畏惡之。而愛尙文史，老而彌篤。偉弟少亡，偉撫寡訓孤，同居二十餘載，恩義甚篤。不營產業，身亡之後，賣宅營葬，妻子不免飄泊，士友歎愍之。長子昻襲爵。

劉仁之，字山靜，河南洛陽人。其先代人，徙于洛。父爾頭，在外戚傳。仁之少有操尙，粗涉書史，眞草書迹，頗號工便。御史中尉元昭引爲御史。前廢帝時，兼黃門侍郎，深爲尒朱世隆所信用。出帝初，爲著作郎，兼中書令，旣非其才，在史未嘗執筆。出除衞將軍、西兗州刺史，在州有當時之譽。武定二年卒，贈衞大將軍、吏部尙書、靑州刺史，謚曰敬。

仁之外示長者，內懷矯詐。其對賓客，破牀弊席，粗飯冷菜，衣服故敗，乃過逼下。善候當途，能爲詭激。每於稠人廣衆之中，或撾一姦吏，或縱一孤貧，大言自眩，示己高明，矜物無知。淺識皆稱其美，公能之譽，動過其實。性又酷虐，在晉陽曾營城雉，仁之統監作役，以小稽緩，遂杖前殷州刺史裴瑗、并州刺史王綽，齊獻武王大加譴責。性好文字，吏書失體，便加鞭撻，言韻微訛，亦見捶楚，吏民苦之。而愛好文史，敬重人流。與齋帥馮元興交款，元興死後積年，仁之營視其家，常出隆厚。時人以此尙之。

宇文忠之，河南洛陽人也。其先南單于之遠屬，世據東部，後入居代都。祖阿生，安南將軍，巴西公。父侃，卒於治書侍御史。忠之獵涉文史，頗有筆札，釋褐太學博士。天平初，除中書侍郎。裴伯茂與之同省，常侮忽之，以忠之色黑，呼爲「黑宇」。後敕修國史。元象初，兼通直散騎常侍，副鄭伯猷使蕭衍。武定初，爲安南將軍、尙書右丞，仍修史。未幾，以事除名。忠之好榮利，自爲中書郎，六七年矣，遇尙書省選右丞，預選者皆射策，忠之入試焉。既獲丞職，大爲忻滿，志氣囂然，有驕物之色，識者笑之。既失官爵，怏怏發病卒。子君山。

史臣曰：綦儁遭逢受職；山偉位行頗爽；仁之雖內懷矯詐，而交情自篤；忠之雖文史足用，而雅道蔑聞。謂全德者，其難矣哉！

校勘記

〔一〕魏書卷八十一　諸本目録此卷注「闕」。殿本考證云：「魏收書闕，後人所補。」按此卷以北史卷五〇綦儁、山偉、宇文忠之三傳及卷二〇劉庫仁附劉仁之傳補。卷末無宋人校語，當是脱去。

〔二〕雖爲尒朱扶戴　諸本「戴」訛「載」，今據北史卷五〇綦儁傳改。

〔三〕不能紹宣魏綱　按文義「網」當是「綱」之訛。

〔四〕後正名士郎　張森楷云：「『名士』二字疑誤。」按墓誌集釋元湛墓誌圖版一五二稱「尋補尚書左士郎中」，周書卷三四楊敷傳稱敷「歷尚書左士郎中」。左右士曹見晉書卷二四職官志。疑這裏「名」字乃「右」字之訛。

〔五〕屯田郎李延孝　北史卷五〇山偉傳作李延考，卷一〇〇序傳作李延孝。按墓誌集釋元勰妃李媛華墓誌圖版一八六言妃有弟名延考，妃即李沖之女，則作「考」是。

魏書卷八十二〔一〕

列傳第七十

李琰之　祖瑩　常景

李琰之，字景珍，小字默蠡，隴西狄道人，司空韶之族弟。早有盛名，時人號曰神童。從父司空沖雅所歎異，每曰：「興吾宗者，其此兒乎？」恒資給所須，愛同己子。弱冠舉秀才，不行。曾遊河內北山，便欲有隱遁意。會彭城王勰辟爲行臺參軍，〔二〕苦相敦引。尋爲侍中李彪啓兼著作郎，修撰國史。稍遷國子博士，領尚書儀曹郎中，轉中書侍郎、司農少卿、黃門郎，修國史。遷國子祭酒，轉祕書監、兼七兵尚書。遷太常卿。孝莊初，太尉元天穆北討葛榮，以琰之兼御史中尉，爲北道軍司。還，除征東將軍，仍兼太常。出爲衞將軍、荆州刺史。頃之，兼尚書左僕射、三荆二郢大行臺。尋加散騎常侍。琰之雖以儒素自業，而每語人言，吾家世將種，自云猶有關西風氣。及至州後，大好射獵，以示威武。尒朱兆入洛，南陽太守趙脩延以琰之莊帝外戚，誣琰之規奔蕭衍，襲州城，遂被囚執，脩延仍自行州事。城內人斬脩延，還推琰之釐州任。出帝初，徵兼侍中、車騎大將軍、左光祿大夫、儀同三司。永熙二年薨。贈侍中、驃騎大將軍、司徒公、雍州刺史，諡曰文簡。

琰之少機警，善談，經史百家無所不覽，朝廷疑事多所訪質。每云：「崔博而不精，劉精而不博，我既精且博，學兼二子。」謂崔光、劉芳也。論者許其博，未許其精。當時物議，咸共宗之。又自誇文章，從姨兄常景笑而不許。每休閑之際，恒閉門讀書，不交人事。嘗謂人曰：「吾所以好讀書，不求身後之名，但異見異聞，心之所願，是以孜孜搜討，欲罷不能。豈爲聲名勞七尺也？此乃天性，非爲力强。」前後再居史職，無所編緝。安豐王延明，博聞多識，每有疑滯，恒就琰之辨析，自以爲不及也。二子綱、惠，並從出帝入關。

祖瑩，字元珍，范陽遒人也。曾祖敏，仕慕容垂爲平原太守。太祖定中山，賜爵安固子，拜尚書左丞。卒，贈幷州刺史。祖嶷，字元達。以從征平原功，進爵爲侯，位馮翊太守，贈幽州刺史。父季眞，多識前言往行，位中書侍郎，卒於安遠將軍、鉅鹿太守。

瑩年八歲，能誦詩書，十二，爲中書學生。好學耽書，以晝繼夜，父母恐其成疾，禁之不能止，常密於灰中藏火，驅逐僮僕，父母寢睡之後，燃火讀書，以衣被蔽塞窗戶，恐漏光明，爲家人所覺。由是聲譽甚盛，內外親屬呼爲「聖小兒」。尤好屬文，中書監高允每歎曰：「此子才器，非諸生所及，終當遠至。」

時中書博士張天龍講尚書，選爲都講。生徒悉集，瑩夜讀書勞倦，不覺天曉。催講既切，遂誤持同房生趙郡李孝怡曲禮卷上座。博士嚴毅，不敢還取，乃置禮於前，誦尚書三篇，不遺一字。講罷，孝怡異之，向博士說，舉學盡驚。後高祖聞之，召入，令誦五經章句，並陳大義，帝嗟賞之。瑩出後，高祖戲盧昶曰：「昔流共工於幽州北裔之地，那得忽有此子？」昶對曰：「當是才爲世生。」以才名拜太學博士。徵署司徒、彭城王勰法曹行參軍。高祖顧謂勰曰：「蕭賾以王元長爲子良法曹，今爲汝用祖瑩，豈非倫匹也。」敕令掌勰書記。瑩與陳郡袁翻齊名秀出，時人爲之語曰：「京師楚楚，袁與祖；洛中翩翩，祖與袁。」再遷尚書三公郎。尚書令王肅曾於省中詠悲平城詩，云：「悲平城，驅馬入雲中。陰山常晦雪，荒松無罷風。」彭城王勰甚嗟其美，欲使肅更詠，乃失語云：「王公吟詠情性，聲律殊佳，可更爲誦悲彭城詩。」〔三〕肅因戲勰云：「何意悲平城爲悲彭城也？」勰有慚色。瑩在座，卽云：「所有悲彭城，王公自未見耳。」肅云：「可爲誦之。」瑩應聲云：「悲彭城，楚歌四面起；屍積石梁亭，血流睢水裏。」肅甚嗟賞之。勰亦大悅，退謂瑩曰：「卽定是神口。今日若不得卿，幾爲吳子所屈。」

爲冀州鎭東府長史，以貨賄事發，除名。後侍中崔光舉爲國子博士，仍領尚書左戶部。

李崇爲都督北討，引瑩爲長吏。坐截沒軍資，除名。未幾，爲散騎侍郎。孝昌中，於廣平王第掘得古玉印，敕召瑩與黃門侍郎李琰之令辨何世之物。瑩云：「此是于闐國王晉太康中所獻。」乃以墨塗字觀之，果如瑩言，時人稱爲博物。累遷國子祭酒，領給事黃門侍郎，幽州大中正，監起居事，又監議事。元顥入洛，以瑩爲殿中尚書。莊帝還宮，坐爲顥作詔，罪狀尒朱榮，免官。後除祕書監，中正如故。以參議律曆，賜爵容城縣子。坐事繫於廷尉。前廢帝遷車騎將軍。初，莊帝末，尒朱兆入洛，軍人焚燒樂署，鍾石管弦，略無存者。敕瑩與錄尚書事長孫稚、侍中元孚典造金石雅樂，三載乃就，事在樂志。遷車騎大將軍。及出帝登阼，瑩以太常行禮，封文安縣子。天平初，將遷鄴，齊獻武王因召瑩議之。以功遷儀同三司，進爵爲伯。薨，贈尚書左僕射、司徒公、冀州刺史。

瑩以文學見重，常語人云：「文章須自出機杼，成一家風骨，何能共人同生活也。」蓋譏世人好偷竊他文，以爲己用。而瑩之筆札，亦無乏天才，但不能均調，玉石兼有，製裁之體，減於袁、常焉。性爽俠，有節氣，士有窮厄，以命歸之，必見存拯，時亦以此多之。其文集行於世。子斑，字孝徵，襲。

常景，字永昌，河內人也。父文通，天水太守。景少聰敏，初讀論語、毛詩，一受便覽。

及長，有才思，雅好文章。廷尉公孫良舉爲律博士，高祖親得其名，旣而用之。後爲門下錄事、太常博士。正始初，詔尚書、門下於金墉中書外省考論律令，敕景參議。

世宗季舅護軍將軍高顯卒，其兄右僕射肇私託景及尚書邢巒、幷州刺史高聰、通直郎徐紇各作碑銘，並以呈御。世宗悉付侍中崔光簡之，光以景所造爲最，乃奏曰：「常景名位乃處諸人之下，文出諸人之上。」遂以景文刊石。肇尚平陽公主，未幾主薨，肇欲使公主家令居廬制服，付學官議正施行。尚書又以訪景，景以婦人無專國之理，家令不得有純臣之義，乃執議曰：「喪紀之本，實稱物以立情；輕重所因，亦緣情以制禮。雖理關盛衰，事經今古，而制作之本，降殺之宜，其實一焉。是故臣之爲君，所以資敬而崇重；爲君母妻，所以從服而制義。然而諸侯大夫之爲君者，謂其有地土，有吏屬，無服文者，言其非世爵也。今王姬降適，雖加爵命，事非君邑，理異列士。何者？諸王開國，備立臣吏，生有趨奉之勤，死盡致喪之禮；而公主家令，唯有一人，其丞已下，命之屬官，旣無接事之儀，實闕爲臣之禮。原夫公主之貴所以立家令者，蓋以主之內事脫須關外，理無自達，必也因人。然則家令唯通內外之職，及典主家之事耳，無關君臣之理，名義之分也。由是推之，家令不得爲純臣，公主不可爲正君明矣。且女人之爲君，男子之爲臣，古禮所不載，先朝所未議。而四門博士裴道廣、孫榮乂等以公主爲之君，以家令爲之臣，制服以斬，乖謬彌甚。又張虛景、吾難羈等，不推君臣之分，不尋致服之情，〔四〕猶同其議，準母制齊，求之名實，理未爲允。竊謂公主之爵，既非食菜之君；家令之官，又無純臣之式。若附如母，則情義罔施；若準小君，則從服無據。案如經禮，事無成文；卽之愚見，謂不應服。」朝廷從之。

景淹滯門下積歲，不至顯官，以蜀司馬相如、王褒、嚴君平、揚子雲等四賢，皆有高才而無重位，乃託意以讚之。其讚司馬相如曰：「長卿有艷才，直致不羣性。鬱若春煙舉，皎如秋月映。遊梁雖好仁，仕漢常稱病。淸貞非我事，窮達委天命。」其讚王子淵曰：「王子挺秀質，逸氣干青雲。明珠既絕俗，白鵠信驚羣。才世苟不合，遇否途自分。空枉碧鷄命，徒獻金馬文。」其讚嚴君平曰：「嚴公體沉靜，立志明霜雪。味道綜微言，端蓍演妙說。才屈羅仲口，位結李强舌。素尙邁金貞，淸標陵玉徹。」其讚揚子雲曰：「蜀江導淸流，揚子挹餘休。含光絕後彥，覃思邈前修。世輕久不賞，玄談物無求。當途謝權寵，置酒獨閑遊。」

景在樞密十有餘年，爲侍中崔光、盧昶、游肇、元暉尤所知賞。累遷積射將軍、給事中。延昌初，東宮建，兼太子屯騎校尉，錄事皆如故。其年受敕撰門下詔書，凡四十卷。尙書元萇出爲安西將軍、雍州刺史，請景爲司馬，以景階次不及，除錄事參軍、襄威將軍，帶長安令。甚有惠政，民吏稱之。

先是，太常劉芳與景等撰朝令，未及班行。別典儀注，多所草創，未成，芳卒，景纂成其事。及世宗崩，召景赴京，還修儀注。拜謁者僕射，加寧遠將軍。又以本官兼中書舍人。後授步兵校尉，仍舍人。又敕撰太和之後朝儀已施行者，凡五十餘卷。時靈太后詔依漢世陰鄧二后故事，親奉廟祀，與帝交獻。景乃據正，以定儀注，朝廷是之。

正光初，除龍驤將軍、中散大夫，舍人如故。時肅宗行講學之禮於國子寺，〔五〕司徒崔光執經，敕景與董紹、張徹、馮元興、王延業、鄭伯猷等俱爲錄義。事畢，又行釋奠之禮，並詔百官作釋奠詩，時以景作爲美。

是年九月，蠕蠕主阿那瓌歸闕，朝廷疑其位次。高陽王雍訪景，景曰：「昔咸寧中，南單于來朝，晉世處之王公、特進之下。今日爲班，宜在蕃王、儀同三司之間。」雍從之。朝廷典章，疑而不決，則時訪景而行。

初，平齊之後，光祿大夫高聰徙於北京，中書監高允爲之娉妻，給其資宅。聰後爲允立碑，每云：「吾以此文報德，足矣。」豫州刺史常綽以未盡其美。景尚允才器，先爲遺德頌，司徒崔光聞而觀之，尋味良久，乃云：「高光祿平日每矜其文，自許報允之德，今見常生此頌，高氏不得獨擅其美也。」侍中崔光、安豐王延明受詔議定服章，敕景參修其事。尋進號冠軍將軍。

阿那瓌之還國也，境上遷延，仍陳窘乏。遣尚書左丞元孚奉詔振恤，阿那瓌執孚過柔玄，奔于漠北。遣尙書令李崇、御史中尉兼右僕射元纂追討，不及。乃令景出塞，經瓮山，臨瀚海，宣敕勒衆而返。景經涉山水，悵然懷古，乃擬劉琨扶風歌十二首。

進號征虜將軍。孝昌初，兼給事黃門侍郞。尋除左將軍、太府少卿，仍舍人。固辭少卿不拜，改授散騎常侍，將軍如故。徐州刺史元法僧叛入蕭衍，衍遣其豫章王蕭綜入據彭城。時安豐王延明爲大都督、大行臺，率臨淮王彧等衆軍討之。既而蕭綜降附，徐州淸復，遣景兼尙書，持節馳與行臺、都督觀機部分。景經洛汭，乃作銘焉。是時，尙書令蕭寶夤，都督崔延伯，都督、北海王顥，都督、車騎將軍元恒芝等並各出討，詔景詣軍宣旨勞問。還，以本將軍授徐州刺史。

杜洛周反於燕州，仍以景兼尙書爲行臺，與幽州都督、平北將軍元譚以禦之。景表求勒幽州諸縣悉入古城，山路有通賊之處，權發兵夫，隨宜置戍，以爲防遏。又以頃來差兵，不盡强壯，今之三長，皆是豪門多丁爲之，今求權發爲兵。肅宗皆從之。進號平北將軍。別敕譚西至軍都關，北從盧龍塞，據此二嶮，以杜賊出入之路。又詔景山中嶮路之處，悉令捍塞。景遣府錄事參軍裴智成發范陽三長之兵以守白㵎，都督元譚據居庸下口。俄而安州石離、宂城、斛鹽三戍兵反，〔六〕結洛周，有衆二萬餘落，自松岍赴賊。〔七〕譚勒別將崔仲哲等截軍都關以待之。仲哲戰沒，洛周又自外應之，腹背受敵，譚遂大敗，諸軍夜散。詔以景所部別將李琚爲都督，代譚征下口，降景爲後將軍，解州任，仍詔景爲幽安玄□四州行臺。賊既南出，鈔掠薊城，景命統軍梁仲禮率兵士邀擊，破之，獲賊將禦夷鎭軍主孫念恒。都督李琚爲賊所攻，薊城之北軍敗而死。率屬城人禦之，〔八〕賊不敢逼。洛周還據上谷。授景平北將軍、光祿大夫，行臺如故。洛周遣其都督王曹紇眞、馬叱斤等率衆薊南，以掠人穀，乃遇連雨，賊衆疲勞。景與都督于榮、刺史王延年置兵粟園，〔九〕邀其走路，大敗之，斬曹紇眞。洛周率衆南趨范陽，景與延年及榮復破之。又遣別將重破之於州西虎眼泉，擒斬及溺死者甚衆。後洛周南圍范陽，城人翻降，執刺史延年及景送於洛周。洛周尋爲葛榮所吞，景又入榮。榮破，景得還朝。

永安初，詔復本官，兼黃門侍郞，又攝著作，固辭不就。二年，除中軍將軍，正黃門。先是，參議正光壬子曆，至是賜爵高陽子。元顥內逼，莊帝北巡，景與侍中、大司馬、安豐王延明在禁中召諸親賓，安慰京師。顥入洛，景仍居本位。莊帝還宮，解黃門。普泰初，除車騎將軍、右光祿大夫、祕書監。以預詔命之勤，封濮陽縣子。後以例追。永熙二年，監議事。

景自少及老，恒居事任。淸儉自守，不營產業，至於衣食，取濟而已。耽好經史，愛玩文詞，若遇新異之書，殷勤求訪，或復質買，不問價之貴賤，必以得爲期。友人刁整每謂曰：「卿淸德自居，不事家業，雖儉約可尙，將何以自濟也？吾恐摯太常方餧於栢谷耳。」遂與衞將軍羊深矜其所乏，乃率刁雙、司馬彥邕、李諧、畢祖彥、畢義顯等各出錢千文而爲買馬焉。天平初，遷鄴，景匹馬從駕。是時詔下三日，戶四十萬狼狽就道，收百官馬，尚書丞郎已下非陪從者盡乘驢。齊獻武王以景清貧，特給車牛四乘，妻孥方得達鄴。後除儀同三司，仍本將軍。武定六年，以老疾去官。詔曰：「几杖爲禮，安車致養，敬齒尊賢，其來尚矣。景藝業該通，文史淵洽，歷事三京，年彌五紀，朝章言歸，祿俸無餘，家徒壁立，宜從哀恤，以旌元老。可特給右光祿事力，終其身。」八年薨。

景善與人交，終始若一，其遊處者，皆服其深遠之度，未曾見其矜吝之心。好飲酒，澹於榮利，自得懷抱，不事權門。性和厚恭慎。每讀書，見韋弦之事，深薄之危，乃圖古昔可以鑒戒，指事爲象，讚而述之曰：

周雅云：「謂天蓋高，不敢不跼；謂地蓋厚，不敢不蹐。」有朝隱大夫監戒斯文，乃惕焉而懼曰：「夫道喪則性傾，利重則身輕。是故乘和體遜，式銘方冊；防微慎獨，載象丹青。信哉辭人之賦，文晦而理明。仰瞻高天，聽卑視諦；俯測厚地，岳峻川渟。誰其戴之，不私不畏。誰其踐之，不陷不墜。故善惡是徵，物罔同異。論亢匪久，人咸敬忌。嗟乎！唯地厚矣，尚亦兢兢。浩浩名位，孰識其親。搏之弗得，聆之無聞。故有戒於顯而急乎微。好爵是冒，聲奢是基。身陷於祿利，言溺於是非。或求欲而未厭，或知足而不辭。是故位高而勢愈迫，正立而邪愈欺。安有位極而危不萃，邪桀而正不凋。故悔多於地厚，禍甚於天高。夫悔未結，誰肯曲躬？夫禍未加，誰肯累足？固機發而後思圖，車覆而後改躅。改之無及，故狡兔失穴；思之在後，故逆鱗易觸。

君子則不然，體舒則懷卷，視溺則思濟。原夫人□之度，〔一〇〕還於無階之天；勢位之危，深於不測之地。餌厚而躬不競，爵降而心不係。守善於已成，懼愆於未敗。雖盈而戒沖，通而慮滯。以知命爲遐齡，以樂天爲大惠，以戢智而從時，以懷愚而遊世。曲躬焉，累足焉。苟行之晝已決矣，猶夜則思其計。誦之口亦明矣，故心必賞其契。故能不同不誘，而弭謗於羣小；無毀無譽，而貽信於上帝。託身與金石俱堅，立名與天壤相弊。囂競無侵，優遊獨逝。夫如是，故綺閣金門，可安其宅；錦衣玉食，可頤其形。柳下三黜，不慍其色；子文三陟，不喜其情。

而惑者見居高可以持勢，欲乘高以據榮。見直道可以修己，欲專道以邀聲。夫去聲，然後聲可立，豈矜道之所宣。慮危，然後安可固，豈假道之所全。是以君子鑒恃道不可以流聲，故去聲而懷道；鑒專道不可以守勢，故去勢以崇道。何者？履道雖高，不得無亢；求聲雖道，不得無悔。然則聲奢繁則實儉凋；功業進則身迹退。如此，則精靈遂越，驕侈自親。情與道絕，事與勢鄰。方欲役思以持勢，乘勢以求津。故利欲誘其情，禍難嬰其身。利欲交，則幽明以之變；禍難構，則智術無所陳。若然者，雖縻爵帝扃，焉得而寧之？雖結珮皇庭，焉得而榮之？故身道未究，而祟邪之徑已形。成功未立，而修正之術已生。福祿交蹇於人事，屯難頓萃於時情。忠介剖心於白日，耿節沉骨於幽靈。因斯愚智之所機，倚伏之所係，全亡之所依，其在遜順而已哉。嗚呼鑒之！嗚呼鑒之！

景所著述數百篇，見行於世，删正晉司空張華博物志及撰儒林、列女傳各數十篇云。

長子昶，少學識，有文才。早卒。

昶弟彪之，永安中，司空行參軍。

史臣曰：琰之好學博聞，蔚爲邦彥。祖瑩幹能藝用，實曰時良。常景以文義見宗，著美當代。覽其遺稿，可稱尙哉。

校勘記

〔一〕魏書卷八十二　諸本目錄此卷注「闕」，百衲本卷末有宋人校語云「魏收書列傳七十」，語未完，當脫「亡」字。殿本考證云：「魏收書闕，後人所補。」按北史，祖瑩卷四七有傳，常景附卷四二常爽傳，李琰之見卷一〇〇序傳。檢此卷傳文大體與北史同，間有溢出語。當是後人以北史相同諸人傳補，而增入高氏小史等他書中文句。

〔二〕彭城王勰辟爲行臺參軍　北史卷一〇〇序傳「臺」作「軍」。按彭城王勰未曾爲行臺，且行臺屬僚皆同尚書省，不聞有參軍。但「行軍參軍」也罕見。「臺」或「軍」字或是衍文。

〔三〕可更爲誦悲彭城詩　諸本「更」作「便」，北史卷四七祖瑩傳、册府卷八五〇一〇一二頁作「更」。按上稱「勰欲使肅更詠」。「便」字訛，今據改。

〔四〕不尋致服之情　北史卷四二常爽附常景傳、册府卷五八一六九六二頁「致」作「制」。按所論即在「制服」，疑作「制」是。

〔五〕時肅宗行講學之禮於國子寺　諸本「行」訛「以」，今據北史卷四二常爽附常景傳改。

〔六〕俄而安州石離冗城斛鹽三戍兵反　册府卷三五四四一九九頁「冗城」作「宛城」。通鑑卷一五一四七一〇頁作「穴城」，胡注以見於水經注卷一四鮑丘水篇的「孔山」當之。按水經注稱孔山「上有洞穴開明」，其地與斛鹽成鄰接。百衲本「冗」字末筆稍直，疑實是「穴」字缺上點，册府作「宛」雖誤，上也作「宀」可證。

〔七〕自松岍赴賊　通鑑卷一五一四七一〇頁胡注：「或曰：『岍』，『⿰山刑』字之誤也，讀作『陘』。唐志唐書卷四三下地理志下載入四夷道路營州西北有松陘嶺。」

〔八〕率屬城人禦之　通志卷一五〇上常景傳「率」上有「景」字。按此字不宜省，當是脫文。

〔九〕景與都督于榮刺史王延年置兵粟園　諸本「粟園」作「栗國」，卷九肅宗紀孝昌二年七月作「粟園」，通鑑卷一五一四七一四頁作「栗園」。按「國」字必訛，今據改。「粟」疑亦當作「栗」，但諸本及紀皆同，今仍之。參卷九校記〔一四〕。

〔一〇〕原夫人□之度　諸本「人」下不空格，北史卷四二注「闕」字。按若如諸本，與下「勢位之危」句不相對，「人」下當闕一字，今作方圍。

魏書卷八十三上〔一〕

列傳外戚第七十一上

賀訥　劉羅辰　姚黄眉　杜超　賀迷　閭毗　馮熙

李峻　李惠

夫右賢左戚，尚德尊功，有國者所以治天下也。殷肇王基，不藉莘氏爲佐；周成大業，未聞姒姓爲輔。及於漢世，外戚尤重，殺身傾族，相繼於兩京，乃至移其鼎璽，亂其邦國。魏文深以爲誡，明帝尚封頑騃。晉之楊駿，尋至夷宗。居上不以至公任物，在下徒用私寵要榮，藺犢引大車，弱質任厚棟，所謂愛之所以害之矣。太祖初，賀訥有部衆之業，翼成皇祚，其餘或以勞勤，或緣恩澤，咸序其迹，舉外親之盛衰云爾。

賀訥，代人，太祖之元舅，獻明后之兄也。其先世爲君長，四方附國者數十部。祖紇，始有勳於國，尚平文女。父野干，尚昭成女遼西公主。昭成崩，諸部乖亂，獻明后與太祖及衞、秦二王依訥。會苻堅使劉庫仁分攝國事，於是太祖還居獨孤部。訥總攝東部爲大人，遷居大寧，行其恩信，衆多歸之，侔於庫仁。苻堅假訥鷹揚將軍。後劉顯之謀逆，太祖聞之，輕騎北歸訥。訥見太祖，驚喜拜曰：「官家復國之後當念老臣。」太祖笑答曰：「誠如舅言，要不忘也。」訥中弟染干粗暴，忌太祖，常圖爲逆，每爲皇姑遼西公主擁護，故染干不得肆其禍心。於是諸部大人請訥兄弟求舉太祖爲主。染干曰：「在我國中，何得爾也！」訥曰：「帝，大國之世孫，興復先業，於我國中之福。常相持奬，〔三〕立繼統勳，汝尚異議，豈是臣節！」遂與諸人勸進，太祖登代王位于牛川。

及太祖討吐突隣部，訥兄弟遂懷異圖，率諸部救之。帝擊之，大潰，訥西遁。衞辰遣子直力鞮征訥。訥告急請降，太祖簡精騎二十萬救之。遂徙訥部落及諸弟處之東界。訥又通於慕容垂，垂以訥爲歸善王。染干謀殺訥而代立，訥遂與染干相攻。垂遣子麟討之，敗染干於牛都，破訥於赤城。太祖遣師救訥，麟乃引退。訥從太祖平中原，拜安遠將軍。其後離散諸部，分土定居，不聽遷徙，其君長大人皆同編戶。訥以元舅，甚見尊重，然無統領。以壽終於家。

訥弟盧，亦從平中原，以功賜爵遼西公。太祖遣盧會衞王儀伐鄴，而盧自以太祖之季舅，不肯受儀節度。太祖遣使責之，盧遂忿恨。與儀司馬丁建構成其嫌，彌加猜忌。會太祖敕儀去鄴，盧亦引歸，太祖以盧爲廣川太守。盧性雄豪，耻居冀州刺史王輔下，襲殺輔，奔慕容德。德以爲幷州刺史，廣寧王。廣固敗，盧亦沒。

訥從父弟悅。初，太祖之居賀蘭部下，人情未甚附，唯悅舉部隨從。又密爲太祖祈禱天神，請成大業，出於誠至。太祖嘉之，甚見寵待。後平中原，以功賜爵鉅鹿侯，進爵北新公。〔三〕卒。

子泥，襲爵，後降爲肥如侯。太祖崩，京師草草，泥出舉烽於安陽城北，賀蘭部人皆往赴之。太宗卽位，乃罷。詔泥與元渾等八人拾遺左右。與北新侯安同持節行幷定二州，劾奏幷州刺史元六頭等皆伏罪，州郡肅然。後從世祖征赫連昌，以功進爵爲琅邪公，軍國大議，每參預焉。又征蠕蠕，爲別道將，坐逐賊不進，詐增虜級，〔四〕當斬，贖爲庶人。久之，拜光祿勳，爲外都大官，復本爵。卒於官。子醜建襲。

劉羅辰，代人，宣穆皇后之兄也。父眷，爲北部大人，帥部落歸國。羅辰有智謀，謂眷曰：「從兄顯，忍人也，願早圖之。」眷不以爲意。後庫仁子顯殺眷而代立，又謀逆。及太祖即位，討顯于馬邑，追至彌澤，大破之。後奔慕容麟，麟徙之中山，羅辰率騎奔太祖。顯恃部衆之强，每謀爲逆，羅辰輒先聞奏，以此特蒙寵念。尋拜南部大人。從平中原，以前後勳賜爵永安公，以軍功除征東將軍、定州刺史。卒，謚曰敬。

子殊暉，襲爵。位幷州刺史。卒。

子求引，位武衞將軍。卒，謚曰貞。

子爾頭，位魏昌、廮陶二縣令，贈鉅鹿太守。子仁之，自有傳。

姚黃眉，姚興之子，太宗昭哀皇后之弟也。姚泓滅，黃眉間來歸，太宗厚禮待之，賜爵隴西公，尚陽翟公主，拜駙馬都尉，賜隸戶二百。世祖即位，遷內都大官，後拜太常卿。卒，贈雍州刺史、隴西王，謚曰獻，陪葬金陵。黃眉寬和溫厚，希言得失。世祖悼惜之，故贈有加禮。

杜超，字祖仁，魏郡鄴人，密皇后之兄也。少有節操。泰常中，爲相州別駕。奉使京師，時以法禁不得與后通問。始光中，世祖思念舅氏，以超爲陽平公，尙南安長公主，拜駙馬都尉，位大鴻臚卿。車駕數幸其第，賞賜巨萬。神䴥三年，以超行征南大將軍、太宰，進爵爲王，鎭鄴；追加超父豹鎭東大將軍、陽平景王，母曰鉅鹿惠君。眞君五年，超爲帳下所害，世祖臨其喪，哀慟者久之。謚曰威王。

長子道生，賜爵城陽侯。後爲秦州刺史，進爵河東公。

道生弟鳳皇，襲超爵，加侍中、特進。世祖追思超不已，欲以鳳皇爲定州刺史，鳳皇不願違離闕庭，乃止。

鳳皇弟道儁，賜爵發干侯，鎭枋頭，除兗州刺史。

超既薨，復授超從弟遺侍中、安南將軍、開府、相州刺史。入爲內都大官，進爵廣平王。遺性忠厚，頻歷州郡，所在著稱。薨，贈太傅，謚曰宣王。

長子元寶，位司空。元寶弟胤寶，司隸校尉。元寶又進爵京兆王。及歸而父遺喪，〔五〕明當入謝，元寶欲以表聞。高宗未知遺薨，怪其遲，召之。元寶將入，時人止之曰：「宜以家憂自辭。」元寶欲見其寵，不從，遂冒哀而入。未幾，以謀反伏誅，親從皆斬，唯元寶子世衡逃免。時朝議欲追削超爵位，中書令高允上表理之。

後兗州故吏汲宗等以道儁遺愛在人，前從坐受誅，委骸土壤，求得收葬。書奏，詔義而聽之。贈散騎常侍、安南將軍、南康公，謚曰昭。世衡襲遺公爵。

賀迷，代人。從兄女世祖敬哀皇后，皇后生恭宗。初，后少孤，無父兄近親，唯迷以從父故蒙賜爵長鄉子。卒，贈光祿大夫、五原公。

閭毗，代人。本蠕蠕人，世祖時自其國來降。毗卽恭皇后之兄也。皇后生高宗。高宗太安二年，以毗爲平北將軍，賜爵河東公；弟紇爲寧北將軍，賜爵零陵公。其年，並加侍中，進爵爲王。毗，征東將軍、評尙書事；紇，征西將軍、中都大官。自餘子弟賜爵爲王者二人，公五人，侯六人，子三人，同時受拜。所以隆崇舅氏，當世榮之。和平二年，追謚后祖父延定襄康公，〔六〕父辰定襄懿王。毗薨，贈太尉，追贈毗妻河東王妃。子惠襲。紇薨，贈司空。子豆，後賜名莊。太和中初立三長，以莊爲定戶籍大使，甚有時譽。十六年，例降爵，後爲七兵尙書，卒。

紇弟染，位外都大官、冀州刺史、江夏公。卒。

先是高宗以乳母常氏有保護功，既卽位，尊爲保太后，後尊爲皇太后。興安二年，太后兄英，字世華，自肥如令超爲散騎常侍、鎭軍大將軍，賜爵遼西公。弟喜，鎭東大將軍、祠曹尙書、帶方公。三妹皆封縣君，妹夫王睹爲平州刺史、遼東公。追贈英祖、父，苻堅扶風太守亥爲鎭西將軍、遼西簡公，〔七〕勃海太守澄爲侍中、征東大將軍、太宰、遼西獻王，英母許氏博陵郡君。遣兼太常盧度世持節改葬獻王於遼西，樹碑立廟，置守冢百家。

太安初，英爲侍中、征東大將軍、太宰，進爵爲王。喜，左光祿大夫，改封燕郡。從兄泰爲安東將軍、朝鮮侯。〔八〕訢子伯夫，散騎常侍、選部尙書；次子員，金部尙書；喜子振，太子庶子。三年，英領太師、評尙書事、內都大官，伏、寶、泰等州刺史。〔九〕五年，詔以太后母宋氏爲遼西王太妃。和平元年，喜爲洛州刺史。初，英事宋不能謹，而睹奉宋甚至。就食於和龍，無車牛，宋疲不進，睹負宋於笈。至是，宋於英等薄，不如睹之篤。謂太后曰：「何不王睹而黜英？」太后曰：「英爲長兄，門戶主也，家內小小不順，何足追計。睹雖盡力，故是他姓，奈何在英上？本州、郡公，亦足報耳。」天安中，英爲平州刺史，訢爲幽州刺史，伯夫進爵范陽公。〔一〇〕英黷貨，徙燉煌。

諸常自興安及至是，〔一〕皆以親疏受爵賜田宅，時爲隆盛。後伯夫爲洛州刺史，以贓汙欺妄徵斬於京師。承明元年，徵英復官。薨，謚遼西平王。始英之徵也，夢日墜其所居黃山下水中，村人以車牛挽致不能出，英獨抱載而歸，聞者異之。

後員與伯夫子禽可共爲飛書，誣謗朝政。事發，有司執憲，刑及五族。高祖以昭太后故，罪止一門。訢年老，赦免歸家，恕其孫一人扶養之，給奴婢田宅。其家僮入者百人，金錦布帛數萬計，賜尚書以下，宿衛以上。其女壻及親從在朝，皆免官歸本鄉。十一年，高祖、文明太后以昭太后故，悉出其家前後沒入婦女，以喜子振試守正平郡。卒。

馮熙，字晉昌，長樂信都人，文明太后之兄也。祖文通，語在海夷傳。世祖平遼海，熙父朗內徙，官至秦雍二州刺史、遼西郡公，〔二〕坐事誅。文明太后臨朝，追贈假黃鉞、太宰、燕宣王，立廟長安。

熙生於長安，爲姚氏魏母所養。以叔父樂陵公邈因戰入蠕蠕，魏母攜熙逃避至氐羌中撫育。年十二，好弓馬，有勇幹，氐羌皆歸附之。魏母見其如此，將還長安。始就博士學問，從師受孝經、論語，好陰陽兵法。及長，游華陰、河東二郡間。性汎愛，不拘小節，人無士庶，來則納之。

熙姑先入掖庭，爲世祖左昭儀。妹爲高宗文成帝后，卽文明太后也。使人外訪，知熙所在，徵赴京師，拜冠軍將軍，賜爵肥如侯。尙恭宗女博陵長公主，拜駙馬都尉。出爲定州刺史，進爵昌黎王。顯祖卽位，爲太傅，累拜內都大官。

高祖卽位，文明太后臨朝，王公貴人登進者衆。高祖乃承旨皇太后，以熙爲侍中、太師、中書監、領祕書事。熙以頻履師傅，又中宮之寵，爲羣情所駭，心不自安，乞轉外任。文明太后亦以爲然。於是除車騎大將軍、開府、都督、洛州刺史，侍中、太師如故。洛陽雖經破亂，而舊三字石經宛然猶在，至熙與常伯夫相繼爲州，廢毀分用，大至頽落。熙爲政不能仁厚，而信佛法，自出家財，在諸州鎭建佛圖精舍，合七十二處，寫一十六部一切經。延致名德沙門，日與講論，精勤不倦，所費亦不貲。而在諸州營塔寺多在高山秀阜，傷殺人牛。有沙門勸止之，熙曰：「成就後，人唯見佛圖，焉知殺人牛也。」其北邙寺碑文，中書侍郎賈元壽之詞。高祖頻登北邙寺，親讀碑文，稱爲佳作。熙爲州，因事取人子女爲奴婢，有容色者幸之爲妾。有子女數十人，號爲貪縱。後求入朝，授內都大官，太師如故。熙事魏母孝謹，如事所生。魏母卒，乃散髮徒跣，水漿不入口三日。詔不聽服，熙表求依趙氏之孤。高祖以熙情難奪，聽服齊衰期。後以例降，改封京兆郡公。

高祖納其女爲后，曰：「白虎通云：王所不臣，數有三焉。妻之父母，抑言其一。此所謂供承宗廟不欲奪私心。然吾季著於春秋，無臣證於往牒，既許通體之一，用開至尊之敬，比長秋配極，陰政既敷，未聞有司陳奏斯式，可詔太師輟臣從禮。」又勅集書造儀付外。高祖前後納熙三女，二爲后，一爲左昭儀。由是馮氏寵貴益隆，賞賜累巨萬。高祖每詔熙上書不臣，入朝不拜。熙上書如舊。

熙於後遇疾，綿寢四載。詔遣醫問，道路相望，車駕亦數臨幸焉。將遷洛，高祖親與熙別，見其困篤，歔欷流涕。密敕宕昌公王遇曰：「太師萬一，即可監護喪事。」十九年，薨於代。車駕在淮南，留臺表聞，還至徐州乃舉哀。爲制緦服，詔有司豫辨凶儀，幷開魏京之墓，〔一三〕令公主之柩俱向伊洛。凡所營送，皆公家爲備。又敕代給綵帛前後六千匹，以供凶用。皇后詣代都赴哭，太子恂亦赴代哭弔。將葬，贈假黃鉞、侍中、都督十州諸軍事、大司馬、太尉、冀州刺史，加黃屋左纛，備九錫，前後部羽葆鼓吹，皆依晉太宰、安平獻王故事。有司奏謚，詔曰：「可以威强恢遠曰『武』，奉謚於公。」柩至洛七里澗，高祖服衰往迎，叩靈悲慟而拜焉。葬日，送臨墓所，親作誌銘。主生二子，誕、脩。

誕字思政，脩字寶業，皆姿質妍麗。年纔十餘歲，文明太后俱引入禁中，申以教誡，然不能習讀經史，故兄弟並無學術，徒整飾容儀，寬雅恭謹而已。誕與高祖同歲，幼侍書學，仍蒙親待。尙帝妹樂安長公主，拜駙馬都尉、侍中、征西大將軍、南平王。脩，侍中、鎭北大將軍、尙書、東平公。又除誕儀曹尙書，知殿中事。及罷庶姓王，誕爲侍中、都督中外諸軍事、中軍將軍、特進，改封長樂郡公。誕拜官，高祖立於庭，遙受其拜，旣訖還室。脩降爲侯。

誕與脩雖並長宮禁，而性趣乖別。誕性淳篤，脩乃浮競。誕亦未能誨督其過，然時言於太后。高祖嚴責之，至於楚極。由是陰懷毒恨，遂結左右有憾於誕者，求藥，欲因食害誕。事覺，高祖自詰之，具得情狀。誕引過謝，乞全脩命。高祖以誕父老，又重其意，不致於法，撻之百餘，黜爲平城百姓。脩妻，司空穆亮女也，求離婚，請免官。高祖引管蔡事，皆不許。

高祖寵誕，每與誕同輿而載，同案而食，同席坐臥。彭城王勰、北海王詳，雖直禁中，然親近不及。十六年，以誕爲司徒。高祖旣深愛誕，除官日，親爲制三讓表幷啓，將拜，又爲其章謝。尋加車騎大將軍、太子太師。十八年，高祖謂其無師傅奬導風，誕深自誨責。

從駕南伐。十九年，至鍾離，誕遇疾不能侍從。高祖日省問，醫藥備加。時高祖銳意臨江，乃命六軍發鍾離南轅，與誕泣訣。左右皆入，無不掩涕。時誕已惙然，强坐，視高祖，悲而淚不能下，言夢太后來呼臣。高祖嗚咽，執手而出，遂行。是日，去鍾離五十里許。昏時，告誕薨問，高祖哀不自勝。時崔慧景、裴叔業軍在中淮，去所次不過百里。高祖乃輕駕西還，從者數千人。夜至誕薨所，撫屍哀慟，若喪至戚，達旦聲淚不絕。從者亦迭舉音。明告蕭鸞鍾離戍主蕭惠休。惠休遣其太守奉慰。詔求棺於城中。及斂迭舉，〔一四〕高祖以所服衣帢充襚，親自臨視，撤樂去膳。宣敕六軍，止臨江之駕。高祖親北度，慟哭極哀。詔侍臣一人兼大鴻臚，送柩至京。禮物轜儀，徐州備造；陵兆葬事，下洛候設。喪至洛陽，車駕猶在鍾離。詔留守賜賻物布帛五千匹、穀五千斛，以供葬事。贈假黃鉞、使持節、大司馬，領司徒、侍中、都督、太師、駙馬、公如故。加以殊禮，備錫九命，依晉大司馬、齊王攸故事。有司奏謚，詔曰：「案謚法：善行仁德曰『元』，柔克有光曰『懿』。昔貞惠兼美，受三謚之榮；忠武雙徽，錫兩號之茂。式準前迹，宜契具瞻。既自少綢繆，知之惟朕。案行定名，謚曰元懿。」帝又親爲作碑文及挽歌，詞皆窮美盡哀，事過其厚。車駕還京，詔曰：「馮大司馬已就墳塋，永潛幽室，宿草之哭，何能忘之。」遂親臨誕墓，停車而哭。使彭城王勰詔羣官脫朱衣，服單衣介幘，陪哭司徒，貴者示以朋友，微者示如僚佐。公主貞厚有禮度，產二男，長子穆。

穆，字孝和，襲熙爵。避皇子愉封，改扶風郡公。尚高祖女順陽長公主，拜駙馬都尉，歷員外、通直散騎常侍。穆與叔輔興不和。輔興亡，贈相州刺史。祖載在庭，而穆方高車良馬，恭受職命，言宴滿堂，忻笑自若，爲御史中尉東平王匡所劾。後位金紫光祿大夫，遇害河陰。贈司空、雍州刺史。

子冏，字景昭，襲爵昌黎王。尋以庶姓罷王，仍襲扶風郡公。

子峭，字子漢。齊受禪，例降。

穆弟顥，襲父誕長樂郡公。

脩弟聿，字寶興，廢后同產兄也。位黄門郎、信都伯。後坐妹廢，免爲長樂百姓。世宗時卒於河南尹。

聿同產弟風，〔一三〕幼養於宮，文明太后特加愛念。數歲，賜爵至北平王，拜太子中庶子，出入禁闥，寵侔二兄。高祖親政後，恩寵稍衰，降爵爲侯。幽后立，乃復敍用。后死，亦冗散。卒，贈青州刺史。

崔光之兼黄門也，與聿俱直。光每謂之曰：「君家富貴太盛，終必衰敗。」聿云：「我家何負四海，乃呪我也。」光云：「以古推之，不可不愼。」時熙爲太保，誕司徒、太子太傅，脩侍中、尚書，聿黄門。廢后在位，禮愛未弛。是後歲餘，脩以罪棄，熙、誕喪亡，后廢，聿退。時人以爲盛必衰也。

李峻，字珍之，梁國蒙縣人，元皇后兄也。父方叔，劉義隆濟陰太守。高宗遣間使諭之，峻與五弟誕、嶷、雅、白、永等前後歸京師。拜峻鎮西將軍、涇州刺史、頓丘公。雅、嶷、誕等皆封公位顯。後進峻爵爲王，徵爲太宰，薨。

李惠，中山人，思皇后之父也。父蓋，少知名，歷位殿中、都官二尚書，左將軍，南郡公。初，世祖妹武威長公主，故涼王沮渠牧犍之妻。世祖平涼州，頗以公主通密計助之，故寵遇差隆。詔蓋尚焉。蓋妻與氏，以是而出。是後，蓋加侍中，駙馬都尉，殿中、都官尚書，左僕射，卒官。贈征南大將軍、定州刺史、中山王，謚曰莊。

惠弱冠襲父爵，妻襄城王韓頹女，生二女，長卽后也。惠歷位散騎常侍、侍中、征西大將軍、秦益二州刺史，進爵爲王，轉雍州刺史、征南大將軍，加長安鎮大將。

惠長於思察。雍州廳事，有燕爭巢，鬬已累日。惠令人掩獲，試命綱紀斷之，並辭曰：「此乃上智所測，非下愚所知。」惠乃使卒以弱竹彈兩燕，既而一去一留。惠笑謂吏屬曰：「此留者自計爲巢功重，彼去者既經楚痛，理無留心。」羣下伏其聰察。人有負鹽負薪者，同釋重擔，息於樹陰。二人將行，爭一羊皮，各言藉背之物。惠遣爭者出，顧謂州綱紀曰：「此羊皮可拷知主乎？」羣下以爲戲言，咸無答者。惠令人置羊皮席上，以杖擊之，見少鹽屑，曰：「得其實矣。」使爭者視之，負薪者乃伏而就罪。凡所察究，多如此類。由是吏民莫敢欺犯。

後爲開府儀同三司、青州刺史，王如故。歷政有美績。惠素爲文明太后所忌，誣惠將南叛，誅之。惠二弟，初、樂，與惠諸子同戮。後妻梁氏亦死青州。盡沒其家財。惠本無釁，故天下冤惜焉。

惠從弟鳳，爲定州刺史、安樂王長樂主簿。後長樂以罪賜死，時卜筮者河間邢瓚辭引鳳，云「長樂不軌，鳳爲謀主」，伏誅。惟鳳弟道念與鳳子及兄弟之子皆逃免，後遇赦乃出。太和十二年，高祖將爵舅氏，詔訪存者。而惠諸從以再罹孥戮，難於應命。唯道念敢先詣闕，乃申后妹及鳳兄弟子女之存者。於是賜鳳子屯爵柏人侯，安祖浮陽侯，興祖安喜侯，道念眞定侯，從弟寄生高邑子，皆加將軍。十五年，安祖昆弟四人，以外戚蒙見，詔謂曰：「卿之先世，內外有犯，得罪於時。然官必用才，以親非興邦之選。外氏之寵，超於末葉。從今已後，自非奇才，不得復外戚謬班抽舉。〔一六〕既無殊能，今且可還。」後例降爵，安祖等改侯爲伯，並去軍號。高祖奉馮氏過厚，於李氏過薄，舅家了無叙用。朝野人士所以竊議，太常高閭顯言于禁中。及世宗寵隆外家，並居顯位，乃惟高祖舅氏存已不霑恩澤，〔一七〕景明末，特詔興祖爲中山太守。正始初，詔追崇惠爲使持節、驃騎將軍、開府儀同三司、定州刺史、中山公。太常考行，上言，案謚法武而不遂曰「莊」，謚曰莊公。興祖自中山遷燕州刺史。卒，以兄安祖子侃晞爲後，襲。先封南郡王，後以庶姓罷王，改爲博陵郡公。

侃晞爲莊帝所親幸。拜散騎常侍、嘗食典御。帝之圖尒朱榮，侃晞與魯安等持刀於禁內，殺榮。及莊帝蒙塵，侃晞奔蕭衍。

校勘記

〔一〕魏書卷八十三上　諸本目錄此卷注「闕」，百衲本、南本、北本、汲本、局本卷末有宋人校記，云「魏收書外戚傳上亡。」殿本入考證，云「後人所補」。按此卷大體以北史卷八〇外戚傳中相同諸傳補，但也有溢出北史文句。其序自首至「或緣恩澤」全同北史。劉羅辰、李峻二傳，北史外戚傳無。羅辰，北史卷二〇附劉庫仁傳，此卷羅辰傳前半或掇取本書卷二三劉庫仁附劉眷傳末數語，後半則取之北史。李峻傳不知所出。大致此卷亦是以北史補，而以高氏小史等他書附益之。

〔二〕常相持獎　按「常」疑是「當」之訛。

〔三〕進爵北新公　諸本及北史卷八〇賀訥附賀悅傳無「公」字，通志卷一六五賀訥傳有。按賀悅先封鉅鹿侯，進爵自當爲公。這裏脫「公」字，今據補。

〔四〕詐增虜級　諸本及北史卷八〇賀訥附賀泥傳脫「級」字，不可通，今據通志卷一六五補。

〔五〕及歸而父遺喪　按上文不記元寶出外，「及歸」二字無着，上當有脫文。

〔六〕追謚后祖父延定襄康公　諸本及北史卷八〇閭毗傳無「定」字，通志卷一六五閭毗傳有。按下云「父辰，定襄懿王」，知脫「定」字，今據補。

〔七〕遼西簡公　諸本及北史卷八〇「簡」作「蘭」，通志卷一五六作「簡」。按謚法無「蘭」字，乃「簡」字形近而訛，今據改。

〔八〕從兄泰爲安東將軍朝鮮侯　通志卷一六五敍常氏事「泰」作「訢」。按此句下緊接「訢子伯夫」，「次子員」官位，而上却不舉訢名，不知爲常氏何人。如通志「泰」作「訢」，便無問題。但泰又見下文，且「泰」「訢」二字聲形俱遠，傳本何以「訢」字訛「泰」？疑通志以意改，非有他據。此句下當脫訢名及官位。

〔九〕伏寶泰等州刺史　按此句連上文似也是常英歷官。然伏、寶二州不見紀載。上稱英「從兄泰」，則伏、寶、泰皆人名而非地名。卷九四封津傳云：「父令德，娶黨寶女，寶伏誅，令德以連坐伏法。」北史卷九二封津傳「黨寶」作「常寶」。疑卽此爲「州刺史」之「寶」。

〔一〇〕伯夫進爵范陽公　張森楷云：「伯夫初無封爵之文，何得云『進』？疑『進』是『賜』之誤，否則前文失載。」按此傳敍常氏事中多脫誤，恐非原文失載。

〔一一〕諸常自興安及至是　諸本及北史卷八〇「安」作「公」。諸本於「及」下注「疑」字。通志卷一五六「公」作「安」，無「及」字。按上文稱常英兄弟於興安二年授官封爵，爲諸常貴盛之始，通志作「興安」是，今據改。「及」字贅，但也可通，今仍之。删旁注「疑」字。

〔一二〕遼西郡公　卷一三文成馮皇后傳「遼西」作「西城」，墓誌集釋元悅妃馮季華墓誌圖版八三作「西郡公」，疑誌是。參卷一三校記〔八〕。

〔一三〕幷開魏京之墓　按「魏京」罕見。據下文「令公主之柩俱向伊洛」，則公主當先死，葬亦必在代。但當時未見有稱代爲「魏京」之例，疑「魏」當作「代」。

〔一四〕及斂迭舉　北史卷八〇無「迭舉」二字，疑涉上「從者亦迭舉音」而衍。

〔一五〕聿同產弟風　按卷二一廣陵王羽傳見馮夙，以考績下下免中庶子官，自即此「馮風」，疑作「夙」是。

〔一六〕不得復外戚謬班抽舉　按文義「復」下疑脫「以」字。

〔一七〕存已不霑恩澤　按「已」當是「亡」之訛。

魏書卷八十三下〔一〕

列傳外戚第七十一下

高肇　于勁　胡國珍　李延寔

高肇，字首文，文昭皇太后之兄也。自云本勃海蓨人，五世祖顧，晉永嘉中避亂入高麗。父颺，字法脩。高祖初，與弟乘信及其鄉人韓內、冀富等入國，拜厲威將軍、河間子，乘信明威將軍，俱待以客禮，賜奴婢牛馬綵帛。遂納颺女，是爲文昭皇后，生世宗。颺卒。景明初，世宗追思舅氏，徵肇兄弟等。錄尚書事、北海王詳等奏：「颺宜贈左光祿大夫，賜爵勃海公，謚曰敬。其妻蓋氏宜追封清河郡君。」詔可。又詔颺嫡孫猛襲勃海公爵，封肇平原郡公，肇弟顯澄城郡公。三人同日受封。始世宗未與舅氏相接，將拜爵，乃賜衣幘引見肇、顯于華林都亭。皆甚惶懼，舉動失儀。數日之間，富貴赫弈。是年，咸陽王禧誅，財物珍寶奴婢田宅多入高氏。未幾，肇爲尚書左僕射、領吏部、冀州大中正，尚世宗姑高平公主，遷尚書令。

肇出自夷土，時望輕之。及在位居要，留心百揆，孜孜無倦，世咸謂之爲能。世宗初，六輔專政，後以咸陽王禧無事構逆，由是遂委信肇。肇既無親族，頗結朋黨，附之者旬月超昇，背之者陷以大罪。以北海王詳位居其上，構殺之。又說世宗防衞諸王，殆同囚禁。時順皇后暴崩，世議言肇爲之。皇子昌薨，僉謂王顯失於醫療，承肇意旨。及京兆王愉出爲冀州刺史，畏肇恣擅，遂至不軌。肇又譖殺彭城王勰。由是朝野側目，咸畏惡之。因此專權，與奪任己。又嘗與清河王懌於雲龍門外廡下，忽忿諍，大至紛紜。太尉、高陽王雍和止之。高后既立，愈見寵信。肇既當衡軸，每事任己，本無學識，動違禮度，好改先朝舊制，出情妄作，減削封秩，抑黜勳人。由是怨聲盈路矣。延昌初，遷司徒。雖貴登台鼎，猶以去要快快形乎辭色。衆咸嗤笑之。父兄封贈雖久，竟不改瘞。三年，乃詔令遷葬。肇不自臨赴，唯遣其兄子猛改服詣代，遷葬於鄉。時人以肇無識，哂而不責也。

其年，大舉征蜀，以肇爲大將軍，都督諸軍爲之節度。與都督甄琛等二十餘人俱面辭世宗於東堂，親奉規略。是日，肇所乘駿馬停於神虎門外，無故驚倒，轉臥渠中，鞍具瓦解，衆咸怪異。肇出，惡焉。

四年，世宗崩，赦罷征軍。肅宗與肇及征南將軍元遙等書，稱諱言，以告凶問。肇承變哀愕，非唯仰慕，亦私憂身禍，朝夕悲泣，至于羸悴。將至，宿瀍澗驛亭，家人夜迎省之，皆不相視。直至闕下，衰服號哭，昇太極殿，奉喪盡哀。太尉高陽王先居西柏堂，專決庶事，與領軍于忠密欲除之。潛備壯士直寢邢豹、伊瓫生等十餘人於舍人省下。肇哭梓宮訖，於百官前引入西廊，清河王懌、任城王澄及諸王等皆竊言目之。肇入省，壯士搤而拉殺之。下詔暴其罪惡，又云刑書未及，便至自盡，自餘親黨，悉無追問，削除職爵，葬以士禮。及昏，乃於厠門出其尸歸家。初，肇西征，行至函谷，車軸中折。從者皆以爲不獲吉還也。靈太后臨朝，令特贈營州刺史。永熙二年，出帝贈使持節、侍中、中外諸軍事、太師、大丞相、太尉公、錄尚書事、冀州刺史。

肇子植。自中書侍郎爲濟州刺史，率州軍討破元愉，別將有功。當蒙封賞，不受，云：「家荷重恩，爲國致效是其常節，何足以應進陟之報。」懇惻發於至誠。歷青、相、朔、恒四州刺史，卒。植頻莅五州，皆清能著稱，當時號爲良刺史。贈安北將軍、冀州刺史。

肇長兄琨，早卒。襲飀封勃海郡公，贈都督五州諸軍事、鎮東大將軍、冀州刺史。詔其子猛嗣。

猛，字豹兒。尙長樂公主，卽世宗同母妹也。拜駙馬都尉，歷位中書令。出爲雍州刺史，有能名。入爲殿中尚書。卒，贈司空、冀州刺史。出帝時，復贈太師、大丞相、錄尚書事。公主無子。猛先在外有男，不敢令主知，臨終方言之，年幾三十矣。乃召爲喪主，尋卒，無後。

琨弟偃，字仲游。太和十年卒。正始中，贈安東將軍、都督、青州刺史，謚曰莊侯。景明四年，世宗納其女爲貴嬪。及于順皇后崩，永平元年立爲皇后。二年，八座奏封后母王氏爲武邑郡君。

偃弟壽，早卒。壽弟卽肇也。

肇弟顯，侍中、高麗國大中正，早卒。

于勁，字鍾葵，太尉拔之子。頗有武略。以功臣子，又以功績，位沃野鎭將，賜爵富昌子，拜征虜將軍。世宗納其女爲后，封太原郡公。妻劉氏，爲章武郡君。後拜征北將軍、定州刺史。卒，贈司空，謚曰恭莊公。自栗磾至勁，累世貴盛，一皇后，四贈公，三領軍，二尚書令，三開國公。〔三〕勁雖以后父，但以順后早崩，竟不居公輔。

子暉，字宣明，后母弟也。少有氣幹。襲爵，位汾州刺史。暉善事人，爲尒朱榮所親，以女妻其子長孺。歷侍中、河南尹，後兼尚書僕射、東南道行臺。與齊獻武王討平羊侃於兗州。元顥入洛，害之。

勁弟天恩，位內行長、遼西太守。卒，贈平東將軍、燕州刺史。

天恩子仁生，位太中大夫。

仁生子安定，平原郡太守、高平郡都將。〔三〕卒。

胡國珍，字世玉，安定臨涇人也。祖略，姚興渤海公姚逵平北府諮議參軍。父淵，赫連屈丐給事黃門侍郎。世祖克統萬，淵以降款之功賜爵武始侯。後拜河州刺史。

國珍少好學，雅尚清儉。太和十五年襲爵，例降爲伯。女以選入掖庭，生肅宗，卽靈太后也。肅宗踐祚，以國珍爲光祿大夫。靈太后臨朝，加侍中，封安定郡公，給甲第，賜帛布綿縠奴婢車馬牛甚厚。追崇國珍妻皇甫氏爲京兆郡君，置守冢十戶。尚書令、任城王澄奏，安定公屬尊望重，親賢羣矚，宜出入禁中，參諮大務。詔可。乃令入決萬幾。尋進位中書監、儀同三司，侍中如故，賞賜累萬。又賜絹歲八百匹，妻梁四百匹，男女姊妹兄弟各有差，皆極豐贍。國珍與太師、高陽王雍，太傅、清河王懌，太保、廣平王懷，入居門下，同釐庶政。詔依漢車千秋、晉安平王故事，給步挽一乘，自掖門至于宣光殿得以出入，并備几杖。後與侍中崔光俱授帝經，侍直禁中。國珍尋上表，陳刑政之宜。詔皆施行。熙平初，〔四〕加國珍使持節、都督、雍州刺史、驃騎大將軍、開府。靈太后以國珍年老，不欲令其在外，且欲示以方面之榮，竟不行。遷司徒公，侍中如故，就宅拜之。靈太后、肅宗率百僚幸其第，宴會極歡。又追京兆郡君爲秦太上君。〔五〕太上君景明三年薨於洛陽，於此十六年矣。太后以太上君墳瘞卑局，更增廣，爲起塋域門闕碑表。侍中崔光等奏：「案漢高祖母始謚曰昭靈夫人，後爲昭靈后，薄太后母曰靈文夫人，皆置園邑三百家，長丞奉守。今秦太上君未有尊謚，陵寢孤立，卽秦君名，宜上終稱，兼設掃衞，以慰情典。請上尊謚曰孝穆，權置園邑三十戶，立長丞奉守。」太后從之。封國珍繼室梁氏爲趙平郡君，元叉妻拜爲女侍中，封新平郡君，又徙封馮翊君。國珍子祥妻長安縣公主，卽清河王懌女也。

國珍年雖篤老，而雅敬佛法，時事齋潔，自强禮拜。至於出入侍從，猶能跨馬據鞍。神龜元年四月七日，步從所建佛像，發第至閶闔門四五里。八日，又立觀像，晚乃肯坐。勞熱增甚，因遂寢疾。靈太后親侍藥膳。十二日薨，年八十。給東園溫明祕器、五時朝服各一具、衣一襲，贈布五千匹、錢一百萬、蠟千斤。大鴻臚持節監護喪事。太后還宮，成服於九龍殿，遂居九龍寢室。肅宗服小功服，舉哀於太極東堂。又詔自始薨至七七，皆爲設千僧齋，令七人出家；百日設萬人齋，二七人出家。先是巫覡言將有凶，勸令爲厭勝之法。國珍拒而不從，云吉凶有定分，唯修德以禳之。臨死與太后訣云：「母子善治天下，以萬人之心，勿視大臣面也。」殷勤至於再三。又及其子祥，云：「我唯有一子，死後勿如比來威抑之。」靈太后以其好戲，時加威訓。國珍故以爲言。

始國珍欲就祖父西葬舊鄉，後緣前世諸胡多在洛葬，有終洛之心。崔光嘗對太后前問國珍：「公萬年後爲在此安厝，爲歸長安？」國珍言當陪葬天子山陵。及病危，太后請以後事，竟言還安定，語遂昏忽。太后問清河王懌與崔光等，議去留。懌等皆以病亂，請從先言。太后猶記崔光昔與國珍言，遂營墓於洛陽。太后雖外從衆議，而深追臨終之語，云：「我公之遠慕二親，亦吾之思父母也。」

追崇假黃鉞、使持節、侍中、相國、都督中外諸軍事、太師、領太尉公、司州牧，號太上秦公，加九錫。葬以殊禮，給九旒鑾輅，虎賁、班劍百人，前後部羽葆鼓吹，轀輬車；謚文宣公；賜物三千段、粟一千五百石。又詔贈國珍祖父兄、父兄，下逮從子，皆有封職。持節就安定監護喪事。〔六〕靈太后迎太上君神柩還第，與國珍俱葬，贈襚一與國珍同。及國珍神主入廟，詔太常權給以軒懸之樂、六佾之舞。初國珍無男，養兄眞子僧洗爲後，後納趙平君，生子祥。

祥，字元吉，襲封。故事，世襲例皆減邑，唯祥獨得全封。趙平君薨，給東園祕器，肅宗服小功服，舉哀于東堂。靈太后服齊衰期。葬於太上君墓左，不得祔合。祥歷位殿中尚書、中書監、侍中，改封東平郡公。薨，贈開府儀同三司、雍州刺史，諡曰孝景。

僧洗，字湛輝。封爰德縣公，位中書監、侍中，改封濮陽郡公。僧洗自永安後廢棄，不預朝政。天平四年薨，詔給東園祕器，贈太師、太尉公、錄尚書事、雍州刺史，諡曰孝。

眞長子寧，〔七〕字惠歸。襲國珍先爵，改爲臨涇伯，後進爲公。歷岐涇二州刺史。卒，諡曰孝穆。女爲淸河王亶妃，生孝靜皇帝。武定初，贈太師、太尉公、錄尚書事，諡曰孝昭。

子虔，字僧敬。元叉之廢靈太后，虔時爲千牛備身，與備身張車渠等謀殺叉。事發，叉殺車渠等，虔坐遠徙。靈太后反政，徵爲吏部郎中。太后好以家人禮與親族宴戲，虔常致諫，由是後宴讌多不預焉。出爲涇州刺史，封安陽縣侯。興和三年，以帝元舅超遷司空公。薨，贈太傅、太尉公、尙書僕射、徐州刺史，諡曰宣。葬日，百官會葬，乘輿送於郭外。子長粲。

李延寔，字禧，隴西人，尚書僕射沖之長子。性溫良，少爲太子舍人。世宗初，襲父爵清泉縣侯。〔八〕累遷左將軍、光州刺史。莊帝卽位，以元舅之尊，超授侍中、太保，封濮陽郡王。延寔以太保犯祖諱，又以王爵非庶姓所宜，抗表固辭。徙封濮陽郡公，改授太傅。尋轉司徒公，出爲使持節、侍中、太傅、錄尙書事、青州刺史。尒朱兆入洛，乘輿幽縶，以延寔外戚，見害於州館。出帝初，歸葬洛陽。贈使持節、侍中、太師、太尉公、錄尙書事、都督、雍州刺史，謚曰孝懿。

長子彧，字子文，尙莊帝姊豐亭公主。封東平郡公，位侍中、左光祿大夫、中書監、驃騎大將軍、開府儀同三司、廣州刺史。彧任俠交遊，輕薄無行。尒朱榮之死也，武毅之士皆彧所進。孝靜初，以罪棄市。

史臣曰：三五哲王，深防遠慮。舅甥之國，罕執鈞衡；母后之家，無聞傾敗。爰及後世，顚覆繼軌。蓋由進不以禮，故其斃亦速。其間或不泯舊基，〔九〕弗虧先構者，蓋處之以道，遠權之所致也。

校勘記

〔一〕魏書卷八十三下　諸本目錄此卷注「闕」字，卷末有宋人校語殿本入考證云：「魏收書外戚傳亡，史臣論全用隋書外戚傳卷七九。」按此卷亦以北史卷八〇外戚傳補。其于勁傳採北史卷三一于栗磾附于勁傳，李延寔傳採卷一〇〇自序。諸傳均有溢出語，當是以高氏小史等他書附益之。

〔二〕自栗磾至勁至三開國公　按此數語魏書本在卷三一于栗磾附于忠傳後，北史卷二三于栗磾傳移在于勁傳中，則在後的于忠所歷官爵，不當計算在內，所舉贈公、領軍、尚書令、開國公便都少了一人，實誤。此傳以北史補，不記卷三一已有此語，以致複出。參卷三一校記〔九〕。

〔三〕高平郡都將　按郡無都將，「郡」當是「鎮」之訛。

〔四〕熙平初　諸本及北史卷八〇胡國珍傳「熙平」作「延和」，通志卷一六五胡國珍傳作「熙平中」。按事見卷九肅宗紀熙平元年八月乙巳，延和乃拓跋燾年號，遠在其前。今據通志改作「熙平」。事在元年，「初」字不誤。

〔五〕又追京兆郡君爲秦太上君　按「追」下當脫「贈」或「尊」「崇」字。

〔六〕持節就安定監護喪事　按胡國珍死和葬都在洛陽，何故「就安定監護喪事」？下文云：「迎太上君神柩還第」，疑「安定」下脫「公第」二字。

〔七〕眞長子寧　諸本「眞」字連上段「謚曰孝」，「長子寧」提行。成爲胡僧洸謚「孝眞」，「寧」是僧洸的長子。按寘乃國珍兄，見上文，寧乃僧洗兄。北史原文本不提行，後人寫刻魏書則凡附見諸子孫無不提行，這裏由於誤讀，提行亦謬，致以兄爲子，今改正。

〔八〕襲父爵清泉縣侯　按卷五三李沖傳，沖封「清淵縣侯」。「清淵」爲漢以來舊縣，卷一〇六上地形志上，屬司州陽平郡。此傳以北史補，避唐諱改「泉」。

〔九〕其間或不泯舊基　諸本「泯」上有「斃」字。此傳本出北史，北史傳論又本隋書卷七九外戚傳論，今檢隋書、北史都作「今或不隕舊基」，這裏「今」作「其間」，「隕」作「泯」，均兩通，「斃」字則涉上「其斃亦速」而衍，今刪。

魏書卷八十四〔一〕

列傳儒林第七十二

梁越　盧醜　張偉　梁祚　平恒　陳奇　常爽　劉獻之
張吾貴　劉蘭　孫惠蔚　徐遵明　董徵　刁沖　盧景裕
李同軌　李業興

自晉永嘉之後，運鍾喪亂，宇內分崩，羣兇肆禍，生民不見俎豆之容，黔首唯覩戎馬之跡，禮樂文章，掃地將盡。而契之所感，斯道猶存。高才有德之流，自强蓬蓽；鴻生碩儒之輩，抱器晦己。太祖初定中原，雖日不暇給，始建都邑，便以經術爲先，立太學，置五經博士生員千有餘人。天興二年春，增國子太學生員至三千。豈不以天下可馬上取之，不可以馬上治之，爲國之道，文武兼用，毓才成務，意在茲乎？聖達經猷，蓋爲遠矣。四年春，命樂師入學習舞，釋菜于先聖、先師。太宗世，改國子爲中書學，立教授博士。世祖始光三年春，別起太學於城東，後徵盧玄、高允等，而令州郡各舉才學。於是人多砥尙，儒林轉興。顯祖天安初，詔立鄉學，郡置博士二人，助教二人，學生六十人。後詔：大郡立博士二人，助教四人，學生一百人；次郡立博士二人，助教二人，學生八十人；中郡立博士一人，助教二人，學生六十人；下郡立博士一人，助教一人，學生四十人。太和中，改中書學爲國子學，建明堂辟雍，尊三老五更，又開皇子之學。及遷都洛邑，詔立國子太學、四門小學。高祖欽明稽古，篤好墳典，坐輿據鞍，不忘講道。劉芳、李彪諸人以經書進，崔光、邢巒之徒以文史達，其餘涉獵典章，關歷詞翰，莫不縻以好爵，動貽賞眷。於是斯文鬱然，比隆周漢。世宗時，復詔營國學，樹小學於四門，大選儒生，以爲小學博士，員四十人。雖黌宇未立，而經術彌顯。時天下承平，學業大盛。故燕齊趙魏之間，橫經著錄，不可勝數。大者千餘人，小者猶數百。州舉茂異，郡貢孝廉，對揚王庭，每年逾衆。神龜中，將立國學，詔以三品已上及五品淸官之子以充生選。未及簡置，仍復停寢。正光二年，乃釋奠於國學，命祭酒崔光講孝經，始置國子生三十六人。暨孝昌之後，海內淆亂，四方校學所存無幾。永熙中，復釋奠於國學；又於顯陽殿詔祭酒劉廞講孝經，黃門李郁說禮記，中書舍人盧景宣講大戴禮夏小正篇；復置生七十二人。及遷都於鄴，國子置生三十六人。至於興和、武定之世，寇難旣平，儒業復光矣。

漢世鄭玄並爲衆經注解，服虔、何休各有所說。玄易、書、詩、禮、論語、孝經，虔左氏春秋，休公羊傳，大行於河北。王肅易亦間行焉。晉世杜預注左氏，預玄孫坦、坦弟驥於劉義隆世並爲青州刺史，傳其家業，故齊地多習之。自梁越以下傳受講說者甚衆。今舉其知名者附列於後云。

梁越，字玄覽，新興人也。少而好學，博綜經傳，無所不通。性純和篤信，行無擇善。國初爲禮經博士。太祖以其謹厚，舉動可則，拜上大夫，命授諸皇子經書。太宗即祚，以師傅之恩賜爵祝阿侯。後出爲雁門太守，獲白雀以獻，拜光祿大夫。卒。子弼，早卒。弼子恭，襲。降爲雲中子。無子，爵除。

盧醜，昌黎徒河人，襄城王魯元之族也。世祖之爲監國，醜以篤學博聞入授世祖經。後以師傅舊恩賜爵濟陰公。除鎮軍將軍，拜尙書，加散騎常侍，出爲河內太守。延和二年冬卒。闕初，中山襲爵，太和中，以老疾自免。

子升頭，襲爵，後例降。

張偉，字仲業，小名翠螭，太原中都人也。高祖敏，晉祕書監。偉學通諸經，講授鄉里，受業者常數百人。儒謹汎納，勤於教訓，雖有頑固不曉，問至數十，偉告喻殷勤，曾無慍色。常依附經典，教以孝悌，門人感其仁化，事之如父。性恬平，不以夷嶮易操，清雅篤慎，非法不言。世祖時，與高允等俱被辟命，拜中書博士。轉侍郎、大將軍樂安王範從事中郎、馮翊太守。還，仍爲中書侍郎、本國大中正。使酒泉，慰勞沮渠無諱。還，遷散騎侍郎。聘劉義隆，還，拜給事中、建威將軍，賜爵成臯子。出爲平東將軍、營州刺史，進爵建安公。卒，贈征南將軍、并州刺史，謚曰康。在州郡以仁德爲先，不任刑罰，清身率下，宰守不敢爲非。

子仲慮，太和初，假給事中、高麗副使，尋假散騎常侍、高麗使。後出爲章武太守，加寧遠將軍。

仲慮弟仲繼，學尙有父風，善倉、雅、林說。太和中，官至侍御長，坐事徙西裔，道死。

梁祚，北地泥陽人。父劭，皇始二年歸國，拜吏部郎，出爲濟陽太守。至祚，居趙郡。祚篤志好學，歷治諸經，尤善公羊春秋、鄭氏易，常以教授。有儒者風，而無當世之才。與幽州別駕平恒有舊，又姊先適范陽李氏，遂攜家人僑居於薊。積十餘年，雖羈旅貧窘而著述不倦。恒時相請屈，與論經史。辟祕書中散，稍遷祕書令。爲李訢所排，擯退爲中書博士。後出爲統萬鎭司馬，徵爲散令。撰幷陳壽三國志，名曰國統。又作代都賦，頗行於世。清貧守素，不交勢貴。年八十七，太和十二年卒。

子元吉，有父風。

少子重，歷碎職，後爲相州鎭北府參軍事。

平恒，字繼叔，燕國薊人。祖視，父儒，並仕慕容爲通宦。恒耽勤讀誦，研綜經籍，鉤深致遠，多所博聞。自周以降，暨於魏世，帝王傳代之由，貴臣昇降之緒，皆撰錄品第，商略是非，號曰略注，合百餘篇。好事者覽之，咸以爲善焉。安貧樂道，不以屢空改操。徵爲中書博士。久之，出爲幽州別駕。廉貞寡欲，不營資產，衣食至常不足，妻子不免飢寒。後拜著作佐郎，遷祕書丞。

時高允爲監，河間邢祐、〔三〕北平陽嘏、河東裴定、廣平程駿、金城趙元順等爲著作佐郎，雖才學互有短長，然俱爲稱職，並號長者。允每稱博通經籍無過恒也。

恒卽劉或將軍王玄謨舅子。恒三子，並不率父業，好酒自棄。恒常忿其世衰，植杖巡舍側崗而哭，不爲營事婚宦，任意官娶，故仕聘濁碎，不得及其門流。恒婦弟鄧宗慶及外生孫玄明等每以爲言。恒曰：「此輩會是衰頓，何煩勞我。」乃別構精廬，并置經籍於其中，一奴自給，妻子莫得而往，酒食亦不與同。時有珍美，呼時老東安公刁雍等共飲噉之，家人無得嘗焉。太和十年，以恒爲祕書令，而恒固請爲郡，未授而卒，時年七十六。贈平東將軍、幽州刺史、都昌侯，謚曰康。

子壽昌，太和初，祕書令史。稍遷荆州征虜府錄事參軍。

陳奇，字脩奇，河北人也，自云晉涼州刺史驤之八世孫。祖刃，仕慕容垂。奇少孤，家貧，而奉母至孝。齠齔聰識，有夙成之美。性氣剛亮，與俗不羣。愛玩經典，博通墳籍，常非馬融、鄭玄解經失旨，志在著述五經。始注孝經、論語，頗傳於世，爲搢紳所稱。

與河間邢祐同召赴京。時祕書監游雅素聞其名，始頗好之，引入祕省，欲授以史職。後與奇論典誥及詩書，雅贊扶馬鄭。至於易訟卦天與水違行，雅曰：「自葱嶺以西，水皆西流，推此而言，易之所及自葱嶺以東耳。」奇曰：「易理綿廣，包含宇宙。若如公言，自葱嶺以西，豈東向望天哉？」奇執義非雅，每如此類，終不苟從。雅性護短，因以爲嫌。嘗衆辱奇，或爾汝之，或指爲小人。奇曰：「公身爲君子，奇身且小人耳。」雅曰：「君言身且小人，君祖父是何人也？」奇曰：「祖，燕東部侯釐。」〔三〕雅質奇曰：「侯釐何官也？」奇曰：「三皇不傳禮，官名豈同哉？故昔有雲師、火正、鳥師之名。以斯而言，世革則官異，時易則禮變。公爲皇魏東宮內侍長，侍長竟何職也？」由是雅深憾之。先是敕以奇付雅，令銓補祕書，雅既惡之，遂不復敍用焉。

奇冗散數年，高允與奇讎溫古籍，嘉其遠致，稱奇通識，非凡學所窺。允微勸雅曰：「君朝望具瞻，何爲與野儒辨簡牘章句？」雅謂允有私於奇，曰：「君寧黨小人也！」乃取奇所注論語、孝經焚於坑內。奇曰：「公貴人，不乏樵薪，何乃燃奇論語？」雅愈怒，因告京師後生不聽傳授。而奇無降志，亦評雅之失。雅製昭皇太后碑文，論后名字之美，比諭前魏之甄后。奇刺發其非，遂聞於上。詔下司徒檢對碑史事，乃郭后，雅有屈焉。

有人爲謗書，多怨時之言，頗稱奇不得志。雅乃諷在事云：「此書言奇不遂，當是奇假人爲之。如依律文，造謗書者皆及孥戮。」遂抵奇罪。時司徒、平原王陸麗知奇見枉，惜其才學，故得遷延經年，冀有寬宥。但執以獄成，竟致大戮，遂及其家。奇於易尤長，在獄嘗自筮卦，未及成，乃擊破而歎曰：「吾不度來年冬季！」及奇受害，如其所占。

奇初被召，夜夢星墜壓脚，明而告人曰：「星則好風，星則好雨，夢星壓脚，必無善徵。但時命峻切，不敢不赴耳。」奇妹適常氏，有子曰矯之，仕歷郡守。神龜中，上書陳時政所宜，言頗忠至，淸河王懌稱美之。奇所注論語，矯之傳掌，未能行於世，其義多異鄭玄，往往與司徒崔浩同。

常爽，字仕明，河內溫人，魏太常卿林六世孫也。祖珍，苻堅南安太守，因世亂遂居涼州。父坦，乞伏世鎭遠將軍、大夏鎭將、顯美侯。爽少而聰敏，嚴正有志概，雖家人僮隸未嘗見其寬誕之容。篤志好學，博聞强識，明習緯候，五經百家多所研綜。州郡禮命皆不就。世祖西征涼土，爽與兄仕國歸款軍門，世祖嘉之。賜仕國爵五品，顯美男；爽爲六品，拜宣威將軍。是時戎車屢駕，征伐爲事，貴遊子弟未遑學術，爽置館溫水之右，教授門徒七百餘人，京師學業，翕然復興。爽立訓甚有勸罰之科，弟子事之若嚴君焉。尙書左僕射元贊、平原太守司馬眞安、著作郎程靈虯，皆是爽敎所就。崔浩、高允並稱爽之嚴敎，奬厲有方。允曰：「文翁柔勝，先生剛克，立敎雖殊，成人一也。」其爲通識歎服如此。

因教授之暇，述六經略注，以廣制作，甚有條貫。其序曰：「傳稱：『立天之道曰陰與陽，立地之道曰柔與剛，立人之道曰仁與義。』然則仁義者人之性也，經典者身之文也，皆以陶鑄神情，啓悟耳目，未有不由學而能成其器，不由習而能利其業。是故季路勇士也，服道以成忠烈之概；甯越庸夫也，講藝以全高尙之節。蓋所由者習也，所因者本也，本立而道生，身文而德備焉。昔者先王之訓天下也，莫不導以詩書，敎以禮樂，移其風俗，和其人民。

故恭儉莊敬而不煩者，敎深於禮也；廣博易良而不奢者，敎深於樂也；溫柔敦厚而不愚者，敎深於詩也；疏通知遠而不誣者，敎深於書也；潔靜精微而不賊者，敎深於易也；屬辭比事而不亂者，敎深於春秋也。夫樂以和神，詩以正言，禮以明體，書以廣聽，春秋以斷事，五者蓋五常之道相須而備，而易爲之源。故曰：「易不可見則乾坤其幾乎息矣。」由是言之，六經者先王之遺烈，聖人之盛事也。安可不遊心寓目，習性文身哉！頃因暇日，屬意藝林，略撰所聞，討論其本，名曰六經略注以訓門徒焉。」其略注行於世。

爽不事王侯，獨守閑靜，講肄經典二十餘年，時人號爲「儒林先生」。年六十三，卒於家。

子文通，歷官至鎭西司馬、南天水太守、西翼校尉。文通子景，別有傳。

劉獻之，博陵饒陽人也。少而孤貧，雅好詩、傳，曾受業於勃海程玄，後遂博觀衆籍。見名法之言，掩卷而笑曰：「若使楊墨之流不爲此書，千載誰知其小也！」曾謂其所親曰：「觀屈原離騷之作，自是狂人，死其宜矣，何足惜也！吾常謂濯纓洗耳，有異人之迹；哺糟歠醨，有同物之志。而孔子曰：『我則異於是，無可無不可。』誠哉斯言，實獲我心。」

時人有從獻之學者，獻之輒謂之曰：「人之立身，雖百行殊途，準之四科，要以德行爲首。君若能入孝出悌，忠信仁讓，不待出戶，天下自知。儻不能然，雖復下帷針股，躡屩從師，正可博聞多識，不過爲土龍乞雨，眩惑將來，其於立身之道有何益乎？孔門之徒，初亦未悟，見皐魚之歎，方歸而養親。〔四〕嗟乎先達，何自覺之晚也！束脩不易，受之亦難，敢布心腹，子其圖之。」由是四方學者莫不高其行義而希造其門。

獻之善春秋、毛詩，每講左氏，盡隱公八年便止，云義例已了，不復須解。由是弟子不能究竟其說。後本郡舉孝廉，非其好也，逼遣之，乃應命，至京，稱疾而還。高祖幸中山，詔徵典內校書，獻之喟然歎曰：「吾不如莊周散木遠矣！一之謂甚，其可再乎。」固以疾辭。時中山張吾貴與獻之齊名，海內皆曰儒宗。吾貴每一講唱，門徒千數，其行業可稱者寡。獻之著錄，數百而已，皆經通之士。於是有識者辨其優劣。魏承喪亂之後，五經大義雖有師說，而海內諸生多有疑滯，咸決於獻之。六藝之文，雖不悉注，然所標宗旨，頗異舊義，撰三禮大義四卷，三傳略例三卷，注毛詩序義一卷，今行於世，并章句疏三卷。注涅槃經未就而卒。有四子，放古、爰古、參古、脩古。

放古，幼有人才。爲州從事，早亡。

爰古、參古，並傳父詩而不能精通也。

張吾貴，字吳子，中山人。少聰惠口辯，身長八尺，容貌奇偉。年十八，本郡舉爲太學博士。吾貴先未多學，乃從酈詮受禮，牛天祐受易。詮、祐粗爲開發，而吾貴覽讀一遍，便卽別構戶牖。世人競歸之。曾在夏學，聚徒千數而不講傳，生徒竊云張生之於左氏似不能說。吾貴聞之，謂其徒曰：「我今夏講暫罷，後當說傳，君等來日皆當持本。」生徒怪之而已。吾貴謂劉蘭云：「君曾讀左氏，爲我一說。」蘭遂爲講。三旬之中，吾貴兼讀杜、服，隱括兩家，異同悉舉。諸生後集，便爲講之，義例無窮，皆多新異。蘭乃伏聽。學者以此益奇之。而以辯能飾非，好爲詭說，由是業不久傳，而氣陵牧守，不屈王侯，竟不仕而終。

劉蘭，武邑人。年三十餘，始入小學，書急就篇。家人覺其聰敏，遂令從師，受春秋、詩、禮於中山王保安。家貧無以自資，且耕且學。三年之後，便白其兄：「蘭欲講書。」其兄笑而聽之，爲立黌舍，聚徒二百。蘭讀左氏，五日一遍，兼通五經。先是張吾貴以聰辨過人，其所解說，不本先儒之旨。唯蘭推經、傳之由，本注者之意，參以緯候及先儒舊事，甚爲精悉。自後經義審博，皆由於蘭。蘭又明陰陽，博物多識，爲儒者所宗。瀛州刺史裴植徵蘭講書於州城南館，植爲學主，故生徒甚盛，海內稱焉。又特爲中山王英所重。英引在館，令授其子熙、誘、略等。蘭學徒前後數千，成業者衆，而排毀公羊，又非董仲舒，由是見譏於世。永平中，爲國子助教。延昌中，靜坐讀書，有人叩門，門人通焉，蘭命引入。其人葛巾單衣，入與蘭坐，謂蘭曰：「君自是學士，何爲每見毀辱，理義長短，竟知在誰，而過無禮見陵也。今欲相召，當與君正之。」言終而出。出後，蘭告家人。少時而患卒。

孫惠蔚，字叔炳，武邑武遂人也，小字陀羅。自言六世祖道恭爲晉長秋卿，自道恭至惠蔚世以儒學相傳。惠蔚年十三，粗通詩、書及孝經、論語；十八，師董道季講易；十九，師程玄讀禮經及春秋三傳。周流儒肆，有名於冀方。

太和初，郡舉孝廉，對策於中書省。時中書監高閭宿聞惠蔚，稱其英辯，因相談，薦爲中書博士。轉皇宗博士。閭被敕理定雅樂，惠蔚參其事。及樂成，閭上疏請集朝貴於太樂，共研是非。祕書令李彪自以才辯，立難於其間，閭命惠蔚與彪抗論，彪不能屈。黃門侍郎張彝常與遊處，每表疏論事，多參訪焉。十七年，高祖南征，上議告類之禮。及太師馮熙薨，惠蔚監其喪禮，上書令熙未冠之子皆服成人之服。惠蔚與李彪以儒學相知，及彪位至尚書，惠蔚仍太廟令。高祖曾從容言曰：「道固既登龍門而孫蔚猶沉涓澮，朕常以爲負矣。」雖久滯小官，深體通塞，無孜孜之望，儒者以是尚焉。

二十二年，侍讀東宮。先是七廟以平文爲太祖，高祖議定祖宗，以道武爲太祖。祖宗雖定，然昭穆未改。及高祖崩，祔神主於廟，時侍中崔光兼太常卿，以太祖既改，昭穆以次而易。兼御史中尉、黃門侍郎邢巒以爲太祖雖改，昭穆仍不應易，乃立彈草欲按奏光。光謂惠蔚曰：「此乃禮也，而執法欲見彈劾，思獲助於碩學。」惠蔚曰：「此深得禮變。」尋爲書以與光，讚明其事。光以惠蔚書呈宰輔，乃召惠蔚與巒庭議得失，尙書令王肅又助巒，而巒理終屈，彈事遂寢。

世宗卽位之後，仍在左右敷訓經典，自冗從僕射遷祕書丞、武邑郡中正。惠蔚既入東觀，見典籍未周，乃上疏曰：「臣聞聖皇之御世也，必幽贊人經，參天二地，憲章典故，述遵鴻猷。故易曰：『觀乎天文以察時變，觀乎人文以化成天下。』然則六經、百氏，圖書祕籍，乃承天之正術，治人之貞範。是以溫柔疏遠，詩書之教；恭儉易良，禮樂之道。爻象以精微爲神，春秋以屬辭爲化。故大訓炳於東序，藝文光於麟閣。斯實太平之樞宗，勝殘之要道，有國之靈基，帝王之盛業。安上靖民，敦風美俗，其在茲乎？及秦棄學術，禮經泯絕。漢興求訪，典文載舉，先王遺訓，燦然復存。暨光武撥亂，日不暇給，而入洛之書二千餘兩。魏晉之世，尤重典墳，收亡集逸，九流咸備。觀其鳩閱史篇，訪購經論，紙竹所載，略盡無遺。臣學闕通儒，思不及遠，徒循章句，片義無立。而慈造曲覃，厠班祕省，忝官承乏，唯書是司。臣而觀、閣舊典，先無定目，新故雜糅，首尾不全。有者累帙數十，無者曠年不寫。或篇第褫落，始末淪殘；或文壞字誤，謬爛相屬。篇目雖多，全定者少。臣今依前丞臣盧昶所撰甲乙新錄，欲裨殘補闕，損併有無，校練句讀，以爲定本，次第均寫，永爲常式。其省先無本者，廣加推尋，搜求令足。然經記浩博，諸子紛綸，部帙既多，章篇紕繆，當非一二校書，歲月可了。今求令四門博士及在京儒生四十人，在祕書省專精校考，參定字義。如蒙聽許，則典文允正，羣書大集。」詔許之。

又兼黃門侍郎，遷中散大夫，仍兼黃門。久之，正黃門侍郎，代崔光爲著作郎，才非文史，無所撰著，唯自披其傳注數行而已。遷國子祭酒、祕書監，仍知史事。延昌二年，追賞侍講之勞，封棗强縣開國男，食邑二百戶。肅宗初，出爲平東將軍、濟州刺史。還京，除光祿大夫。魏初已來，儒生寒宦，惠蔚最爲顯達。先單名蔚，正始中，侍講禁內，夜論佛經，有愜帝旨，詔使加「惠」，號惠蔚法師焉。神龜元年卒于官，時年六十七。賜帛五百匹，贈大將軍、〔三〕瀛州刺史，謚曰戴。

子伯禮，襲封。伯禮善隸書。拜奉朝請、員外散騎侍郎、寧朔將軍、步兵校尉、國子博士。卒，贈輔國將軍、巴州刺史。

子產同，襲。少有才學，早亡，時人惜之。

徐遵明，字子判，華陰人也。身長八尺，幼孤好學。年十七，隨鄉人毛靈和等詣山東求學。至上黨，乃師屯留王聰，受毛詩、尚書、禮記。一年，便辭聰詣燕趙，師事張吾貴。吾貴門徒甚盛，遵明伏膺數月，乃私謂其友人曰：「張生名高而義無檢格，凡所講說，不愜吾心，請更從師。」遂與平原田猛略就范陽孫買德受業。一年，復欲去之。猛略謂遵明曰：「君年少從師，每不終業，千里負帙，何去就之甚。如此用意，終恐無成。」遵明曰：「吾今始知眞師所在。」猛略曰：「何在？」遵明乃指心曰：「正在於此。」乃詣平原唐遷，納之，居於蠶舍。讀孝經、論語、毛詩、尚書、三禮，不出門院，凡經六年，時彈箏吹笛以自娛慰。又知陽平館陶趙世業家有服氏春秋，是晉世永嘉舊本，遵明乃往讀之。復經數載，因手撰春秋義章，爲三十卷。

是後教授，門徒蓋寡，久之乃盛。遵明每臨講坐，必持經執疏，然後敷陳，其學徒至今浸以成俗。遵明講學於外二十餘年，海內莫不宗仰。頗好聚斂，有損儒者之風。後廣平王懷聞而徵焉。至而尋退，不好京輦。孝昌末，南渡河，客於任城。以兗州有舊，因徙居焉。永安初，東道大使元羅表薦之，竟無禮辟。二年，元顥入洛，任城太守李湛將舉義兵，遵明同其事。夜至民間，爲亂兵所害，時年五十五。

永熙二年，遵明弟子通直散騎常侍李業興表曰：「臣聞行道樹德，非求利於當年；服義履仁，豈邀恩於沒世。但天爵所存，果致式閭之禮；民望攸屬，終有祠墓之榮。伏見故處士兗州徐遵明生在衡泌，弗因世族之基；長於原野，匪乘雕鏤之地。而託心淵曠，置情恬雅，處靜無悶，居約不憂。故能垂簾自精，下帷獨得，鑽經緯之微言，研聖賢之妙旨。莫不入其門戶，踐其堂奧，信以稱大儒於海內，擅明師於日下矣。是故眇眇四方，知音之類，延首慕德，跂踵依風。每精廬暫闢，杖策不遠千里；束脩受業，編錄將踰萬人。固已企盛烈於西河，擬高蹤於北海。若慕奇好士，愛客尊賢，罷吏遊梁，紛而成列。遵明以碩德重名，首蒙禮命，曳裾雅步，眷同置醴。黃門李郁具所知明，方申薦奏之恩，處心守壑之志，潛居樂道，遂往不歸。故北海王入洛之初，率土風靡，遵明確然守志，忠潔不渝，遂與太守李湛將誅叛逆。時有邂逅，受斃凶險。至誠高節，堙沒無聞，朝野人士，相與嗟悼。伏惟陛下遠應龍序，俯執天衷，每端聽而忘昃，常坐思而候曉。雖微功小善，片言一行，莫不衣裳加室，玉帛在門。況遵明冠蓋一時，師表當世，溘焉冥沒，旌紀寂寥。逝者長辭，無論榮價，文明敍物，敦厲斯在。臣託跡諸生，親承顧眄，惟伏膺之義，感在三之重，是以越分陳愚，上諠幄座。特乞加以顯謚，追以好爵，仰申朝廷尙德之風，下示學徒稽古之利。若宸鑒昭回，曲垂矜採，則荒墳千載，式貴生平。」卒無贈謚。

董徵，字文發，頓丘衞國人也。祖英，高平太守。父虬，郡功曹。徵身長七尺二寸，好古，學尚雅素。年十七，師淸河監伯陽，受論語、毛詩、春秋、周易，就河內高望崇受周官，後於博陵劉獻之遍受諸經。數年之中，大義精練，講授生徒。太和末，爲四門小學博士。後世宗詔徵入琁華宮，令孫惠蔚問以六經，仍詔徵教授京兆、淸河、廣平、汝南四王，後特除員外散騎侍郎。淸河王懌之爲司空、司徒，引徵爲長流參軍。懌還太尉，徵爲倉曹參軍。出爲沛郡太守，加揚烈將軍。入爲太尉司馬，俄加輔國將軍。未幾，以本將軍除安州刺史。徵因述職，路次過家，置酒高會，大享邑老，乃言曰：「腰龜返國，昔人稱榮；仗節還家，云胡不樂。」因誡二三子弟曰：「此之富貴，匪自天降，乃勤學所致耳。」時人榮之。入爲司農少卿、光祿大夫。徵出州入卿，匪唯學業所致，亦由汝南王悅以其師資之義，爲之啓請焉。永安初，加平東將軍，尋以老解職。永熙二年卒。出帝以徵昔授父業，故優贈散騎常侍、都督相殷滄三州諸軍事、車騎大將軍、儀同三司、尙書左僕射、相州刺史，謚曰文烈。

子仲曜，武定末，儀同開府屬。

刁沖，字文朗，勃海饒安人也，鎭東將軍雍之曾孫。十三而孤，孝慕過人。其祖母司空高允女，聰明婦人也，哀其早孤，撫養尤篤。沖免喪後便志學他方，高氏泣涕留之，沖終不止。雖家世貴達，乃從師於外，自同諸生。於時學制，諸生悉日直監厨，沖雖有僕隸，不令代己，身自炊爨。每師受之際，發情精專，不捨晝夜，殆忘寒暑。學通諸經，偏修鄭說，陰陽、圖緯、算數、天文、風氣之書莫不關綜，當世服其精博。刺史郭祚聞其盛名，訪以疑義，沖應機解辯，無不祛其久惑。後太守范陽盧尙之、刺史河東裴植並徵沖爲功曹、〔六〕主簿，非所好也，受署而已，不關事務。惟以講學爲心，四方學徒就其受業者歲有數百。沖雖儒生，而執心壯烈，不畏强禦。延昌中，世宗舅司徒高肇擅恣威權，沖乃抗表極言其事，辭旨懇直，文義忠憤。太傅、清河王懌覽而歎息。

先是沖曾祖雍作行孝論以誡子孫，稱：「古之葬者衣之以薪，不封不樹，後世聖人易之棺椁。其有生則不能致養，死則厚葬過度。及於末世，至蘧蒢裹尸，倮而葬者。確而爲論，並非折衷。既知二者之失，豈宜同之。當令所存者棺厚不過三寸，高不過三尺，弗用繒綵，斂以時服。輀車止用白布爲幔，不加畫飾，名爲清素車。又去挽歌、方相，幷盟器雜物。」及沖祖遵將卒，敕其子孫令奉雍遺旨。河南尹丞張普惠謂爲太儉，貽書於沖叔整議其進退。整令與通學議之，沖乃致書國學諸儒以論其事，學官竟不能答。

沖以嫡傳祖爵東安侯。京兆王繼爲司空也，並以高選頻辟記室參軍。肅宗將親釋奠，於是國子助教韓神固與諸儒詣國子祭酒崔光、吏部尙書甄琛，舉其才學，奏而徵焉。及卒，國子博士高涼及范陽盧道侃、〔七〕盧景裕等復上狀陳沖業行，議奏謚曰安憲先生，祭以太牢。子欽，字志儒。早亡。

盧景裕，字仲儒，小字白頭，范陽涿人也。章武伯同之兄子。少聰敏，專經爲學。居拒馬河，將一老婢作食，妻子不自隨從。又避地大寧山，不營世事，居無所業，惟在注解。其叔父同職居顯要，而景裕止於園舍，情均郊野，謙恭守道，貞素自得。由是世號居士。前廢帝初，除國子博士，參議正聲，甚見親遇，待以不臣之禮。永熙初，以例解。天平中，還鄉里，與邢子才、魏季景、魏收、邢昕等同徵赴鄴。景裕寓託僧寺，講聽不已。未幾，歸本郡。

河間邢摩納與景裕從兄仲禮據鄉作逆，逼其同反，以應元寶炬。齊獻武王命都督賀拔仁討平之。聞景裕經明行著，驛馬特徵，既而舍之，使教諸子。在館十日一歸家，隨以鼎食。景裕風儀言行，雅見嗟賞。先是景裕注周易、尚書、孝經、論語、禮記、老子，其毛詩、春秋左氏未訖。齊文襄王入相，於第開講，招延時儁，令景裕解所注易。景裕理義精微，吐發閑雅。時有問難，或相詆訶，大聲厲色，言至不遜，而景裕神彩儼然，風調如一，從容往復，無際可尋。由是士君子嗟美之。

初，元顥入洛，〔八〕以爲中書郎。普泰初，復除國子博士。進退其間，未曾有得失之色。性清靜，淡於榮利，弊衣粗食，恬然自安，終日端嚴，如對賓客。興和中，補齊王開府屬，卒於晉陽，齊獻武王悼惜之。

景裕雖不聚徒教授，所注易大行於世。又好釋氏，通其大義。天竺胡沙門道悕每論諸經論，輒託景裕爲之序。景裕之敗也，繫晉陽獄，至心誦經，枷鎖自脫。是時又有人負罪當死，夢沙門教講經，覺時如所夢，默誦千遍，臨刑刀折，主者以聞，赦之。此經遂行於世，號曰高王觀世音。

李同軌，趙郡高邑人，陽夏太守義深之弟。體貌魁岸，腰帶十圍，學綜諸經，多所治誦，兼讀釋氏，又好醫術。年二十二，舉秀才，射策，除奉朝請，領國子助教。轉著作郎，典儀注，修國史，遷國子博士，加征虜將軍。永熙二年，出帝幸平等寺，僧徒講法，敕同軌論難，音韻閑朗，往復可觀，出帝善之。三年春，釋菜，詔延公卿學官於顯陽殿，敕祭酒劉廞講孝經，黃門李郁講禮記，中書舍人盧景宣解大戴禮夏小正篇。時廣招儒學，引令預聽。同軌經義素優，辯析兼美，而不得執經，深爲慨恨。天平中，轉中書侍郎。興和中，兼通直散騎常侍，使蕭衍。衍深耽釋學，遂集名僧於其愛敬、同泰二寺，講涅盤大品經，引同軌預席。

衍兼遣其朝臣並共觀聽。同軌論難久之，道俗咸以爲善。盧景裕卒，齊獻武王引同軌在館教諸公子，甚加禮之。每旦入授，日暮始歸。緇素請業者，同軌夜爲說解，四時恒爾，不以爲倦。武定四年夏卒，年四十七。時人傷惜之，齊獻武王亦殊嗟悼，贈襚甚厚。贈驃騎大將軍、瀛州刺史，謚曰康。

李業興，上黨長子人也。祖虬，父玄紀，並以儒學舉孝廉。玄紀卒於金鄉令。業興少耿介，志學精力，負帙從師，不憚勤苦。耽思章句，好覽異說。晚乃師事徐遵明於趙魏之間。時有漁陽鮮于靈馥亦聚徒教授，而遵明聲譽未高，著錄尚寡。業興乃詣靈馥黌舍，類受業者。靈馥乃謂曰：「李生久逐羌博士，何所得也？」業興默爾不言。及靈馥說左傳，業興問其大義數條，靈馥不能對。於是振衣而起曰：「羌弟子正如此耳！」遂便徑還。自此靈馥生徒傾學而就遵明。遵明學徒大盛，業興之爲也。

後乃博涉百家，圖緯、風角、天文、占候無不詳練，尤長算歷。雖在貧賤，常自矜負，若禮待不足，縱於權貴，不爲之屈。後爲王遵業門客。舉孝廉，爲校書郎。以世行趙歐曆，節氣後辰下算，延昌中，業興乃爲戊子元曆上之。於時屯騎校尉張洪、盪寇將軍張龍祥等九家各獻新曆，世宗詔令共爲一曆。洪等後遂共推業興爲主，成戊子曆，〔九〕正光三年奏行之。事在律曆志。累遷奉朝請。臨淮王彧征蠻，引爲騎兵參軍。後廣陽王淵北征，復爲外兵參軍。業興以殷曆甲寅，黃帝辛卯，徒有積元，術數亡缺，業興又修之，各爲一卷，傳於世。

建義初，敕典儀注，未幾除著作佐郎。永安二年，以前造曆之勳，賜爵長子伯。遭憂解任，尋起復本官。元曄之竊號也，除通直散騎侍郎。普泰元年，沙汰侍官，業興仍在通直，加寧朔將軍。又除征虜將軍、中散大夫，仍在通直。太昌初，轉散騎侍郎，仍以典儀之勤，特賞一階，除平東將軍、光祿大夫，尋加安西將軍。後以出帝登極之初，預行禮事，封屯留縣開國子，食邑五百戶。轉中軍將軍、通直散騎常侍。永熙三年二月，出帝釋奠，業興與魏季景、溫子昇、竇瑗爲摘句。後入爲侍讀。

遷鄴之始，起部郎中辛術奏曰：「今皇居徙御，百度創始，營構一興，必宜中制。上則憲章前代，下則模寫洛京。今鄴都雖舊，基址毀滅，又圖記參差，事宜審定。臣雖曰職司，學不稽古，國家大事非敢專之。通直散騎常侍李業興碩學通儒，博聞多識，萬門千戶，所宜訪詢。今求就之披圖案記，考定是非，參古雜今，折中爲制，召畫工并所須調度，具造新圖，申奏取定。庶經始之日，執事無疑。」詔從之。天平二年，除鎭南將軍，尋爲侍讀。於時尚書右僕射、營構大將高隆之被詔繕治三署樂器、衣服及百戲之屬，乃奏請業興共參其事。

四年，與兼散騎常侍李諧、〔一〇〕兼吏部郎盧元明使蕭衍。衍散騎常侍朱异問業興曰：

「魏洛中委粟山是南郊邪？」業興曰：「委粟是圜丘，非南郊。」异曰：「北間郊、丘異所，是用鄭義。我此中用王義。」業興曰：「然，洛京郊、丘之處專用鄭解。」异曰：「若然，女子逆降傍親亦從鄭以不？」業興曰：「此之一事，亦不專從。若卿此間用王義，除禫應用二十五月，何以王儉喪禮禫用二十七月也？」异遂不答。業興曰：「我昨見明堂四柱方屋，都無五九之室，當是裴頠所制。明堂上圓下方，裴唯除室耳。今此上不圓何也？」异曰：「圓方之說，經典無文，何怪於方？」業興曰：「圓方之言，出處甚明，卿自不見。見卿錄梁主孝經義亦云上圓下方，卿言豈非自相矛盾！」异曰：「若然，圓方竟出何經？」業興曰：「出孝經援神契。」异曰：「緯候之書，何用信也！」業興曰：「卿若不信，靈威仰、叶光紀之類經典亦無出者，卿復信不？」异不答。

蕭衍親問業興曰：「聞卿善於經義，儒、玄之中何所通達？」業興曰：「少爲書生，止讀五典，至於深義，不辨通釋。」衍問詩周南，王者之風，繫之周公；邵南，仁賢之風，繫之邵公。何名爲繫？」業興對曰：「鄭注儀禮云：昔大王、王季居于岐陽，躬行邵南之教，以興王業。及文王行今周南之教以受命。作邑於酆，分其故地，屬之二公。名爲繫。」衍又問：「若是故地，應自統攝，何由分封二公？」業興曰：「文王爲諸侯之時所化之本國，今既登九五之尊，不可復守諸侯之地，故分封二公。」衍又問：「乾卦初稱『潛龍』，二稱『見龍』，至五『飛龍』。初可名爲虎。」問意小乖。業興對：「學識膚淺，不足仰酬。」衍又問：「尚書『正月上日受終文祖』，此是何正？」業興對：「此是夏正月。」衍言何以得知。業興曰：「案尚書中候運行篇云『日月營始』，故知夏正。」衍又問：「堯時以何月爲正？」業興對：「自堯以上，書典不載，實所不知。」衍又云：「『寅賓出日』，卽是正月。『日中星鳥，以殷仲春』，卽是二月。此出堯典，何得云堯時不知用何正也？」業興對：「雖三正不同，言時節者皆據夏時正月。周禮，仲春二月會男女之無夫家者。雖自周書，月亦夏時。堯之日月，亦當如此。但所見不深，無以辨析明問。」衍又曰：「禮，原壤之母死，孔子助其沐椁。原壤叩木而歌曰：『久矣夫，予之不託於音也。〔二〕狸首之班然，執女手之卷然。』孔子聖人，而與原壤爲友？」業興對：「孔子卽自解，言親者不失其爲親，故者不失其爲故。」又問：「原壤何處人？」業興對曰：「鄭注云：原壤，孔子幼少之舊。故是魯人。」衍又問：「孔子聖人，所存必可法。原壤不孝，有逆人倫，何以存故舊之小節，廢不孝之大罪？」業興對曰：「原壤所行，事自彰著。幼少之交，非是今始，既無大故，何容棄之？孔子深敦故舊之義，於理無失。」衍又問：「孔子聖人，何以書原壤之事，垂法萬代？」業興對曰：「此是後人所錄，非孔子自制。猶合葬於防，如此之類，禮記之中動有百數。」衍又問：「易曰太極，是有無？」業興對：「所傳太極是有，素不玄學，何敢輒酬。」

還，兼散騎常侍，加中軍大將軍。後罷議事省，詔右僕射高隆之及諸朝士與業興等在尚書省議定五禮。興和初，又爲甲子元曆，時見施用。復預議麟趾新制。武定元年，除國子祭酒，仍侍讀。三年，出除太原太守。齊獻武王每出征討，時有顧訪。五年，齊文襄王引爲中外府諮議參軍。後坐事禁止。業興乃造九宮行棊曆，以五百爲章，四千四十爲部，九百八十七爲斗分，還以己未爲元，始終相維，不復移轉，與今曆法術不同。至於氣序交分，景度盈縮，不異也。七年，死於禁所，年六十六。

業興愛好墳籍，鳩集不已，手自補治，躬加題帖，其家所有，垂將萬卷。覽讀不息，多有異聞，諸儒服其淵博。性豪俠，重意氣。人有急難，委之歸命，便能容匿。與其好合，傾身無吝。若有相乖忤，便即疵毀，乃至聲色，加以謗罵。性又躁隘，至於論難之際，高聲攘振，無儒者之風。每語人云：「但道我好，雖知妄言，故勝道惡。」務進忌前，不顧後患，時人以此惡之。至於學術精微，當時莫及。

子崇祖，武定中，太尉外兵參軍。

崇祖弟遵祖，太昌中，業興傳其長子伯以授之。齊受禪，例降。

史臣曰：古語云：容體不足觀，勇力不足恃，族姓不足道，先祖不足稱，然而顯聞四方，流聲後裔者，其惟學乎。信哉斯言也。梁越之徒，篤志不倦，自求諸己，遂能聞道下風，稱珍席上，或聚徒千百，或服冕乘軒，咸稽古之力也。

校勘記

〔一〕魏書卷八十四　諸本目錄此卷注「不全」，卷末有宋人校語云：「高氏小史儒林傳無刁沖、盧景裕、李同軌三人，史目錄皆有之。此卷刁沖、盧景裕傳全錄北史，非魏收書，史臣論亦出北史，北史全用隋書傳論。」殿本以校語入考證，開頭一句又改成「魏收書儒林傳亡，用高氏小史補之」。按此卷常爽、刁沖、盧景裕、李同軌四傳，北史卷八一儒林傳所無。常爽，北史卷四二有專傳，刁沖附卷二六刁雍傳，盧景裕附卷三〇盧同傳，李同軌附卷三三李義深傳。今檢此卷常爽傳也全同北史，宋人漏舉。李同軌則魏書本已附卷三六李順傳，與此卷同軌傳幾乎全同，一人二傳，實爲重出北史同軌傳較簡。其他諸傳，凡北史儒林傳所有諸人都比北史詳備。其中徐遵明傳，北史多出勒索學生事，李業興傳多出語音不正和與孫騰、邢子才對答語，當是北史據其他材料增入，非魏書原文所有。傳序也像是北史傳序敍魏事一段所本。據上述情況，除常、刁、盧三傳及史論外，似皆魏書原文。宋人於目錄注「不全」，於校語只說刁、盧二傳「非魏收書」，史臣論「出北史」，則也認爲序和其他諸傳是魏書原文。且據校語，當時比對高氏小史，只說三傳此有彼無，沒有說其他諸傳以小史補。小史久亡，清人又何從知之？但也有可疑之處：一，若說此卷只是殘缺不全，除三傳外均魏書原文，何以所缺前後錯出，恰好是北史儒林傳所無之傳？

高氏小史節錄魏書，何以小史儒林傳所無的三傳也是北史儒林傳所無？二，李同軌，魏書已附李順傳，儒林傳目應無其名，何以校語說「史目錄有之」？或此所謂「史目錄」乃指宗諫史目等見卷八六孝感傳按語，則後人據目補傳，何以不據本書目錄而據他書？後人既已從李順傳中析出同軌傳入儒林，何以不删李順傳中所有？這些疑問頗難解釋。

〔二〕河間邢祐　諸本「祐」作「祜」，北史卷八一平恒傳作「祐」。按邢祐附本書卷六五、北史卷四三邢巒傳，都作「祐」。「祜」字訛，今據改。下同。

〔三〕燕東部侯釐　通鑑卷九八三一〇四頁見燕「中部俟釐慕輿句」。晉書卷一一〇慕容儁載記無文，通鑑當據十六國春秋或范亨燕書。按突厥官有「俟利發」，契丹有「夷離堇」，並即此「俟釐」，這裏「侯」字當是「俟」的形訛。

〔四〕見皐魚之歎方歸而養親　諸本「皐」作「旱」。北史卷八一劉獻之傳南本、殿本「旱」作「皐」。按皐魚事見韓詩外傳卷九，云「於是門人辭歸而養親者十有三人」，與此傳語合。「旱」字訛，今據改。

〔五〕贈大將軍　北史卷八一孫惠蔚傳無「大將軍」三字。按大將軍甚重，以崔亮、崔光之顯貴，死後追贈亦只車騎、驃騎大將軍，孫惠蔚軍號爲平東將軍，豈能驟贈此官。疑是衍文，或「大」乃「本」之訛。

〔六〕刺史河東裴植並徵沖爲功曹　諸本和北史卷二六刁雍附刁沖傳「植」作「桓」。張森楷云：「『桓』當作『植』，植傳附卷七一裴叔業傳除瀛州刺史，即此時事。」按前劉蘭傳亦見瀛州刺史裴植。刁沖稱勃海饒安人。卷一〇六上地形志上滄州條和浮陽郡饒安條，熙平二年五一七分置滄州前，饒安屬瀛州浮陽郡，其稱「勃海」，乃因漢晉舊屬。裴植爲瀛州刺史在熙平前，饒安是瀛州縣，刁沖是本州人，故得爲功曹。張說是，今改正。

〔七〕國子博士高涼及范陽盧道侃　張森楷云：「『涼』當作『諒』。據高佑傳卷五七，佑孫諒爲國子博士，在孝文、宣武間，與刁沖同時，當即其人。」

〔八〕初元顥入洛　諸本無「初」字，北史卷三〇盧同附盧景裕傳有。元顥事在前，前文敍事已至東魏末高澄當國時，李慈銘、張森楷均謂有誤。李且謂「除國子博士前已載之，何必複出，北史於『元顥』上加一『初』字亦非。」按這是追敍以前官位升退，刁沖「未曾有得失之色」，本非記歷官。此傳本出北史，乃是脫「初」字，遂似敍事顚倒，今據補。

〔九〕成戊子曆　按卷一〇七律曆志載崔光表云：「總合九家，共成一曆，元起壬子，律始黃鍾。」業興初造之曆起於戊子，爲戊子曆，至是「總合九家」則起於壬子，爲壬子曆。卷八二常景傳亦稱「先是參議正光壬子曆」可證。這裏「戊子」乃「壬子」之訛。

〔一〇〕與兼散騎常侍李諧　諸本脫「散」字，今據北史卷八一李業興傳補。

〔一一〕久矣夫予之不託於音也　諸本此句作「久矣，不託音」。册府卷六五八七八七七頁如上摘句。按語出禮記檀弓下，諸本有脫文，今據補。

魏書卷八十五〔一〕

列傳文苑第七十三

袁躍　裴敬憲　盧觀　封肅　邢臧　裴伯茂　邢昕　溫子昇

夫文之爲用，其來日久。自昔聖達之作，賢哲之書，莫不統理成章，蘊氣標致，其流廣變，諸非一貫，文質推移，與時俱化。淳于出齊，有雕龍之目；靈均逐楚，著嘉禍之章。〔二〕漢之西京，馬揚爲首稱；東都之下，班張爲雄伯。曹植信魏世之英，陸機則晉朝之秀，雖同時並列，分途爭遠。永嘉之後，天下分崩，夷狄交馳，文章殄滅。昭成、太祖之世，南收燕趙，網羅俊乂。逮高祖馭天，銳情文學，蓋以頡頏漢徹，掩踔曹丕，氣韻高豔，才藻獨構。衣冠仰止，咸慕新風。肅宗歷位，文雅大盛，學者如牛毛，成者如麟角，孔子曰：「才難，不其然乎？」

袁躍，字景騰，陳郡人，尚書翻弟也。博學儁才，性不矯俗，篤於交友。翻每謂人曰：「躍可謂我家千里駒也。」釋褐司空行參軍，歷位尚書都兵郎中，加員外散騎常侍。將立明堂，躍乃上議，當時稱其博洽。蠕蠕主阿那瓌亡破來奔，朝廷矜之，送復其國。既而每使朝貢，辭旨頗不盡禮。躍爲朝臣書與瓌，陳以禍福，言辭甚美。後遷車騎將軍、太傅、清河王懌文學，雅爲懌所愛賞。懌之文表多出於躍。卒，贈冠軍將軍、吏部郎中。所制文集行於世。無子，兄翻以子聿脩繼。

聿脩，字叔德，七歲遭喪，居處禮若成人。九歲，州辟主簿。性深沉，有鑒識，清靖寡欲，與物無競。姨夫尚書崔休深所知賞。年十八，領本州中正，兼尚書度支郎中。齊受禪，除太子庶子，以本官行博陵太守。

裴敬憲，字孝虞，河東聞喜人也。益州刺史宣第二子。少有志行，學博才清，撫訓諸弟，專以讀誦爲業。澹於榮利，風氣俊遠，郡徵功曹不就，諸府辟命，先進其弟，世人歎美之。司州牧、高陽王雍舉秀才，射策高第，除太學博士。性和雅，未嘗失色於人。工隸草，解音律，五言之作，獨擅於時。名聲甚重，後進共宗慕之。中山王將之部，〔三〕朝賢送於河梁，賦詩言別，皆以敬憲爲最。其文不能贍逸，而有清麗之美。少有氣病，年三十三卒，人物甚悼之。敬憲世有仁義於鄉里。孝昌中，蜀賊陳雙熾所過殘暴，至敬憲宅，輒相約束，不得焚燒。爲物所伏如此。永興三年，〔四〕贈中書侍郎，謚曰文。

盧觀，字伯舉，范陽涿人也。少好學，有儁才，舉秀才，射策甲科，除太學博士、著作佐郎。與太常少卿李神儁、光祿大夫王誦等在尚書上省撰定朝儀，拜尚書儀曹郎中。孝昌元年卒。

封肅，字元邕，勃海人，尚書回之兄子也。早有文思，博涉經史，太傅崔光見而賞焉。位太學博士，修起居注，兼廷尉監。爲還園賦，其辭甚美。正光中，京兆王西征，引爲大行臺郎中，委以書記。還，除尚書左中兵郎中，卒。肅性恭儉，不妄交遊，唯與崔勵、勵從兄鴻尤相親善。所製文章多亡失，存者十餘卷。

邢臧，字子良，河間人，光祿少卿虬長孫也。幼孤，早立操尙，博學有藻思。年二十一，神龜中，舉秀才，問策五條，考上第，爲太學博士。正光中，議立明堂，臧爲裴頠一室之議，事雖不行，當時稱其理博。出爲本州中從事，雅爲鄉情所附。永安初，徵爲金部郎中，以疾不赴，轉除東牟太守。時天下多事，在職少能廉白，臧獨清愼奉法，吏民愛之。隴西李延寔，莊帝之舅，以太傅出除青州，啓臧爲屬，領樂安內史，有惠政。後除濮陽太守，尋加安東將軍。臧和雅信厚，有長者之風，爲時人所愛敬。爲特進甄琛行狀，世稱其工。與裴敬憲、盧觀兄弟並結交分，曾共讀回文集，臧獨先通之。撰古來文章，幷敍作者氏族，號曰文譜，未就，病卒，時賢悼惜之。其文筆凡百餘篇。贈鎭北將軍、定州刺史，謚曰文。

子恕，涉學有識悟。

裴伯茂，河東人，司空中郎叔義第二子。少有風望，學涉羣書，文藻富贍。釋褐奉朝請。大將軍、京兆王繼西討，引爲鎧曹參軍。南討絳蜀陳雙熾，〔五〕爲行臺長孫承業行臺郎中。承業還京師，留伯茂仍知行臺事。以平薛鳳賢等賞平陽伯。再遷散騎常侍，典起居注。太昌初，爲中書侍郎。永熙中，出帝兄子廣平王贊盛選賓僚，以伯茂爲文學，後加中軍大將軍。

伯茂好飮酒，頗涉疏傲，久不徙官，曾爲豁情賦，其序略曰：「余攝養舛和，服餌寡術，自春徂夏，三嬰湊疾。雖桐君上藥，有時致効；而草木下性，實縈衿抱。故復究覽莊生，具體齊物，物我兩忘，是非俱遣，斯人之達，吾所師焉。故作是賦，所以託名豁情，寄之風謠矣。」天平初遷鄴，又爲遷都賦，文多不載。

二年，因內宴，伯茂侮慢殿中尚書、章武王景哲，景哲遂申啓，稱：「伯茂棄其本列，與監同行；以梨擊案，傍汙冠服；禁庭之內，令人挈衣。」詔付所司，後竟無坐。伯茂先出後其伯仲規，與兄景融別居。景融貧窘，伯茂了無賑恤，殆同行路，世以此貶薄之。卒年三十九，知舊歎惜焉。

伯茂末年劇飲不已，乃至傷性，多有愆失。未亡前數日，忽云：「吾得密信，將被收掩。」乃與婦乘車西逃避。後因顧指壁中，言有官人追逐，其妻方知其病。卒後，殯於家園，友人常景、李渾、王元景、盧元明、魏季景、李騫等十許人於墓傍置酒設祭，哀哭涕泣，一飲一酹曰：「裴中書魂而有靈，知吾曹也。」乃各賦詩一篇。李騫以魏收亦與之友，寄以示收。收時在晉陽，乃同其作，論敍伯茂，其十字云：「臨風想玄度，對酒思公榮。」時人以伯茂性侮傲，謂收詩頗得事實。贈散騎常侍、衞將軍、度支尚書、雍州刺史，重贈吏部尚書，謚曰文。伯茂曾撰晉書，竟未能成。無子，兄景融以第二子孝才繼。

邢昕，字子明，河間人，尚書巒弟偉之子。幼孤，見愛於祖母李氏。好學，早有才情。

蕭寶夤以車騎大將軍開府討關中，以子明爲東閤祭酒，委以文翰。在軍解褐盪寇將軍，累遷太尉記室參軍。吏部尚書李神儁奏昕修起居注。太昌初，除中書侍郎，加平東將軍、光祿大夫。時言冒竊官級，爲中尉所劾，免官，乃爲述躬賦。未幾，受詔與祕書監常景典儀注事。出帝行釋奠禮，昕與校書郎裴伯茂等俱爲錄義。永熙末，昕入爲侍讀，與溫子昇、魏收參掌文詔。遷鄴，乃歸河間。天平初，與侍中從叔子才、魏季景、魏收同徵赴都。尋還鄉里。既而復徵。時蕭衍使兼散騎常侍劉孝儀等來朝貢，詔昕兼正員郎迎於境上。司徒孫騰引爲中郎。尋除通直常侍，加中軍將軍。既有才藻，兼長几案。自孝昌之後，天下多務，世人競以吏工取達，文學大衰。司州中從事宋遊道以公斷見知，時與昕嘲謔。昕謂之曰：「世事同知文學外。」遊道有慚色。興和中，以本官副李象使於蕭衍。昕好忤物，人謂之牛。是行也，談者謂之牛象鬬於江南。齊文襄王攝選，擬昕爲司徒右長史，未奏，遇疾卒，士友悲之。贈車騎將軍、都官尚書、冀州刺史，諡曰文。所著文章，自有集錄。

溫子昇，字鵬舉，自云太原人，晉大將軍嶠之後也。世居江左。祖恭之，劉義隆彭城王義康戶曹，避難歸國，家于濟陰冤句，因爲其郡縣人焉。家世寒素。父暉，兗州左將軍府長史，行濟陰郡事。

子昇初受學於崔靈恩、劉蘭，精勤，以夜繼晝，晝夜不倦。長乃博覽百家，文章淸婉。爲廣陽王淵賤客，在馬坊敎諸奴子書。作侯山祠堂碑文，常景見而善之，故詣淵謝之。景曰：「頃見溫生。」淵怪問之，景曰：「溫生是大才士。」淵由是稍知之。

熙平初，中尉、東平王匡博召辭人，以充御史，同時射策者八百餘人，子昇與盧仲宣、孫搴等二十四人爲高第。於時預選者爭相引決，匡使子昇當之，皆受屈而去。搴謂人曰：「朝來靡旗亂轍者，皆子昇逐北。」遂補御史，時年二十二。臺中文筆皆子昇爲之。以憂去任，服闋，還爲朝請。〔六〕後李神儁行荆州事，引兼錄事參軍。被徵赴省，神儁表留不遣。吏部郎中李獎退表不許，曰：「昔伯瑜之不應留，王朗所以發歎，宜速遣赴，無踵彥雲前失。」於是還省。〔七〕

正光末，廣陽王淵爲東北道行臺，召爲郎中，軍國文翰皆出其手。於是才名轉盛。黃門郎徐紇受四方表啓，答之敏速，於淵獨沉思曰：「彼有溫郎中，才藻可畏。」高車破走，珍實盈滿，子昇取絹四十匹。及淵爲葛榮所害，子昇亦見羈執。榮下都督和洛興與子昇舊識，以數十騎潛送子昇，得達冀州。還京，李楷執其手曰：「卿今得免，足使夷甫慚德。」自是無復宦情，閉門讀書，厲精不已。

建義初，爲南主客郎中，修起居注。曾一日不直，上黨王天穆時錄尙書事，將加捶撻，子昇遂逃遁。天穆甚怒，奏人代之。莊帝曰：「當世才子不過數人，豈容爲此，便相放黜。」乃寢其奏。及天穆將討邢杲，召子昇同行，子昇未敢應。天穆謂人曰：「吾欲收其才用，豈懷前忿也。今復不來，便須南走越，北走胡耳！」子昇不得已而見之。加伏波將軍，爲行臺郎中，天穆深加賞之。元顥入洛，天穆召子昇問曰：「卽欲向京師，爲隨我北渡？」對曰：「主上以虎牢失守，致此狼狽。元顥新入，人情未安，今往討之，必有征無戰。王若克復京師，奉迎大駕，桓文之舉也。捨此北渡，竊爲大王惜之。」天穆善之而不能用。遣子昇還洛，顥以爲中書舍人。莊帝還宮，爲顥任使者多被廢黜，而子昇復爲舍人。天穆每謂子昇曰：「恨不用卿前計。」除正員郎，仍舍人。

及帝殺尒朱榮也，子昇預謀，當時赦詔，子昇詞也。榮入內，遇子昇，把詔書問是何文書，子昇顏色不變，曰「敕」。榮不視之。尒朱兆入洛，子昇懼禍逃匿。永熙中，爲侍讀兼舍人、鎭南將軍、金紫光祿大夫，遷散騎常侍、中軍大將軍，後領本州大中正。

蕭衍使張皐寫子昇文筆，傳於江外。衍稱之曰：「曹植、陸機復生於北土。恨我辭人，數窮百六。」陽夏太守傅標使吐谷渾，見其國主牀頭有書數卷，乃是子昇文也。濟陰王暉業嘗云：「江左文人，宋有顏延之、謝靈運，梁有沈約、任昉，我子昇足以陵顏轢謝，含任吐沈。」楊遵彥作文德論，以爲古今辭人皆負才遺行，澆薄險忌，唯邢子才、王元景、溫子昇彬彬有德素。

齊文襄王引子昇爲大將軍府諮議參軍。子昇前爲中書郎，嘗詣蕭衍客館受國書，自以不修容止，謂人曰：「詩章易作，逋峭難爲。」文襄館客元僅曰：「諸人當賀。」〔八〕推子昇合陳辭。子昇久忸怩，乃推陸操焉。及元僅、劉思逸、荀濟等作亂，文襄疑子昇知其謀。方使之作獻武王碑文，旣成，乃餓諸晉陽獄，食弊襦而死，棄尸路隅，沒其家口。太尉長史宋遊道收葬之，又爲集其文筆爲三十五卷。子昇外恬靜，與物無競，言有準的，不妄毁譽，而內深險。事故之際，好預其間，所以終致禍敗。又撰永安記三卷。無子。

史臣曰：古之人所貴名不朽者，蓋重言之尙存，又加之以才名，其爲貴顯，固其宜也。自餘或位下人微，居常亦何能自達。及其靈蛇可握，天網俱頓，並編緗素，咸貫儒林，雖其位可下，其身可殺，千載之後，貴賤一焉。非此道也，孰云能致。凡百士子，可不務乎！

校勘記

〔一〕魏書卷八十五　諸本目錄此卷注「闕」，卷末脫宋人校語。殿本考證云：「魏收書闕，後人所補。」按卷中只封肅傳稍詳於北史本傳附卷二四封懿傳，乃採之他書，他傳皆同北史，偶有溢出語，當是採他書增入。考本書卷四七盧玄傳附見盧光宗,云:「子觀、觀弟仲宣,事在文苑傳。」卷四五裴駿附裴宣傳云:「子敬宣、莊伯並在文苑傳。」今此卷無盧仲宣、裴莊伯,當是後人據目補傳,仲宣、莊伯並附其兄,非正傳,故目錄不載,以致失補。

〔二〕靈均逐楚著嘉禍之章　按「嘉禍」未見所出,楚辭九章橘頌:「后皇嘉樹,橘徠服兮。」疑「嘉禍」乃「嘉橘」之訛。

〔三〕中山王將之部　諸本無「王」字,旁注「闕」。通志卷一七六裴敬憲傳作「王」,册府卷八三九九九六〇頁此句作「中山鎭部」。按卷一九南安王楨附中山王熙傳云:「始熙之鎭鄴也,知友才學之士略裴敬憲等咸餞於河梁,賦詩告別。」「中山」下脫「王」字無疑,今據補。册府「鎭」字,當亦有因,疑此句本作「中山王鎭鄴,將之部」。册府所據本「鄴」訛「部」,和下「將之部」重出不辭,遂删三字。

〔四〕永興三年　按永興乃拓跋嗣年號四〇九—四一三,遠在其前,元脩雖於太昌元年五三二十二月改永興,即在此月改永熙,並無三年。北史卷三八裴駿附敬憲傳同作「永興」,而下文其弟莊伯傳,稱「永安三年,贈通直散騎侍郎」。兄弟當是同年追贈,這裏「永興」乃「永安」之訛。

〔五〕南討絳蜀陳雙熾　通志卷一七六裴伯茂傳「南」作「及」。按絳在洛陽西北,不得云「南討」,疑作「及」是。

〔六〕還爲朝請　通志卷一七六溫子昇傳「朝請」上有「奉」字。疑當有此字,但也可能是簡稱,今不補。

〔七〕於是還省　諸本及北史卷八三「省」作「員」，通志卷一七六作「省」。按上云：「被徵赴省」，故下云「還省」，「還員」不可通，今據改。

〔八〕文襄館客元僅曰諸人當賀　按何事當賀，敍述不明，疑「文襄」下有脫文。又「元僅」當作「元瑾」。瑾謀殺高澄，事見本書卷一二孝靜紀末、卷一四華山王鷙附子大器傳，北史卷六齊文襄紀，北齊書卷四七宋遊道傳，都作「瑾」。

魏書卷八十六〔一〕

列傳孝感第七十四

趙琰　長孫慮　乞伏保　孫益德　董洛生
楊引　閻元明　吳悉達　王續生　李顯達
張昇　倉跋　王崇　郭文恭

經云「孝，德之本」，「孝悌之至，通於神明」。此蓋生人之大者。淳風既遠，世情雖薄，孔門有以責衣錦，詩人所以思素冠。且生盡色養之天，終極哀思之地，若乃誠達泉魚，感通鳥獸，事匪常倫，斯蓋希矣。至如溫床扇席，灌樹負土，時或加人，咸爲度俗，今書趙琰等以孝感爲目焉。

趙琰，字叔起，天水人。父温爲楊難當司馬。初，苻氏亂，琰爲乳母攜奔壽春，年十四乃歸。孝心色養，飪熟之節，必親調之。皇興中，京師儉，婢簡粟糶之，琰遇見切責，敕留輕粃。嘗送子應冀州娉室，從者於路偶得一羊，〔三〕行三十里而琰知之，令送於本處。又過路傍，主人設羊羹，琰訪知盜殺，卒辭不食。遣人買耜刃，得剩六耜，卽令送還刃主。刃主高之，義而不受，琰命委之而去。初爲兗州司馬，轉團城鎭副將。還京，爲淮南王他府長史。時禁制甚嚴，不聽越關葬於舊兆。琰積三十餘年，不得葬二親。及蒸嘗拜獻，未曾不嬰慕卒事。每於時節，不受子孫慶賀。年餘耳順，而孝思彌篤。慨歲月推移，遷窆無期，乃絕鹽粟，斷諸滋味，食麥而已。年八十卒。遷都洛陽，子應等乃還鄉葬焉。

應弟煦，字賓育。好音律，以善歌聞於世。位秦州刺史。

長孫慮，代人也。母因飲酒，其父眞呵叱之，誤以杖擊，便卽致死。眞爲縣囚執，處以重坐。慮列辭尙書云：「父母忿爭，本無餘惡。直以謬誤，一朝橫禍。今母喪未殯，父命旦夕。慮兄弟五人，並各幼稚。慮身居長，今年十五，有一女弟，始向四歲，更相鞠養，不能保全。父若就刑，交墜溝壑，乞以身代老父命，使嬰弱衆孤得蒙存立。」尙書奏云：「慮於父爲孝子，於弟爲仁兄。尋究情狀，特可矜感。」高祖詔特恕其父死罪，以從遠流。

乞伏保，高車部人也。父居，顯祖時爲散騎常侍，領牧曹尚書，賜爵寧國侯。以忠謹慎密，常在左右，出內詔命。賜宮人河南宗氏，亡後，賜以宮人申氏，宋太子左率申坦兄女也。歲餘，居卒，申撫養伏保。性嚴肅，捶罵切至，而伏保奉事孝謹，初無恨色。襲父侯爵，例降爲伯。稍遷左中郎將。每請祿賜，在外公私尺丈所用，無不白知。出爲鄯善鎮將。〔三〕申年餘八十，伏保手製馬輿，親自扶接，申欣然隨之。申亡，伏保解官，奉喪還洛。復爲長，兼南中郎將，卒。

孫益德，樂安人也。其母爲人所害，益德童幼爲母復仇。還家，哭於殯以待縣官。高祖、文明太后以其幼而孝決，又不逃罪，特免之。

董洛生，代人也。居父喪過禮，詔遣祕書中散溫紹伯奉璽書慰之，令自抑割以全孝道。又詔其宗親，使相喻奬，勿令有滅性之譏。

楊引，鄉郡襄垣人也。三歲喪父，爲叔所養。母年九十三卒，引年七十五，哀毁過禮。

三年服畢，恨不識父，追服斬衰，食粥粗服，誓終身命。終十三年，哀慕不改，爲郡縣鄉閭三百餘人上狀稱美。有司奏宜旌賞，復其一門，樹其純孝。詔別敕集書標揚引至行，又可假以散員之名。

閻元明，河東安邑人也。少而至孝，行著鄉閭。太和五年，除北隨郡太守。元明以違離親養，興言悲慕，母亦慈念，泣淚喪明。元明悲號上訴，許歸奉養。一見其母，母目便開。刺史呂壽恩列狀上聞，詔下州郡，表爲孝門，復其租調兵役，令終母年。母亡，服終，心喪積載，每忌日悲慟傍隣。昆弟雍和，尊卑諧穆，安貧樂道，白首同歸。

又猗氏縣人令狐仕，兄弟四人，早喪父，泣慕十載，奉養其母，孝著鄉邑。而力田積粟，博施不已。

又河東郡人楊風等七百五十人，列稱樂戶皇甫奴兄弟，雖沉屈兵伍而操尙彌高，奉養繼親甚著恭孝之稱。

又東郡小黃縣人董吐渾、兄養，事親至孝，三世同居，閨門有禮。景明初，畿內大使王凝奏請標異，詔從之。

吳悉達，河東聞喜人也。弟兄三人，年並幼小，父母爲人所殺，四時號慕，悲感鄉隣。及長報仇，避地永安。昆弟同居四十餘載，閨門和睦，讓逸競勞。雖於儉年糊饘不繼，賓客經過，必傾所有。每守宰殯喪，私辦車牛，送終葬所。隣人孤貧窘困者，莫不解衣輟糧以相賑恤。鄉閭五百餘人詣州稱頌焉。刺史以悉達兄弟行著鄉里，板贈悉達父勃海太守。悉達後欲改葬，亡失墳墓，推尋弗獲，號哭之聲晝夜不止，叫訴神祇。忽於悉達足下地陷，得父銘記。因遷葬曾祖已下三世九喪，傾盡資業，不假於人，哀感毀悴，有過初喪。有司奏聞，標閭復役，以彰孝義。

時有齊州人崔承宗，其父於宋世仕漢中，母喪，因殯彼。後青徐歸國，遂爲隔絕。承宗性至孝，萬里投險，偸路負喪還京師。黃門侍郎孫惠蔚聞之曰：「吾於斯人見廉范之情矣。」於是弔贈盡禮，如舊相識。

王續生，滎陽京縣人也。遭繼母憂，居喪杖而後起。及終禮制，鬢髮盡落。有司奏聞，世宗詔標旌門閭，甄其徭役。

李顯達，潁川陽翟人也。父喪，水漿不入口七日，鬢髮墮落，形體枯悴。六年廬於墓側，哭不絕聲，殆於滅性。州牧、高陽王雍以狀奏，靈太后詔表其門閭。

張昇，滎陽人。居父母喪，鬢髮墜落，水漿不入口，吐血數升。詔表門閭。

倉跋，滎陽京縣人也。喪母，水漿不入口五日，吐血數升，居憂毁瘠，見稱州里。有司奏聞，出帝詔標門閭。

王崇，字乾邕，陽夏雍丘人也。兄弟並以孝稱。身勤稼穡，以養二親。仕梁州鎮南府主簿。母亡，杖而後起，鬢髮墮落。未及葬，權殯宅西。崇廬於殯所，晝夜哭泣，鳩鴿羣至。有一小鳥，素質墨眸，形大如雀，栖於崇廬，朝夕不去。母喪始闋，復丁父憂，哀毁過禮。是年，陽夏風雹，所過之處，禽獸暴死，草木摧折。至崇田畔，風雹便止，禾麥十頃，竟無損落，及過崇地，風雹如初。咸稱至行所感。崇雖除服，仍居墓側。於其室前生草一根，莖葉甚茂，人莫能識。至冬中，復有鳥巢於崇屋，乳養三子，毛羽成長，馴而不驚。守令聞之，親自臨視。州以聞奏，標其門閭。

郭文恭，太原平遙人也。仕爲太平縣令。年踰七十，父母喪亡。文恭孝慕罔極，乃居祖父墓次，晨夕拜跪。跣足負土，培祖父二墓，寒暑竭力，積年不已，見者莫不哀歎。尙書聞奏，標其門閭。

史臣曰：塞天地而横四海者，唯孝而已矣。然則始敦孝敬之方，終極哀思之道，厥亦多緒，其心一焉。蓋上智禀自然之質，中庸有企及之義，及其成名，其美一也。趙琰等或出公卿之緒，籍禮教以資；或出茅簷之下，非獎勸所得。乃有負土成墳，致毁滅性，雖乖先王之典制，亦觀過而知仁矣。

校勘記

〔一〕魏書卷八十六　諸本目錄注「闕」。卷末有宋人校語殿本入考證云：「魏收書孝感傳亡，惟張昇事出宗諫史目，與北史小異，高氏小史不載昇事迹。案小史孝感、節義、良吏、列女、閹官五傳敍目並傳，與正史及諸書目次序前後不同，惟楊九齡經史目錄與小史同。九齡撰錄皆在殷仲藏、宗諫等後，是時正史已不完，往往取小史爲據，故同之。」按此傳序與北史卷八四孝行傳序不同，諸傳只張昇傳出宗諫史目，見上宋人校語，他傳全同北史，論也出北史，而稍有刪節。北史序中記魏書此卷傳目，全同今本，只張昇、倉跋先後互易。

〔二〕從者於路偶得一羊　諸本及北史卷二四趙逸附趙琰傳「偶」都作「遇」，册府卷七九三九四一二頁作「偶」。按文義作「偶」是，今據改。

〔三〕出爲鄯善鎮將　諸本及北史卷八四乞伏保傳「鄯善」作「無善」，通志卷一六七乞伏保傳倒作「善無」。按墓誌集釋有乞伏寶墓誌圖版二八四，即此乞伏保，誌稱「遷鄯善鎮將，以母憂解任」。鄯善鎮屢見本書。元和郡縣志卷三九鄯州條云：「後魏以西平郡爲鄯善鎮，孝昌二年，改鎮立鄯州。」這裏「鄯」字訛「無」，而恒州的善無郡見卷一〇六上地形志上人所習知，通志遂以爲倒文，意爲改乙，其實善無並未立鎮。今據墓誌改。又墓誌記歷官較詳，保死在襄州刺史任上，非南中郎將。

魏書卷八十七〔一〕

列傳節義第七十五

于什門　段進　石文德　汲固　王玄威　婁提
劉渴侯　朱長生　于提　馬八龍　門文愛
晁清　劉侯仁　石祖興　邵洪哲　王榮世
胡小虎　孫道登　李几　張安祖　王閭

大義重於至聞自日人。〔二〕慕之者蓋希，行之者實寡。至於輕生蹈節，臨難如歸，殺身成仁，死而無悔，自非耿介苦心之人，鬱快激氣之士，亦何能若斯。僉列之傳，名節義云。

于什門，字什門，代人也。太宗時爲謁者，使喻馮跋。及至和龍，住外舍不入，使人謂跋曰：「大魏皇帝有詔，須馮主出受，然後敢入。」跋使人牽逼令入，見跋不拜，跋令人按其項。什門曰：「馮主拜受詔，吾自以賓主致敬，何須苦見逼也！」與跋往復，聲氣厲然，初不撓屈。既而跋止什門。什門於羣衆之中，回身背跋，被袴後襠以辱之。既見拘留，隨身衣裳敗壞略盡，蟣虱被體。跋遺以衣服，什門拒而不受。和龍人皆歎曰：「雖古烈士，無以過也！」歷二十四年，〔三〕後馮文通上表稱臣，乃送什門歸。拜治書侍御史。世祖下詔曰：「什門奉使和龍，值狂豎肆虐，勇志壯厲，不爲屈節，雖昔蘇武何以加之。」賜羊千口、帛千匹，進爲上大夫，策告宗廟，頒示天下，咸使聞也。

段進，不知何許人也。世祖初，爲白道守將。蠕蠕大檀入塞，圍之，力屈被執。進抗聲大罵，遂爲賊殺。世祖愍之，追贈安北將軍，賜爵顯美侯，謚曰莊。

石文德，河中蒲坂人也，〔四〕有行義。眞君初，縣令黃宣在任喪亡，宣單貧無期親，文德祖父苗以家財殯葬，持服三年，奉養宣妻二十餘載。及亡，又衰絰斂祔，率禮無闕。自苗逮文德，刺史守令卒官者，制服送之。五世同居，閨門雍睦。

又梁州上言天水白石縣人趙令安、孟蘭彊等，四世同居，行著州里。詔並標牓門閭。

汲固，東郡梁城人也。爲兗州從事。刺史李式坐事被收，吏民皆送至河上。時式子憲生始滿月，式大言於衆曰：「程嬰、杵臼何如人也！」固曰：「今古豈殊。」遂便潛還，不復回顧，徑來入城，於式婦閨抱憲歸藏之。及捕者收憲，屬有一婢產男，母以婢兒授之。事尋泄，固乃攜憲逃遁，遇赦始歸。憲卽爲固長育至十餘歲，恒呼固夫婦爲郎婆。後高祐爲兗州刺史，嘉固節義，以爲主簿。

王玄威，恒農北陝人也。顯祖崩，玄威立草廬於州城門外，衰裳蔬粥，哭踴無時。刺史苟頹以事表聞。詔令問狀，玄威稱：「先帝統御萬國，慈澤被於蒼生，含氣之類莫不仰賴，玄威不勝悲慕，中心知此，不知禮式。」詔問玄威欲有所訴，聽爲表列。玄威云：「聞諱悲號，竊謂臣子同例，無所求謁。」及至百日，乃自竭家財，設四百人齋會，忌日，又設百僧供。至大除日，詔送白紬袴褶一具，與玄威釋服，下州令表異焉。

婁提，代人也。顯祖時爲內三郎。顯祖暴崩，提謂人曰：「聖主升遐，安用活爲！」遂引佩刀自刺，幾至於死。文明太后詔賜帛二百匹。

時有敕勒部人蛭拔寅兄地于，坐盜食官馬，依制命死。拔寅自誣己殺，兄又云實非弟殺，兄弟爭死，辭不能定。高祖詔原之。

劉渴侯，不知何許人也。稟性剛烈。太和中，爲徐州後軍，以力死戰，衆寡不敵，遂禽。瞋目大罵，終不降屈，爲賊所殺。高祖贈立忠將軍、平州刺史、上庸侯，賜絹千匹、穀千斛。有嚴季者，亦爲軍校尉，與渴侯同殿，勢窮被執，終不降屈，後得逃還。除立節將軍，賜爵五等男。

朱長生及于提，並代人也。高祖時，以長生爲員外散騎常侍，與提俱使高車。至其庭，高車主阿伏至羅責長生等拜，長生拒之曰：「我天子使，安肯拜下土諸侯！」阿伏至羅乃不以禮待。長生以金銀寶器奉之，至羅既受獻，長生曰：「爲臣內附，宜盡臣禮，何得口云再拜而實不拜！」呼出帳，命衆中拜。阿伏至羅慚其臣下，大怒曰：「帳中何不教我拜，而辱我於大衆！」奪長生等獻物，囚之叢石之中，兵脅之曰：「汝能爲我臣則活，如其不降，殺汝！」長生與于提瞋目厲聲責之曰：「豈有天子使人拜汝夷，我寧爲魏鬼，不爲汝臣！」至羅彌怒，絕其飲食。從行者三十人皆降，至羅乃給以肉酪，惟長生與提不從，乃各分徙之。積三歲，乃得還。高祖以長生等守節遠同蘇武，甚嘉之，拜長生河內太守，于提隴西太守，並賜爵五等男。從者皆爲令長。

馬八龍，武邑武强人也。輕財重義。友人武遂縣尹靈哲在軍喪亡，八龍聞卽奔赴，負屍而歸，以家財殯葬，爲制緦服。撫其孤遺，恩如所生。州郡表列，詔表門閭。

門文愛，汲郡山陽人也。早孤，供養伯父母以孝謹聞。伯父亡，服未終，伯母又亡。文愛居喪，持服六年，哀毁骨立。鄕人魏中賢等相與標其孝義。

晁淸，遼東人也。祖暉，濟州刺史、潁川公。淸襲祖爵，例降爲伯。爲梁城戍將。蕭衍攻圍，糧盡城陷，淸抗節不屈，爲賊所殺。世宗襃美，贈樂陵太守，謚曰忠。子榮賓襲。

劉侯仁，豫州人也。城人白早生殺刺史司馬悅，據城南叛。悅息朏，走投侯仁。賊雖重加購募，又嚴其捶撻，侯仁終無漏泄，朏遂免禍。事寧，有司奏其操行，請免府籍，敍一小縣，詔可。

石祖興，常山九門人也。太守田文彪、縣令和眞等喪亡，祖興自出家絹二百餘匹，營護喪事。州郡表列，高祖嘉之，賜爵二級，爲上造。後拜寧陵令，卒。吏部尚書李韶奏其節義，請加贈謚，以奬來者，靈太后令如所奏。有司謚曰恭。

邵洪哲，上谷沮陽人也。縣令范道榮先自朐城歸款以除縣令，〔三〕道榮鄉人徐孔明，妄經公府，訟道榮非勳，道榮坐除名。羇旅孤貧，不能自理。洪哲不勝義憤，遂代道榮詣京師，明申曲直。經歷寒暑，不憚劬勞，道榮卒得復雪。又北鎭反亂，道榮孤單，無所歸附。洪哲兄伯川復率鄉人來相迎接，送達幽州。道榮感其誠節，訴省申聞。詔下州郡，標其里閭。

王榮世，陽平館陶人也。爲三城戍主、方城縣子。蕭衍攻圍，力窮知不可全，乃先焚府庫，後殺妻妾。及賊陷城，與戍副鄧元興等俱以不屈被害。肅宗下詔褒美忠節，進榮世爵爲伯，贈齊州刺史；元興開國子，贈洛州刺史。

胡小虎，河南河陰人也。少有武氣。正光末，爲統軍於晉壽。孝昌中，蕭衍將樊文熾等寇邊，益州刺史邴虬遣長史和安固守小劍，文熾圍之。虬命小虎與統軍崔珍寶同往防拒。文熾掩襲小虎、珍寶，並擒之。文熾攻小劍未陷，乃將珍寶至城下，使謂和安曰：「南軍強盛，北救不來，豈若歸款，取其富貴。」和安命射之，乃退。復逼小虎與和安交言，小虎乃慷慨謂安曰：「我柵不防，爲賊所虜。觀其兵士，勢不足言，努力堅守。魏行臺傅梁州遣將已至。」〔六〕賊以刀毆擊，言不得終，遂害之。三軍無不歎其壯節，哀其死亡。賊尋奔敗，禽其次將蕭世澄、陳文緒等一十一人。行臺魏子建壯其氣概，啓以世澄購其屍柩，乃獲骸骨歸葬。

孫道登，彭城呂縣人也。永安初，爲蕭衍將韋休等所虜，面縛臨刃，巡遠村塢，令其招降鄉曲。道登厲聲唱呼：「但當努力，賊無所能。」賊遂屠戮之。

又荆州被圍，行臺宗靈恩遣使宗女等四人入城曉喻，爲賊將所獲，執女等巡城，令其改辭。女等大言：「天軍垂至，堅守莫降。」賊忿，各刳其腹，然後斬首。二州表其節義，道登等並賜五品郡、五等子爵，聽子弟承襲。遣使詣所在弔祭。

李几，博陵安平人也。七世共居同財，家有二十二房，一百九十八口，長幼濟濟，風禮著聞，至於作役，卑幼競進。鄉里嗟美，標其門閭。

張安祖，河陽人也。襲世爵山北侯。時有元承貴，曾爲河陽令，家貧，且赴尙書求選，逢天寒甚，遂凍死路側。一子年幼，停屍門巷，棺斂無託。安祖悲哭盡禮，買木爲棺，手自營作，斂殯周給。朝野嘉歎。尙書聞奏，標其門閭。

王閭，北海密人也。數世同居，有百口。又太山劉業興四世同居，魯郡蓋儁六世同居，並共財產，家門雍睦。鄉里敬異。有司申奏，皆標門閭。

史臣曰：于什門等或臨危不撓，視死如歸；或赴險如夷，惟義所在。其大則光國隆家，其小則損己利物。故其盛烈所著，與河海而爭流；峻節所標，共松栢而俱茂。並蹈履之所致，身歿名立，豈徒然哉。

校勘記

〔一〕魏書卷八十七　諸本目錄此卷注「闕」，卷末附宋人校語殿本入考證云：「魏收書節義傳亡。」按傳序與北史卷八五節義傳序不同，當自原序删節。諸傳中只于什門傳稍詳於北史，王玄威傳所載詔書有溢出北史所載的文句，其他諸傳偶有一二字溢出，大抵全同北史。諸人事迹本無可述，原文也必甚簡略。此卷多數傳文全同北史，或由於所據的史鈔和北史都是直錄魏書，非必以北史補。

〔二〕大義重於至聞自日人　殿本考證云：「首九字訛舛，不可推尋。」

〔三〕歷二十四年　通鑑卷一二二三八五三頁記于什門還魏於元嘉十一年魏延和三年（四三四），「二十四」作「二十一」。考異云：「後魏本紀卷三神瑞元年四一四八月遣于什門招諭馮跋，至此年二十一年矣。若二十四年，乃在太延三年，而太延二年馮氏亡矣。」按傳稱「馮文通上表稱臣，乃送什門歸」，卷四上世祖紀上延和三年三月記「文通遣尚書高顒上表稱藩」，故通鑑置於是年。疑「二十四」當作「二十一」。

〔四〕河中蒲坂人也　北史卷八五石文德傳「河中蒲坂」作「中山蒲陰」。按蒲坂自來屬河東郡，魏也無「河中」郡名。卷一〇六上地形志上定州北平郡有蒲陰縣，北平郡乃孝昌二年分中山置。若非「中」爲「東」字之訛，則「河中蒲坂」爲「中山蒲陰」之訛。

〔五〕縣令范道榮先自朐城歸款以除縣令　諸本「朐」作「眴」，北史卷八五邵洪哲傳作「眗」。册府卷一三八一六六六頁、卷八〇三九五四八頁並作「眴」。按「眴城歸款」事見卷八世宗紀永平四年四月、卷四七盧淵附盧昶傳、卷九八蕭衍傳，「眴城」亦作「眴山」。「朐」「眗」都是「眴」之訛，今據改。

〔六〕魏行臺傅梁州遣將已至　册府卷三七二四四二七頁「傅」下有「檄」字。通鑑卷一五〇四七〇〇頁「傅」作「傅」，胡注：「傅梁州，豎眼。」按事在孝昌元年，卷七〇傅豎眼傳、卷九八蕭衍傳，豎眼此時正是梁州刺史，「傅」當是「傅」之訛。但卷一〇四自序，稱魏子建以行臺節度梁、巴、二益、兩秦，「傅豎眼子敬和以爲愧」，則行臺傳檄，命梁州遣將亦可通。今仍之。

魏書卷八十八

列傳良吏第七十六

張恂　鹿生　張膺〔一〕　宋世景　路邕　閻慶胤　明亮

杜纂　裴佗　竇瑗　羊敦　蘇淑

罷侯置守，歷年永久，統以方牧，仍世相循，所以寬猛爲用，庇民調俗。但廉平常迹，聲問難高；適時應務，招響必速。是故搏擊爲侯，起不旋踵；儒弱貽咎，錄用無時。此則已然於前世矣。後之爲吏，與世沉浮，季叔澆漓，姦巧多緒，所以蒲、密無爲之化，難見其人。有魏初拓中州，兼幷疆域，河南、關右，遺黎未純，擁節分符，多出豐沛。政術治風，未能咸允，雖動貽大戮，而貪虐未悛，亦由網漏呑舟，時掛一目。高祖肅明綱紀，賞罰必行，肇革舊軌，時多奉法。世宗優遊而治，寬政遂往，太和之風，頗以陵替。肅宗馭運，天下淆然，其於移風革俗之美，浮虎還珠之政，九州百郡，無所聞焉。且書其爲時所稱者，以著良吏云爾。

張恂，字洪讓，上谷沮陽人也。隨兄衮歸國，參代王軍事。恂言於太祖曰：「金運失御，劉石紛紜，慕容竊號山東，苻姚盜器秦隴，遂使三靈乏響，九域曠君。大王樹基玄朔，重明積聖，自北而南，化被燕趙。今中土遺民，望雲冀潤。宜因斯會，以建大業。」太祖深器異，厚加禮焉。皇始初，拜中書侍郎，幃幄密謀，頗預參議。從將軍奚牧略地晉川，拜鎭遠將軍，賜爵平臯子。出爲廣平太守。恂招集離散，勸課農桑，民歸之者千戶。遷常山太守。恂開建學校，優顯儒士。吏民歌詠之。於時喪亂之後，罕能克厲，惟恂當官清白，仁恕臨下，百姓親愛之，其治爲當時第一。太祖聞而嘉歎。太宗卽位，賜帛三百匹，徵拜太中大夫。神瑞三年卒，年六十九。恂性淸儉，不營產業，身死之日，家無餘財。太宗悼惜之，贈征虜將軍、幷州刺史、平臯侯，謚曰宣。

子純，字道佾，襲爵。鎭遠將軍、平臯子。坐事爵除。

純弟代，字定燕。陳留、北平二郡太守。卒，贈冠軍將軍、營州刺史，謚曰惠侯。代所歷著清稱，有父之遺風。

代子長年，中書博士。出爲寧遠將軍、汝南太守。有郡民劉崇之兄弟分析，家貧惟有一牛，爭之不決，訟於郡庭。長年見之，悽然曰：「汝曹當以一牛，故致此競，脫有二牛，各應得一，豈有訟理。」卽以家牛一頭賜之。於是郡境之中各相誡約，咸敦敬讓。太和初，卒於家。

子琛，字寶貴，少有孝行。歷武騎常侍、羽林監、太子翊軍校尉。卒。

子略，武定中，左光祿大夫。

鹿生，濟陰乘氏人。父壽興，沮渠牧犍庫部郎。生再爲濟南太守，有治稱。顯祖嘉其能，特徵赴季秋馬射，賜以驄馬，加以靑服，彰其廉潔。前後在任十年。時三齊始附，人懷苟且，蒲博終朝，頗廢農業。生立制斷之，聞者嗟善。後歷徐州任城王澄、廣陵侯元衍征東、安南二府長史，帶淮陽太守、郯城鎭將。年七十四，正始中卒。追贈龍驤將軍、兗州刺史。

張應，不知何許人。延興中，爲魯郡太守。應履行貞素，聲績著聞。妻子樵采以自供。高祖深嘉其能，遷京兆太守。所在淸白，得吏民之忻心焉。

宋世景，廣平人，河南尹翻之第三弟也。少自修立，事親以孝聞。與弟道璵下帷誦讀，博覽羣言，尤精經義。族兄弁甚重之。舉秀才，對策上第，拜國子助教，遷彭城王勰開府法曹行參軍。勰愛其才學，雅相器敬。高祖亦嘉之。遷司徒法曹行參軍。

世景明刑理，著律令，裁決疑獄，剖判如流。轉尚書祠部郎。彭城王勰每稱之曰：「宋世景精識，尚書僕射才也。」臺中疑事，右僕射高肇常以委之。世景既才長從政，加之夙勤不怠，兼領數曹，深著稱績。頻爲左僕射源懷引爲行臺郎。巡察州鎮十有餘所，黜陟賞罰莫不咸允。遷徙七鎮，別置諸戍，明設亭候，以備北虜。懷大相委重。還而薦之於世宗曰：「宋世景文武才略，當今寡儔，清平忠直，亦少其比。陛下若任之以機要，終不減李沖也。」世宗曰：「朕亦聞之。」尚書令、廣陽王嘉，右僕射高肇，吏部尚書、中山王英共薦世景爲國子博士，尋薦爲尚書右丞。王顯與宋弁有隙，毀之於世宗，故事寢不報。

尋加伏波將軍，行滎陽太守。鄭氏豪橫，號爲難治。濟州刺史鄭尚弟遠慶先爲苑陵令，多所受納，百姓患之。世景下車，召而謂之曰：「與卿親，宜假借。吾未至之前，一不相問，今日之後，終不相捨。」而遠慶行意自若。世景繩之以法，遠慶懼，棄官亡走。於是僚屬畏威，莫不改肅。終日坐於廳事，未嘗寢息。縣史、三正及諸細民，至即見之，無早晚之節。來者無不盡其情抱，皆假之恩顏，屏人密語。民間之事，巨細必知，發姦摘伏，有若神明。嘗有一吏，休滿還郡，食人鷄豚；又有一幹，受人一帽，又食二鷄。世景叱之曰，汝何敢食甲乙鷄豚，取丙丁之帽！吏幹叩頭伏罪。於是上下震悚，莫敢犯禁。坐弟道璵事除名。世景友于之性，過絕於人，及道璵死，哭之哀切，酸感行路，形容毀悴，見者莫不歎愍。歲餘，母喪，遂不勝哀而卒。世景嘗撰晉書，竟未得就。

子季儒，遺腹生。弱冠，太守崔楷辟爲功曹，起家太學博士、明威將軍。曾至譙宋之間，爲文弔嵇康，甚有理致。後夜寢，室壞壓殞，年二十五，時人咸傷惜之。

路邕，陽平淸淵人。世宗時，積功勞，除齊州東魏郡太守，有惠政。靈太后詔曰：「邕莅政淸勤，善綏民俗。比經年儉，郡內饑饉，羣庶嗷嗷，將就溝壑，而邕自出家粟，賑賜貧窘，民以獲濟。雖古之良守，何以尙茲。宜見霑錫，以垂奬勸。可賜龍廐馬一匹、衣一襲、被褥一具。班宣州鎭，咸使聞知。」邕以善治民，稍遷至南靑州刺史而卒。

閻慶胤，不知何許人。〔三〕爲東秦州敷城太守。在政五年，淸勤厲俗。頻年饑饉，慶胤歲常以家粟千石賑恤貧窮，民賴以濟。其部民楊寶龍等一千餘人，申訟美政。有司奏曰：「案慶胤自莅此郡，惠政有聞，又能自以己粟贍恤饑饉，乃有子愛百姓之義。如不少加優賚，無以厲彼貪殘。又案齊州東魏郡太守路邕，在郡治能與之相埒，語其分贍又亦不殊，而聖旨優隆賜以衣馬，求情卽理，謂合同賞。」靈太后卒無褒賞焉。

明亮，字文德，平原人。〔三〕性方厚，有識幹。自給事中歷員外常侍。延昌中，世宗臨朝堂，親自黜陟，授亮勇武將軍。亮進曰：「臣本官常侍，是第三淸。今授臣勇武，其號至濁。且文武又殊，請更改授。」世宗曰：「今依勞行賞，不論淸濁，卿何得乃復以淸濁爲辭！」亮曰：「聖明在上，淸濁故分。臣既屬聖明，是以敢啓。」世宗曰：「九流之內，人咸君子，雖文武號殊，佐治一也。卿何得獨欲乖衆，妄相淸濁。所請未可，但依前授。」亮曰：「今江左未賓，書軌宜一。方爲陛下授命前驅，拓定吳會。官爵陛下之所輕，賤命微臣之所重，陛下方收所重，何惜所輕。」世宗笑曰：「卿欲爲朕拓定江表，揃平蕭衍，揃平拓定，非勇武莫可。今之所授，是副卿言。辭勇及武，自相矛盾。」亮曰：「臣欲仰稟聖規，運籌而定，何假勇武，方乃成功。」世宗曰：「謀勇二事，體本相須。若勇而無謀，則勇不獨舉；若謀而無勇，則謀不孤行。必須兼兩，乃能制勝，何得云偏須運籌而不復假勇乎？」亮曰：「請改授平遠將軍。」世宗曰：「運籌用武，然後遠人始平，卿但用武平之，何患不得平遠也。」亮乃陳謝而退。

後除陽平太守，淸白愛民，甚有惠政，聲績之美，顯著當時。朝廷嘉其風化。轉汲郡太守，爲治如前，譽宣遠近。一郡民吏，迄今追思之。卒孝昌初，贈左將軍、南靑州刺史。

初，亮之在陽平，屬相州刺史、中山王熙起兵討元叉。時幷州刺史城陽王徽亦遣使詣亮，密同熙謀。熙敗，亮詭其使辭，由是徽音獲免。〔四〕二年，詔追前效，重贈平東將軍、濟州刺史，拜其子希遠奉朝請。

亮從弟遠，儀同開府從事中郎。

杜纂，字榮孫，常山九門人也。少以清苦自立。時縣令齊羅喪亡，無親屬收瘞，纂以私財殯葬。由是郡縣標其門閭。後居父喪盡禮。郡舉孝廉，補豫州司士。

稍除積弩將軍。領衆詣淮，迎降民楊箱等。修立楚鎭，超納山蠻李天保等五百戶。從征新野，除騎都尉。又從駕壽春，敕纂緣淮慰勞。豫州刺史田益宗率戶歸國，〔五〕使纂詣廣陵安慰初附，賑給田廪。從征新野，及南陽平，以功賜爵井陘男，賞帛五百匹。數日之中，散之知友。時人稱之。又詣赭陽、武陰二郡，〔六〕課種公田，隨供軍費。除南秦州武都太守。正始中，遷漢陽太守，並以淸白爲名。又隨都督楊椿等詣南秦軍前，招慰逆氐。還，除虎賁中郎將，領太倉令。遭母憂去職。久之，除伏波將軍，復爲太倉令。尋除寧遠將軍、陰陵戍主。延昌中，京師儉，敕纂監京倉賑給民廪。肅宗初，拜征虜將軍、淸河內史。性儉約，尤愛貧老，至能問民疾苦，對之泣涕。勸督農桑，親自檢視，勤者賞以物帛，惰者加以罪譴。弔死問生，甚有恩紀。還，以本將軍除東益州刺史。無御邊威略，羣氐反叛。以失民和徵還。遷太府少卿，除平陽太守、後將軍、太中大夫。

正光末，淸河人房通等三百人頌纂德政，乞重臨郡。詔許之。孝昌中，爲葛榮圍逼，纂以郡降榮。榮令纂入信都慰喩，都督李瑾欲斬，刺史元孚德纂，還。出，又勸榮以水灌城，榮遂以纂爲常山太守。至郡未幾，榮滅。定州刺史薛曇尙以纂老舊，令護博陵、鉅鹿二郡，纂以疾辭。少時卒於家。

纂所歷任，好行小惠，蔬食弊衣，多涉誣矯，而輕財潔己，終無受納，爲百姓所思，號爲良守。永熙中，贈平北將軍、殷州刺史。天平四年，重贈本將軍、定州刺史。

裴佗，字元化，河東聞喜人。其先因晉亂避地涼州。苻堅平河西，東歸桑梓，因居解縣焉。父景，惠州別駕。

佗容貌魁偉，隤然有器望。少治春秋杜氏、毛詩、周易，並舉其宗致。舉秀才，以高第除中書博士，轉司徒參軍、司空記室、揚州任城王澄開府倉曹參軍。入爲尙書倉部郎中，行河東郡事。所在有稱績。還，拜尙書考功郎中、河東邑中正。世宗親臨朝堂，拜員外散騎常侍，中正如故。轉司州治中，以風聞爲御史所彈，尋會赦免。轉征虜將軍、中散大夫。爲趙郡太守，爲治有方，威惠甚著，猾吏姦民莫不改肅。所得俸祿，分恤貧窮。轉前將軍、東荆州刺史，郡民戀仰，傾境餞送，至今追思之。尋加平南將軍。蠻酋田盤石、田敬宗等部落萬餘家，恃衆阻險，不賓王命，前後牧守雖屢征討，未能降款。佗至州，單使宣慰，示以禍福。敬宗等聞佗宿德，相率歸附。於是闔境清晏，寇盜寢息，邊民懷之，襁負而至者千餘家。尋加撫軍將軍，又還中軍將軍。在州數載，以疾乞還。永安二年卒。遺令不聽請贈，不受賻襚。諸子皆遵行之。

佗性剛直，不好俗人交游，其投分者必當時名勝。淸白任眞，不事家產，宅不過三十步，又無田園。暑不張蓋，寒不衣裘，其貞儉若此。六子。

讓之，字士禮。武定末，中書侍郎。

讓之弟諏之，字士正，早有才學。司徒記室參軍。天平末，入於關西。

竇瑗，字世珍，遼西遼陽人。〔七〕自言本扶風平陵人，漢大將軍竇武之曾孫崇爲遼西太守，子孫遂家焉。曾祖堪，慕容氏漁陽太守。祖表，馮文通成周太守，入國。父冏，舉秀才，早卒。普泰初，瑗啓以身階級爲父請贈，詔贈征虜將軍、平州刺史。

瑗年十七，便荷帙從師。遊學十載，始爲御史。轉奉朝請、兼太常博士，拜大將軍、太原王尒朱榮官，因是爲榮所知，遂表留瑗爲北道大行臺左丞。以軍功賜爵陽洛男，除員外散騎常侍。瑗以拜榮官，賞新昌男。因從榮東討葛榮，事平，封容城縣開國伯，食邑五百戶。後除征虜將軍、通直散騎常侍，仍左丞。瑗乞以容城伯讓兄叔珍，詔聽以新昌男轉授之，叔珍由是位至太山太守。

尒朱世隆等立長廣王曄爲主，南赴洛陽。至東郭外，世隆等遣瑗奏廢之。瑗執鞭獨入禁內，奏曰：「天人之望，皆在廣陵，願行堯舜之事。」曄遂禪焉。由是除征南將軍、金紫光祿大夫。敷奏侃然，前廢帝甚重之。出帝時，爲廷尉卿。及釋奠開講，瑗與散騎常侍溫子昇、給事黃門侍郎魏季景、通直散騎常侍李業興，並爲摘句。天平中，除鎭東將軍、金紫光祿大夫。尋除廣宗太守，治有清白之稱。廣宗民情凶戾，前後累政咸見告訟。惟瑗一人，終始全潔。轉中山太守，加征東將軍。聲譽甚美，爲吏民所懷。及齊獻武王班書州郡，誡約牧守令長，稱瑗政績，以爲勸厲焉。後授使持節、本將軍、平州刺史。在州政如治郡。又爲齊獻武王丞相府右長史。瑗無軍府斷割之才，不甚稱職。又行晉州事。

旣還京師，上表曰：

臣在平州之日，蒙班麟趾新制，卽依朝命宣示，所部士庶忻仰有若三章。臣聞法象巍巍，乃大舜之事；政道郁郁，亦隆周之軌。故元首股肱，可否相濟。聲教之聞，於此爲證。伏惟陛下應圖臨宇，握紀承天，克構洪基，會昌寶歷，式張琴瑟，且調宮羽，去甚删泰，革弊遷澆，俾高祖之德不墜於地。畫一既歌，萬國歡躍。

臣伏讀至三公曹第六十六條，母殺其父，子不得告，告者死。再三返覆之，未得其門。何者？案律，子孫告父母、祖父母者死。又漢宣云：子匿父母，孫匿大父母，皆勿論。蓋謂父母、祖父母，小者攘羊，甚者殺害之類，恩須相隱，律抑不言。法理如是，足見其直。未必指母殺父止子不言也。若父殺母，乃是夫殺妻，母卑於父，此子不告是也。而母殺父，不聽子告，臣誠下愚，輒以爲惑。昔楚康王欲殺令尹子南，其子棄疾爲王御士而上告焉。〔八〕對曰：「泄命重刑，臣不爲也。」王遂殺子南。其徒曰：「行乎？」「吾與殺吾父，行將焉入！」曰：「臣乎？」曰：「殺父事讎，吾不忍。」乃縊而死。注云：棄疾自謂不告父爲與殺，謂王爲讎，皆非禮，春秋譏焉。斯蓋門外之治，以義斷恩，知君殺父而子不告，是也。母之於父，同在門內，恩無可掩，義無斷割。知母將殺，理應告父；如其已殺，宜聽告官。今母殺父而子不告，便是知母而不知父。識比野人，義近禽獸。且母之於父，作合移天，既殺己之天，復殺子之天，二天頓毁，豈容頓默！此母之罪，義在不赦。下手之日，母恩即離，仍以母道不告，鄙臣所以致惑。

今聖化淳洽，穆如韶夏，食椹懷音，梟鏡猶變，況承風稟教，識善知惡之民哉。脫下愚不移，事在言外，如或有之，可臨時議罪，何用豫制斯條，用爲訓誡。誠恐千載之下，談者諠譁，以明明大朝，有尊母卑父之論。以臣管見，實所不取。如在淳風厚俗，必欲行之。且君、父一也。父者子之天，被殺事重，宜附「父謀反大逆子得告」之條。父一而已，至情可見。竊惟聖主有作，明賢贊成，光國寧民，厥用爲大，非下走頑蔽所能上測。但受恩深重，輒獻瞽言，儻蒙收察，乞付評議。

詔付尚書，三公郎封君義立判云：「身體髮膚，受之父母，生我勞悴，續莫大焉。子於父母，同氣異息，終天靡報，在情一也。今忽欲論其尊卑，辨其優劣，推心未忍，訪古無據。母殺其父，子復告母，母由告死，便是子殺。天下未有無母之國，不知此子將欲何之！案春秋，莊公元年，不稱卽位，文姜出故。服虔注云：『文姜通兄齊襄，與殺公而不反。父殺母出，隱痛深諱。期而中練，思慕少殺，念至於母。故經書：三月夫人遜於齊。』旣有念母深諱之文，明無讎疾告列之理。且聖人設法，所以防淫禁暴，極言善惡，使知而避之。若臨事議刑，則陷罪多矣。惡之甚者，殺父害君，著之律令，百王罔革。此制何嫌，獨求削去。旣於法無違，於事非害，宣布有年，謂不宜改。」瑗復難云：

尋局判云：「子於父母，同氣異息，終天靡報，在情一也。今欲論其尊卑，辨其優劣，推心未忍，訪古無據。」瑗以爲易曰：「天尊地卑，乾坤定矣。」又曰：「乾天也，故稱父；坤地也，故稱母。」又曰：乾爲天，爲父；坤爲地，爲母。禮喪服經曰：爲父斬衰三年，爲母齊衰期。尊卑優劣，顯在典章，何言訪古無據？

局判云：「母殺其父，子復告母，母由告死，便是子殺。天下未有無母之國，不知此子將欲何之！」瑗案典律，未聞母殺其父而子有隱母之義。既不告母，便是與殺父，天下豈有無父之國，此子獨得有所之乎！

局判又云：「案春秋，莊公元年，不稱卽位，文姜出故。服虔注云：『文姜通於兄齊襄，與殺公而不反。父殺母出，隱痛深諱，期而中練，思慕少殺，念至於母。故經書：三月夫人遜於齊。』既有念母深諱之文，明無讎疾告列之理。」瑗尋注義，隱痛深諱者，以父爲齊所殺，而母與之。隱痛父死，深諱母出，故不稱卽位。非爲諱母與殺也。是以下文以義絕，其罪不爲與殺明矣。〔九〕公羊傳曰：「君殺，子不言卽位，隱之也。」期而中練，父憂少衰，始念於母，略書「夫人遜於齊」。是內諱出奔，猶爲罪文。傳曰：「不稱姜氏，絕不爲親，禮也。」注云：「夫人有與殺桓之罪，絕不爲親，得尊父之義。善莊公思大義，絕有罪，故曰禮也。」以大義絕有罪，得禮之衷，明有讎疾告列之理。但春秋桓、莊之際，齊爲大國，通于文姜，魯公謫之。文姜以告齊襄，使公子彭生殺之。魯既弱小而懼於齊。是時天子衰微，又無賢霸，故不敢讎之，又不敢告列，惟得告於齊曰：「無所歸咎，惡於諸侯，請以公子彭生除之。」齊人殺公子彭生。案郎此斷，雖有援引，即以情推理，尚未遣惑。事遂停寢。

除大宗正卿，尋加衞將軍。宗室以其寒士，相與輕之。瑗案法推治，無所顧避，甚見讎疾。官雖通顯，貧窘如初，清尚之操，爲時所重。領本州大中正，以本官兼廷尉卿，卒官。贈本將軍、太僕卿、濟州刺史，謚曰明。

羊敦，字元禮，太山鉅平人，梁州刺史祉弟子也。性尚閑素，學涉書史。以父靈引死王事，除給事中。出爲本州別駕。公平正直，見有非法，敦終不判署。後爲尚書左侍郎、徐州撫軍長史。永安中，轉廷尉司直，不拜。拜洛陽令。後爲鎭南將軍、金紫光祿大夫，遷太府少卿，轉衞將軍、廣平太守。治有能名，姦吏跼蹐，秋毫無犯。雅性清儉，屬歲饑饉，家餽未至，使人外尋陂澤，採藕根而食之。遇有疾苦，家人解衣質米以供之。然其爲治，亦尚威嚴。朝廷以其清白，賜穀一千斛、絹一百匹。興和初卒，年五十二。吏民奔哭，莫不悲慟。贈都督徐兗二州諸軍事、衞大將軍、吏部尚書、兗州刺史，謚曰貞。

武定初，齊獻武王以敦及中山太守蘇淑在官奉法，清約自居，宜見追褒，以厲天下，乃上言請加旌録。詔曰：「昔五袴興謠，兩歧致詠，皆由仁覃千里，化洽一邦。故廣平太守羊敦、故中山太守蘇淑，並器業和隱，幹用貞濟，善政聞國，清譽在民。方藉良才，遂登高秩，先後凋亡，朝野傷悼。追旌清德，蓋惟舊章，可各賞帛一百匹、穀五百斛，班下郡國，咸使聞知。」

子隱，武定末，開府行參軍。

蘇淑，字仲和，武邑人也。立性敦謹，頗涉經傳。兄壽興，坐事爲閹官。壽興後爲河間太守，賜爵晉陽男。及壽興將卒，遂冒養淑爲子。淑，熙平中襲其爵，除司空士曹參軍。尋轉太學博士、厲威將軍、員外散騎侍郎。轉奉車都尉，領殿中侍御史。因使於冀州，會高乾邕執刺史元嶷據城起義，淑贊成其事。乾邕以淑行武邑郡。未幾，尒朱汝歸率兵將至，淑於郡逃還京師。後除左將軍、太中大夫、行河陰令。出除樂陵內史。淑在郡綏撫，甚有民譽。始巡二周，謝病乞解，有詔聽之，民吏老幼訴乞淑者甚衆。後歷滎陽太守，亦有能名。加中軍將軍、司徒從事中郎。興和二年，拜中山太守。三年，卒於郡。淑清心愛下，所歷三郡，皆爲吏民所思，當時稱爲良二千石。武定初，贈衛大將軍、都官尚書、瀛州刺史，謚曰懿。齊獻武王追美清操，與羊敦同見優賞。

子子且，襲。武定中，齊獻武王廟丞。

史臣曰。闕

校勘記

〔一〕張應　北史卷八六循吏傳目和傳文都作「張膺」。

〔二〕閻慶胤不知何許人　張森楷云：「按慶胤天水人，見裴叔業傳卷七一附載中。此既重出，又云『不知何許人』，何其善忘！」

〔三〕平原人　北史卷八六明亮傳「平原」下有「高昌」二字，册府卷四三九五二〇八頁有「亳」字。按諸傳除不知何地人外，一般皆兼舉郡縣，册府此條出本書而下有「亳」字，知傳本脫去。然平原無「亳縣」或「高昌縣」。據南齊書卷五四明僧紹傳、梁書卷二七明山賓傳並云「平原鬲人」。卷一〇六上地形志上冀州安德郡、齊州東平原郡並有鬲縣。漢晉之鬲本屬冀州平原，劉宋於青州僑置冀州，亦有平原郡鬲縣宋書卷三六州郡志。魏取青州，分置齊州，以冀州自有平原即地形志中之濟州平原郡，故加「東」字。卷八九高遵傳稱其妻明氏家在齊州，則明氏實居於齊州東平原之鬲縣。「亳」「高昌」皆「鬲」之訛，此傳脫「鬲」字。

〔四〕由是徽音獲免　按「音」字不可通，當是「竟」之訛。

〔五〕從征新野除騎都尉又從駕壽春敕纂緣淮慰勞豫州刺史田益宗率戶歸國　按益宗歸魏事在太和十七年四月，上文元宏攻新野，在二十一年，所云「從駕壽春」，又在十九年二月。均見卷七下高祖紀下。此傳敍次先後顛倒，下文又重出「從征新野」。疑有錯簡及衍脫。

〔六〕又詣赭陽武陰二郡　錢氏考異卷二八云：「武陰疑是舞陰之訛，地形志無此二郡，蓋後來省併。」洪頤煊諸史考異卷一〇云：「漢書地理志南陽郡有堵陽、舞陰二縣。堵陽，水經淯水注卷三一引作『赭陽』按戴校仍改作「堵陽」。『武陰』即『舞陰』，古字通用。地形志無此二郡名。高祖紀卷七下太和二十二年見赭陽戍主成公期、舞陰戍主黃瑤起。當是暫置爲郡，故不言。」

〔七〕遼西遼陽人　殿本考證云：「『遼陽』北史卷八六作『陽洛』。本書地形志卷一〇六上遼西郡領縣三，有『陽樂』，無『遼陽』。今以下文『以軍功賜爵陽洛男』證之，應從北史，但『陽樂』、『陽洛』不知孰是。」按陽樂，漢書地理志屬遼東，續漢書郡國志屬玄菟。當時地名常用同音字，本字自當作「陽樂」。

〔八〕其子棄疾爲王御士而上告焉　按事見左傳襄二十二年，這裏不是引原文，但「上告」無義，疑「上」乃「王」之訛，指楚康王以欲殺子南告棄疾。

〔九〕其罪不爲與殺明矣　按寶瑗認爲服虔注「隱痛深諱」，乃是諱母出，「非爲諱母與殺也」。若作

「其罪不爲與殺」，則是說文姜本無參與殺桓公之罪，和他辯論的本題不合，且與下文引服注「夫人有與殺桓之罪」語相背。這裏「罪」當是「諱」字之訛，言「其諱不爲與殺」，和上下文相貫。